Riesling

Christina Fischer, Ingo Swoboda

Riesling

Die ganze Vielfalt der edelsten Rebe der Welt

Mit Fotos von Robert Dieth

Hallwag

LEIDENSCHAFT RIESLING

Eine vielstimmige Hymne

Hans-Günther Schwarz, Winzer

In überragender Weise prägt dieses Geschenk der Natur unser Verständnis für Weinkultur. Riesling kann ebenso die Faszination des Augenblicks zum Ausdruck bringen als auch Symbol für eine naturorientierte Geisteshaltung sein. Die perfekte Abstimmung von Beerigkeit, Frucht, Säure und Mineralität eröffnet einmalige Geschmackserlebnisse. Weingenuss erfährt auf diesem Wege Gewicht und höchsten Anspruch.

Harald Rüssel, Landhaus St. Urban, Jeunes Restaurateurs Deutschland

Dass ich so gern zum oder mit Riesling koche, hat mehrere gute Gründe: Unser Landhaus St. Urban liegt in einem Seitental der Mosel, meine Frau stammt aus einem Riesling-Weingut, aber vor allem hat der Riesling Eigenschaften, die wunderbar in die Küche passen. Denn Rieslinge können durch ihre Säurestruktur oder auch im feinherben Bereich Schärfe abpuffern und durch die Vielschichtigkeit lang anhaltende Aromeneindrücke auf der Zunge und vor allem im Gaumen hinterlassen. Baut man dem Riesling über die einzelnen Komponenten des Gerichts Brücken, dann macht er zu fast allen Speisen eine gute Figur.

Kazuo Hoshino, Weinhändler, Tokyo

Riesling ist für mich wie der Konzertmeister eines Orchesters, der sein Instrument zwar hervorragend beherrscht, aber dennoch einen Dirigenten braucht. Gelingt es dem Winzer, als Dirigent den richtigen Einsatz zu finden, dann kann der Riesling meisterhaft mit der Säure umgehen. Dieses feine Säurespiel wird mit der Zeit immer interessanter, und das ist einmalig. Riesling besitzt eine faszinierende Ausdruckskraft, die je nach Klima, Boden, Lesezeit und Ausbauweise des Winzers variiert. In Japan gilt der Riesling als die beste weiße Rebsorte. Allerdings ist es für den japanischen Verbraucher nicht einfach, die richtige Geschmacksrichtung zu finden. Charta, Classic, Selection, Großes Gewächs – es gibt zu viele Bezeichnungen. Das ist das größte Problem von deutschem Wein.

Dr. Josef Schuller, MW, Weinakademie Rust, Österreich

Riesling ist die wertvollste und größte weiße Rebsorte der Welt. Keine andere Rebsorte vermag den Zauber des Weins so zu transportieren wie Riesling: die Persönlichkeit, die Herkunft, das Land, den Boden, das Klima, den Jahrgang, kurz – das Terroir. Man kann es beim Riesling schmecken, riechen und fühlen wie bei keiner anderen Rebsorte. Er bezaubert in der Jugend durch seine lebendige, animierende Frische und besticht im Alter durch charaktervolle Größe. Bis jetzt konnten sich die klassischen kühlen Riesling-Anbaugebiete Europas gegenüber überseeischer Konkurrenz gut behaupten – sie spielen eigentlich in einer anderen Liga. Doch gerade die neuen

Rieslinge aus den kühlen Gebieten der Neuen Welt zeigen, dass die Suche nach dem Gral der Weißweine voll im Gange ist.

Jancis Robinson, MW, London

Riesling is the greatest white wine grape in the world.

**Michel Bettane,
Weinjournalist, Frankreich**

Ich halte den Riesling seit langem für die edelste unter den weißen Rebsorten. Seine Noblesse kommt in den Weinen ebenso zum Ausdruck wie im Weinstock selbst, an dem ich schon von jeher den stolzen Habitus und die besondere Form der kleinen Trauben mit den fein geäderten Beeren bewundert habe. Ich schätze den Riesling vorwiegend aus zwei Gründen: Er bringt mit unerreichter Deutlichkeit selbst die feinsten Unterschiede im Terroir zum Ausdruck, und er braucht keinerlei neues Holz, um an Charakter zu gewinnen. Riesling lässt trockene Weiße ebenso entstehen wie liebliche und süße Gewächse, die zweifellos zu den besten der Welt zählen. Ich bin sehr froh darüber, dass der Riesling heute seinen verdienten Spitzenplatz in der Welt zurückerobert.

**Peter Gago, Chef-Winemaker
Southcorp, Australien**

Riesling bringt Kellermeister und Liebhaber großer Weine unweigerlich ins Schwärmen. Er betört die Sinne mit seiner Eleganz und unverdorbenen Klarheit, aber auch mit einer widersprüchlichen Komplexität und ausdrucksvollen Vielseitigkeit. Riesling ist eine Leidenschaft, die von der Fähigkeit der Traube genährt wird, präzise das unverwechselbare Terroir und den Jahrgang zum Ausdruck zu bringen. Unter allen Reben gibt es wohl keine, die eine bessere Momentaufnahme von Ort und Zeit gewährt. Der Riesling ist die Kristallkugel, aus der man die Wahrheit und nichts als die Wahrheit über den jeweiligen Weinberg und Jahrgang liest.

Terry Theise, Weinhändler, USA

Riesling ist außergewöhnlich, weil er schon im Weinberg zur Perfektion heranreift, sofern man ihn dort kultiviert, wo er sich zu Hause fühlt. Im Gegensatz zu anderen Rebsorten braucht er weder Schönheitsoperationen noch dickes Make-up. Riesling kennt den Boden besser als jede andere Traube und teilt die Eigenarten seiner Muttererde dem gewogenen Gaumen eloquenter mit als andere Sorten. Er braucht keine Behandlung, er sträubt sich gegen zu viel technischen Firlefanz. Riesling ruft jene Winzer auf den Plan, die es nicht nötig haben, durch ausgefeilte Kellertechnologie zu beweisen, dass sie die ganz großen Macher sind. Beim Riesling hat die Natur das Sagen. Im Keller hingegen gilt: weniger ist mehr. Riesling übersteht Fröste und reift noch, wenn die herbstliche Natur bereits klamm und kühl und golden ist. Seine Weine sind das Abendrot nach einem glückseligen Tag.

**Markus Del Monego, MW,
Sommelier-Weltmeister 1998**

Riesling ist faszinierend. Im kühlen klimatischen Grenzbereich besitzt er ein fast unbegrenztes Potenzial, während er in Regionen mit wärmerem Klima zu einem eindimensionalen Getränk mutieren kann. Riesling ist zeitgemäß. Aufgrund seiner feinen, teils erfrischend knackigen Säure, seiner ausdrucksstarken Frucht und meist herrlich eingebundenen Mineralität ist er ein perfekter Begleiter weltweiter Küchentrends geworden. Riesling ist unersetzlich. Aus diesem Grund habe ich auf meinen Reisen durch die Weinwelt immer einen Riesling im Gepäck.

INHALT

ZU DIESEM BUCH

Einer einzelnen Rebsorte ein ganzes Buch zu widmen ist ein schwieriges und vielleicht auch ein gewagtes Unterfangen. Vor allem, wenn es sich um eine Rebsorte handelt, die zwar nicht zu den Global Players gehört, aber dennoch populär ist. Der Riesling zählt neben Chardonnay, Sauvignon blanc und Muscat zu den klassischen vier Weißweinrebsorten der Welt und ist trotz seines weltweit minimalen Anteils von vier Prozent in fast allen Anbauregionen der internationalen Weinwelt zu finden, mal sporadisch als schmückende Ergänzung des Sortiments oder gar als Aushängeschild, in einigen Gebieten als Hauptrebsorte, für manchen Erzeuger als ernsthaftes Experiment oder einfach als Liebhaberei. Aber für viele Winzer ist Riesling ein Teil ihres Lebens und fordert neben dem viel zitierten Terroir gesunden Ehrgeiz, Erfahrung und vor allem Leidenschaft.

Riesling mit anderen Weißweinen zu vergleichen und zu beurteilen ist nicht die Absicht des Buches. Vielmehr soll es dem Leser einen umfassenden Einblick in die facettenreiche Welt des Rieslings ermöglichen und ihn animieren, diese Vielfalt geschmacklich zu entdecken und zu erleben. Wie gut Riesling schmecken kann, ist in einer – auch noch so spannenden – Weinlektüre nur schwer zu vermitteln. Es bleibt eine individuelle Geschmackssache, auch wenn Balance und Harmonie sicherlich recht objektive Kriterien für die Qualität eines Weins sind.

Und da Probieren bekanntlich – zum Glück – über Studieren geht, empfehlen wir Ihnen Weine aus der ganzen Riesling-Welt zum »Selbststudium«. Es sind unsere persönlichen Favoriten, die keinesfalls den Anspruch erheben, der Weisheit und damit des Rieslings letzter Schluss zu sein. Dies gilt auch für die Adressen am Schluss des Buches. Damit Sie schnell Ihren Riesling-Typ oder Ihren Geschmacksfavoriten finden, haben wir die Weine nicht nach Ländern, Regionen und Winzern von A bis Z eingeteilt, sondern nach Geschmackstypen und Riesling-Persönlichkeiten.

Jetzt wünschen wir Ihnen keine trockene Lektüre, sondern einen erfrischend anregenden Riesling-Lesespaß.

Christina Fischer & Ingo Swoboda

WARUM RIESLING?

Am Riesling scheiden sich die Geister. Die Rebsorte war und ist ein Wagnis, eine Gratwanderung während der Reifeperiode einer Traube, dabei eine handwerkliche Herausforderung für den Winzer und eine geschmackliche für die Konsumenten. Riesling wird leicht unterschätzt. Dabei kann die Rebsorte nicht nur langlebige Weine hervorbringen, sondern wie keine andere die Charakteristik ihrer Herkunft zeigen, ohne dabei Identität oder Typizität aufzugeben.

Riesling fordert. Die Rebsorte zeigt sich in ihrer ganzen Größe nur dem, der sich nicht mit dem ersten Schluck zufrieden gibt. Riesling ist anziehend, kann gleichzeitig aber auch abweisend sein, bis man ihm die Aufmerksamkeit widmet, die er für sich beansprucht.

Die Stärke des Rieslings liegt in der Begegnung von feinen, eleganten Nuancen und dem Facettenreichtum der unterschiedlichen Aromen. Dazu kommt das tänzerische Spiel der manchmal recht pikanten, delikaten Säure, die Finesse und gewünschte Brillanz zum Vorschein bringt. Das Widersprüchliche in seinem Charakter ist jener Spielraum von trocken bis edelsüß, den der Riesling in seiner langen Vegetations- und Reifephase zulässt. Darin liegt sicherlich ein Grund für den Mythos, der die Rebsorte umgibt und sie so attraktiv und reizvoll macht.

Seit einigen Jahren spricht die Weinwelt von einer Riesling-Renaissance, und es scheint, dass die Entdeckung der Rebsorte in der Neuen Welt keineswegs eine Modewelle ist, die mit dem globalen Weinzirkus weiterzieht. Denn sicher ist, dass keine andere weiße Sorte mit geringem Alkoholgehalt so viel Abwechslung und unterschiedliche geschmackliche Facetten bietet. Darin liegt die Spannung des Rieslings. Er ist dennoch nicht jedermanns Geschmack und lässt sich schon wegen seiner vegetativen Vorliebe für kühle Klimazonen und der damit beschränkt zur Verfügung stehenden Anbaufläche nur schwer in das enge Korsett eines vermeintlichen Massengeschmacks zwingen.

Riesling leistet Widerstand. So gesehen ist er vielleicht ein Relikt aus einer alten Wein- und Geschmackswelt, eine Reminiszenz an die traditionelle handwerkliche Winzerkunst und an den Gedanken, dass Weinbau über Jahrhunderte hinweg individuelle Landwirtschaft bedeutete, also ein Geben und Nehmen von Mensch und Natur in einem letztlich unberechenbaren Abhängigkeitsverhältnis. Mit ungewissem Ausgang. Aber vor allem mit individuellen Zügen.

Gerade in einer Welt, die unaufhaltsam wirtschaftlich zusammenwächst und damit ihre lokalen Eigenheiten und Besonderheiten Stück für Stück zu Gunsten der am Massenkonsum orientierten Kompromissprodukte verliert, ist der Riesling immer wieder für eine Überraschung gut. Er besitzt Persönlichkeit, Charakter und Leidenschaft. Deshalb Riesling!

WAS IST EIN GROSSER RIESLING?

Die Frage ist berechtigt, aber sie ist nicht leicht zu beantworten. Ganz im Gegenteil. Denn obwohl viele Weinliebhaber sicherlich schon so genannte große Rieslinge getrunken haben oder ihre renommierten Namen und Bezeichnungen kennen, kommt es – wie so oft im Leben – auf die Perspektive an, von der aus man die Frage beantwortet. Eine Frage des Geschmacks? Vielleicht.

UNTERSCHIEDLICHE ASPEKTE

Fragt man den Winzer, dann stehen am Anfang eines großen Rieslings zuerst einmal erstklassige Trauben aus einer besonderen Lage und die Idee des Winzers, daraus einen großen Wein zu erzeugen. Für den Marketingspezialisten hingegen sind Terroir, Weingut und Ausbaustil nur Mittel zum Zweck, um einen möglichst hohen Preis zu erzielen. Viele Weinliebhaber schielen dagegen mehr denn je auf die veröffentlichte Meinung von (vermeintlichen) Fachleuten, die Weine kritisieren und beurteilen. Und der Önologe soll im Idealfall all diese Aspekte in einem Wein zusammenbringen, um den Erfolg zu gewährleisten. Eine unlösbare Aufgabe? Vielleicht.

NATIONALE EIGENHEITEN

Aber was zeichnet einen großen Riesling sensorisch aus? In Deutschland wird man als Erstes die Sortenart nennen, die in einem Wein all das exemplarisch verkörpern und vereinen soll, was einen Riesling auszeichnet. Im Elsass wird der Winzer vor allem eine besonders deutliche Ausprägung des Terroir fordern, da aus seinem Qualitätsansatz heraus nur besonders begünstigte Lagen zur Produktion von großen Rieslingen geeignet sind. Ein Amerikaner hingegen setzt auf Komplexität als oberstes Kriterium, also die Vielschichtigkeit des Rieslings, die möglichst viele einzelne Geruchs- und Geschmackskomponenten zu einem faszinierenden Ganzen zusammenführt. Und ein Australier wird dazu noch den Geschmack fordern, den der Konsument erwartet, damit der Wein als Marke etabliert werden kann.

INDIVIDUELLE VORLIEBEN

Je nach Definition des großen Rieslings ergeben sich sehr unterschiedliche Konsequenzen, um dieses Ziel zu erreichen. Während der Amerikaner zur Steigerung von Körper und Schmelz einen Riesling mit höherem Trubgehalt vergären und einen Biologischen Säureabbau wählen würde, um ein Plus an Komplexität zu erzielen, würde der Deutsche die Maskierung der Sortenart durch eine buttrige Note nach dem Biologischen Säureabbau befürchten. Ein französischer Winzer würde den Verschnitt mehrerer Terroirs nie gestatten und als Kulturschande geißeln, während aus-

Die Zusammensetzung des Bodens kann die Qualität eines Weins schmeckbar beeinflussen

tralische *winemakers* dies als ein geeignetes Mittel zur Erhöhung der Komplexität darstellen. Dagegen zuckert (chaptalisiert) der Franzose ohne Bedenken seine Spitzenweine, während deutsche Winzer stolz sind, bei den Prädikaten die Reife allein aus den Trauben erzielen zu können. Umgekehrt sind auch hohe Säuregehalte Teil des französischen Terroir-Gedankens und werden nicht reguliert, während deutsche Winzer gelernt haben, durch intelligentes Säuremanagement die gröbsten Schwankungen der Natur auszugleichen und damit bekömmlichere Weine zu vinifizieren. Was ist also letztlich ein großer Riesling?

DAS IST EIN GROSSER RIESLING

Ulrich Fischer, Professor für Weinbau und Önologie in Neustadt an der Weinstraße, hat es auf den Punkt gebracht:

»Ein großer Riesling strahlt ein Maximum an Sortentypizität aus, gepaart mit dem spürbaren Einfluss der Lage. Beides soll sich durch eine besondere Vielfalt an Aromen und Geschmackseindrücken nachhaltig mitteilen und ein hohes Lagerpotenzial ermöglichen. Die erstklassige Qualität eines großen Rieslings sollte erkennbar sein und Anerkennung finden, während seine durchaus individuelle als auch authentische sensorische Ausprägung nicht jedem gefallen muss.«

KAPITEL 1

GESCHICHTE UND WEINBEREITUNG

DIE ANSPRÜCHE DER REBSORTE RIESLING

KULTUR-
PRÄGEND

Riesling im Wandel der Jahrhunderte

Mag sein, dass aus heutiger Sicht die historischen Spuren des Rieslings nur als Randnotiz der Geschichte erscheinen. Aber Geschichte ist auch eine Rechtfertigung für Entwicklungen und die daraus resultierenden Entscheidungen, die neue Dinge entstehen lassen, indem sie alte Dinge verändern. Die Entscheidung für den Riesling und damit auch für seine Eigenarten als Nutzpflanze hat Landschaften nachhaltig geformt und geprägt, kulturelle Akzente gesetzt und neben der klösterlichen Weinkultur – auf die viele berühmte Lagen zurückgehen – auch eine bäuerlich-soziale Struktur entstehen lassen, die bis heute dem Riesling verbunden ist. Und der Riesling hat über Generationen, wenn auch durch die biologischen Möglichkeiten der Rebsorte immer wieder modifiziert, den Geschmack geprägt. Geschmack ist, wie wir wissen, nicht genetisch festgelegt. Er steht in einem Kausalzusammenhang zwischen den natürlichen und den vom Menschen geschaffenen Gegebenheiten einer Landschaft und Kultur und der daraus resultierenden Interpretation und Vermittlung von Bildung.

UNGEWISSE HERKUNFT

Wie bei den meisten Rebsorten ist auch beim Riesling immer wieder über seine Herkunft gerätselt worden. Sowohl das Elsass – Riesling wurde erstmals beim Besuch des Herzogs René II. von Lothringen 1477 schriftlich erwähnt – als auch Deutschland beanspruchen,

die Heimat des Rieslings zu sein. Den Riesling umgibt also von Anfang an ein gewisser Mythos. Manche Wissenschaftler glauben, in ihm eine bereits beim römischen Schriftsteller Plinius d. Ä. genannte Sorte zu erkennen. Andere sehen in König Ludwig dem Deutschen (843–876) denjenigen, der die Rebe am Rhein pflanzen ließ, und wieder andere Experten vermuten im Riesling die Variation einer germanischen Wildrebe *vitis vinifera silvestris*. Auch der Ursprung des Namens bleibt unklar. Vermutlich stammt er aus dem 15. Jahrhundert und könnte sowohl von Rußling (Rus = dunkles Holz) wie auch von Rissling (rissig = reißen) abgeleitet sein.

WEISS STATT ROT

Im Weinbaulexikon von 1930 steht zum Thema Riesling kurz und bündig: »Heimat: Deutschland. Wahrscheinlich ein Sämling aus dem Rheingau.« Grund für diese Annahme scheint die Tatsache zu sein, dass man im Rheingau schon 1392 neben den ehemals vorherrschenden Rotweinsorten nun auch weiße Reben anpflanzte. Die Zisterzienserabtei Eberbach forcierte diese »weiße Bewegung« sogar und forderte von ihren Pächtern die Pflanzung von Weißweinreben. Offenbar hatten die Mönche Probleme, sich mit ihren Erzeugnissen auf dem damals bedeutenden Kölner Weinmarkt gegen die Rotweinkonkurrenz ihrer burgundischen Mitbrüder erfolgreich durchzusetzen. Den Ausweg sah

Die Zisterzienserabtei Eberbach im Rheingau gilt als Geburtsort deutscher Weinkultur

man im Angebot eines überzeugenden, gebietstypischen Weißweins. Ob es sich dabei auch um Riesling handelte, ist nicht überliefert, aber es darf angenommen werden. Denn auf einer Kellereirechnung vom 13. März 1435 an die Grafen von Katzenelnbogen, die ihr Erbbegräbnis im Kloster Eberbach hatten, geht es um »seczreben rießlingen in die wingarten«.

KLÖSTER BEVORZUGEN »RISSLING«

In ihrer heutigen Schreibweise wird die Rebsorte erstmals 1552 im lateinischen Text des Kräuterbuchs von Hieronymus Bock erwähnt. In der deutschen Fassung von 1577 heißt es: »Rieslinge wachsen an der Mosel, am Rhein und im Wormser Gau.« Doch bevor sich die Rebsorte durchsetzt, bremsen Missernten, Bauernkriege und der Dreißigjährige Krieg den Aufschwung der Weinwirtschaft in allen Teilen Europas. Erst ab Mitte des 17. Jahrhunderts beginnen Bemühungen um die qualitative Verbesserung des Weinbaus und gleichzeitig der Siegeszug des Rieslings. So verfügt das Mainzer St.-Clara-Kloster im Jahr 1672, dass die roten Weinstöcke auszuhauen und durch gutes »Rißling-Holz« zu ersetzen seien. Der Anbau des bis dahin beliebten weißen Elblings wird untersagt. 1695 lässt das Kloster St. Maximin bei Grünhaus an der Ruwer neue Reben pflanzen, und es ist anzunehmen, dass darunter auch Riesling-Stöcke waren. 1720 werden in den Weinbergen der alten Benediktinerabtei Johannisberg, die jetzt der Fürstabtei in Fulda untersteht, 294 000 Reben gepflanzt, wovon der »Rißling« die allererste Stelle einnimmt. Wahrlich eine Initialzündung, die den letzten Kellermeister der Abtei Fulda, Odo Staab, notieren lässt: »In dem ganzen Rheingau darf keine andere Traubensorte zur Verfertigung der Weine gepflanzt werden, als nur Rüßlinge.« Bis heute steht in manchen Anbaugebieten der Neuen Welt der Name »Johannisberger« als Synonym für den Riesling.

EINE REBE ALLER STÄNDE

Nach und nach sorgen Erlasse der geistlichen Herren oder Neugründungen von Klöstern und Klosterhöfe für die Einführung und Verbreitung des Rieslings von der Mosel bis an den Rhein, vom Elsass bis in die Wachau. Der Fürstbischof von Speyer, Kardinal Franz Christoph von Hutten, verfügt am 11. Januar 1744 für sein Deidesheimer Territorium, »man solle keine Alben (Elbling) mehr anbauen, sondern edlere Sorten, darunter den Riesling«.

Im Elsass lässt 1756 das Jesuitenkolleg in Schlettstadt Riesling pflanzen, und der Trierer Kurfürst Clemens Wenzeslaus befiehlt per Erlass am 8. Mai 1787, »alle minderwertigen Rebsorten auszuhauen und durch Riesling zu ersetzen«. Neben den kirchlichen und adeligen Besitzungen existiert aber auch ein bürgerlicher Weinbau, der entweder gemeinschaftliches Eigentum von Städten und Gemeinden ist oder wohlhabenden Kaufleuten und Grundbesitzern gehört.

KLÖSTERLICHE INNOVATION

Dennoch bleiben vor allem die Klöster der Motor für Neuerungen in der Weinbautechnik, aber auch für die Forschung und wissenschaftliche Betrachtung des Weinbaus. Im 18. Jahrhundert beträgt der Anteil der Einnahmen des Klosters Eberbach im Rheingau durch den Weinbau bereits rund 50 %. Aus der Idee, sich durch die Zurückhaltung ausgewählter guter Weine gegen die Risiken schlechter Jahrgänge abzusichern, entsteht hier unter dem Namen »Cabinet« ein gesondertes Kellerlager. Der Begriff wird Anfang des 18. Jahrhunderts etabliert und findet auch im Schloss Vollrads Verwendung für besonders hochwertige Weine.

1775 wird im damaligen Kloster Johannisberg die »Spätlese« entdeckt; ein Denkmal im Hof des heutigen Schlosses erinnert an dieses Ereignis. Zwar berichten Chronisten schon 1730, dass manche Winzer »gern eine kleine Fäulnis abwarten, um zur größeren Süßigkeit der Trauben zu gelangen«, und 1753 und 1760 wird aus faulen Steinberger Trauben im Kloster Eberbach »ein extra gutes Stück Wein« gekeltert. Dennoch bleibt 1775 das Datum, das den Beginn einer planmäßigen und gezielten späten Lese von edelfaulen Trauben markiert. Gerade die edelsüßen Rieslinge sind es auch, die der Rebsorte in ganz Europa Ruhm und Image einbringen und an keiner königlichen, kaiserlichen, zaristischen oder fürstlichen Tafel fehlen. Diese Weine werden sowohl zur Mittagstafel als auch für das abendliche Diner serviert, gleichberechtigt neben Champagner und großen Rotweinen aus dem Bordelais. Es ist die große Zeit vor allem der deutschen Rieslinge, die zusammen mit den weißen und roten Burgundern und roten Bordeaux-Weinen bis Anfang des 20. Jahrhunderts das Quartett der berühmtesten und teuersten Weine der Welt bilden.

HEIMAT
WEINBERG

Die grüne Welt des Rieslings

Ein Wein wird im Weinberg geboren, dort, wo er im wahrsten Sinne seine Wurzeln hat und der Boden mit seinen geologischen, geografischen und klimatologischen Besonderheiten die Weinheimat darstellt. Ein Hauptaugenmerk der Arbeit im Weinberg liegt auf der Gesunderhaltung des Bodens, der den geschmacklichen Charakter mitbestimmt. Das Wachstum der Reben ist gleichzeitig die Geburtsstunde der Qualität, die der Winzer durch ein den lokalen Besonderheiten angepasstes Weinbergmanagement unterstützen und lenken kann. Nur was an aromatischer Traubenqualität aus den Weinbergen zur Verarbeitung in den Keller gelangt, kann während der Vinifizierung umgesetzt und damit für den späteren Wein erhalten und ausgebaut werden.

Der Riesling als spät reifende Sorte findet in den relativ kühlen Anbaugebieten um den 49. bis 51. Breitengrad der nördlichen Halbkugel die klimatischen Bedingungen, welche die kleinen Beeren zur intensiven Geschmacksausbildung und damit zur Vollreife bringen können.

Die Vegetationsperiode von mindestens 100 Tagen nach der Blüte (im Zehnjahresschnitt zwischen dem 15. und 25. Juni) wird von vielen Riesling-Winzern bis auf 130 Tage ausgedehnt, um den Trauben zusätzliche Reifezeit am Stock und damit die Möglichkeit einer noch intensiveren Aromeneinlagerung zu geben.

STEHT ER RICHTIG?

Obwohl der Riesling relativ kühles Klima verträgt, bevorzugt er geschützte Lagen, wenn er zur vollen Reife kommen und wirtschaftliche Erträge bringen soll. Die frostharte Rebe zeigt vor allem auf relativ kargen Bodenformationen wie Verwitterungsböden mit hohem Gesteinsanteil ihre Qualitäten. Dabei stehen in reinen Südlagen nicht pauschal die besseren Weinberge. Vielmehr geben geneigte Südwesthänge aufgrund der langen Abendsonne den Trauben die Möglichkeit, ihre Aromenstruktur langsam aufzubauen. Auch die tendenzielle Klimaerwärmung mit ihren überdurchschnittlichen Temperaturen und Sonnenscheinstunden macht sich im Weinberg bemerkbar. Die etwas kühleren Höhenlagen gewinnen zunehmend an Bedeutung, denn in den Weinbergen zwischen 150 und 200 Metern ü. d. M. gibt es naturgemäß mehr Luftbewegung, die die Trauben vor Feuchtigkeit und damit vor Pilzkrankheiten und Fäulnis schützen kann. Diese positive Belüftung fördert eine möglichst lange Hängezeit bei gleichzeitiger Reifung der gesunden Trauben.

WENIGER IST MEHR

Galt über Jahrhunderte in der Landwirtschaft die Devise, möglichst viel zu ernten, um Keller und Speicher zu füllen, setzt der Qualitätsweinbau heute auf Ertragsreduzierung, um Klasse statt Masse schon im Weinberg zu erzeugen. Dabei ist weniger der Hektarertrag als vielmehr der einzelne Stockertrag entscheidend. Beim Riesling liegt der Mittelwert je nach Bodenstruktur zwischen 1 und 2,5 Liter Most pro Stock. Um eine sinnvolle Ertragsreduzierung, d. h. Balance zwischen Wirtschaftlichkeit und Qualität, zu erreichen, gibt es verschiedene Wege, die von den klimatischen Verhältnissen der Region und der Lage abhängig sind. Der moderne Weinbau reduziert noch vor der eigentlichen Blüte das Blattwerk, um die mögliche Energieversorgung über die Blätter zu verringern und damit weniger Trauben wachsen zu lassen. Das

ergibt geringere Erträge, gleichzeitig sinkt durch die so entstandene Lockerbeerigkeit die Gefahr eines Botrytisbefalls. Eine weitere Möglichkeit zur Ertragsreduzierung hat der Winzer etwa vier Wochen nach der Blüte im Juni. Jetzt kann er den Behang ausdünnen und die entstehenden Trauben gezielt herausschneiden. Jedoch hat sich die so genannte Grüne Lese, die in der Regel Mitte August stattfindet, beim Riesling nicht bewährt. Da die Natur auf Ausgleich bedacht ist, verteilt sie bei einer Reduzierung der Menge die zur Verfügung stehenden Nährstoffe in die ver-

bleibenden Trauben. Es entstehen dicke, pralle Beeren, deren Spannung von der relativ dünnen Schale nicht mehr gehalten werden kann. Die Trauben drücken sich dann gegenseitig ab, platzen auf und sind folglich besonders anfällig für Fäulnis.

ALLES IM GRÜNEN BEREICH

Ob Weinberge begrünt werden sollen, ist vom Standort und von der Wasserversorgung abhängig. Steht in relativ trockenen Lagen nur wenig Wasser zur Verfügung, wird in der Regel nur jede zweite Zeile begrünt. Feuchtere Böden vertragen dagegen eine Gesamtbegrünung. Entscheidend für die Laubarbeiten im Weinberg ist die maximale Assimilation bei bestmöglicher Belüftung, die individuell vom Standort der Reben abhängig ist. Da auch Trauben Sonnenbrand bekommen können und unerwünschte, bittere Gerbstoffe in der Beerenhaut produzieren, ist es wichtig, die Trauben rechtzeitig dagegen abzuhärten. Wird nämlich das Laub früh reduziert, gewöhnen sich die jungen Trauben an die UV-Strahlung und lagern rechtzeitig Schutzstoffe ein.

ERZIEHUNGSSACHE

Wie hoch die Rebdichte sein und in welchem Erziehungssystem die Reben stehen sollen, ist in erster Linie vom Standort abhängig. In der Regel rechnet der Qualitätsweinbau mit rund 4000 Stöcken pro Hektar, in einzelnen Lagen werden bis zu 10 000 Riesling-Reben auf einem Hektar gepflanzt. Eine Reberziehung am Drahtrahmen findet man immer dort, wo eine weitgehende Mechanisierung der Arbeit

---

RIESLING – ECHT UND UNECHT

Nicht jeder als Riesling bezeichnete Wein ist wirklich ein Riesling. Keine echten Vertreter dieser Sorte sind Goldriesling, Cape Riesling, Welschriesling (Österreich), die Rotweinsorte Schwarzriesling (Deutschland), Riesling italico (Italien), Laski Rizling (früheres Jugoslawien), Emerald-Riesling, Missouri Riesling, Gray Riesling (USA), Olasz-Rizling (Ungarn), Rizling Vlassky (Tschechische Republik) und Riesling de Banat (Rumänien).

---

möglich ist. Die variierenden Zeilenbreiten richten sich zum einen nach den für die Bearbeitung des Weinbergs notwendigen Geräten, zum anderen sollen sich die Reben nicht durch ein zu enges oder auch zu hohes Wachstum gegenseitig Licht wegnehmen. Außerdem wird auf diese Weise ein entsprechendes Mikroklima gewährleistet.

RIESLING AM STOCK

Die Einzelstockerziehung wird vor allem in extremen Steillagen – etwa an Mosel, Saar und Ruwer und am Mittelrhein – genutzt, um eine ausreichende Besonnung der Reben zu gewährleisten. Hier ist der Einsatz von Maschinen gar nicht oder nur sehr eingeschränkt möglich. Die Einzelstockerziehung erfordert vor allem kostenintensive Handarbeit. Andererseits gibt sie dem Winzer auch die Möglichkeit, sich in den steilen Lagen kräftesparend quer durch die Rebzeilen zu bewegen.

HERBSTLICHE AUSLESE

Bei aller Vorsorge des Winzers und den technischen Möglichkeiten, die heute dem Wein-

Ein gesundes Wachstum der Trauben ist Voraussetzung für Qualitätswein

bau zur Verfügung stehen, bleibt der Weinberg ein natürliches und daher letztlich auch unberechenbares System mit vielen Risiken. Gerade im nördlichen Anbau des Rieslings besteht immer wieder die Gefahr eines Wettereinbruchs in Form von Frost, Hagel oder sturzartigen Regenfällen. Entsprechend können sich die Trauben in jedem Jahrgang unterschiedlich entwickeln. Will der Winzer für seinen Weintyp die dazu passenden Trauben ernten, muss er selektiv lesen. Das gilt vor allem für die aufwendige Auslese gesunder, von Botrytis befallener Trauben und funktioniert ausschließlich von Hand in bis zu sieben oder acht Lesegängen. Sind die Trauben beschä-

digt, findet eine so genannte negative Selektion statt, bei der alle für die Ernte nicht gewünschten Beeren entfernt werden. Auch die Technik hat Forschritte gemacht. Moderne Erntemaschinen können zwar nicht selektiv lesen, sind aber bei der Ernte von gesunden Trauben ohne negative Auswirkungen auf das Lesegut sinnvoll einsetzbar.

DIE FÜNF REIFESTADIEN IM LEBEN EINER TRAUBE

Unreife Trauben

Unreife Trauben ergeben auch unreife und kleine Weine. Wird die noch unreife Beerenschale durch äußere Einflüsse beschädigt, bildet sich dadurch eine frühe Botrytis, und es besteht die Gefahr der ungewollten und negativen Roh- oder Sauerfäule.

Reife Trauben

Aus reifen Trauben werden in der Regel gute Qualitäten erzeugt. Ein eventueller Botrytisbefall kann in diesem Stadium der Reife durchaus positiv sein. Allerdings müssen für frische, trockene Qualitäts- und Kabinettweine die Botrytistrauben bei der Ernte sorgfältig aussortiert werden.

Vollreife Trauben

Vollreife Trauben sind die Voraussetzung für Weine mit Tiefe und Struktur und in der Regel das Ausgangsmaterial für komplexe, dichte Weine, wie zum Beispiel »Erste und Große Gewächse« (siehe Seite 42). Gerade für diese hohen Qualitätsstufen ist gesundes Traubenmaterial Voraussetzung, ein Anteil von 5 bis 10 % gesunder Botrytis ist aber von vielen

Der Reifegrad der Trauben bestimmt Qualität und Stil des Weins

Winzern erwünscht, um den Weinen mehr Kraft und Körper zu geben. Sind die Beeren zu sehr von Botrytis befallen, eignen sich die Trauben für die Herstellung restsüßer Spätlesen oder – nach Selektion – Auslesen.

Überreife Trauben

Aus überreifen Trauben entstehen Weine, die in der Regel aufgrund einer fortgeschrittenen Botrytis nicht mehr trocken ausgebaut werden können. Dieses Lesegut bildet die Basis für restsüße Spätlesen und Auslesen und gleichzeitig den Übergang zu den selektionierten edelsüßen Weinen.

Rosinierte Trauben

Rosinenartig eingeschrumpfte Beeren, die in der Regel erst ab Mitte November auftreten, sind das Ergebnis der Edelfäule Botrytis. Diese Beeren bilden das Rückgrat der edelsüßen Riesling-Varianten von der Beerenauslese bis hin zur Trockenbeerenauslese, für die mehrere strenge Selektionsdurchgänge notwendig sind.

MESSBARE QUALITÄT

Wie kann man Qualität messen? An der geografischen Herkunft oder am Mostgewicht der Traube? In Deutschland und Österreich wird das so genannte Mostgewicht in Grad Oechsle gemessen. Die Grade geben über den Zuckergehalt der Beeren den Reifegrad der Trauben und damit auch den potenziellen Alkoholgehalt an. Die Oechslewaage misst, um wie viel Gramm pro Liter die Dichte des Mosts über der von Wasser liegt. Wiegt ein Liter Most beispielsweise 1100 Gramm, dann beträgt das Mostgewicht 100 Grad Oechsle, da ein Liter Wasser exakt 1000 Gramm schwer ist.

Eingeschrumpfte Trauben für edelsüße Qualitäten

GESUNDE FÄULNIS – EIN WIDERSPRUCH?

Die abgekürzt Botrytis genannte Form der Traubenfäule entsteht, wenn der Schimmelpilz *Botrytis cinerea* mit seinen Enzymen reife und unbeschädigte Trauben befällt und die Beerenschale durchlöchert. Dadurch kann bei warmer und trockener Witterung über die Hälfte des in den Beeren gespeicherten Wassers durch Verdunstung verloren gehen, die Zucker- und Aromenkonzentration nimmt zu. Der Pilz produziert eine Reihe chemischer

Für den Qualitätsweinbau ist eine gezielte Mengenreduzierung Bedingung

Verbindungen, unter anderem Glyzerin, Gluconsäure und Aromastoffe wie das Sotolon. Das kann so weit führen, dass man eine Trockenbeerenauslese erhält, deren Most den zwei- bis zweieinhalbfachen Zuckergehalt gesunder Trauben aufweist. Botrytis kann während der gesamten Vegetationsphase der Rebe auftreten, ist aber nur in der letzten Reifephase erwünscht und für die meisten Weinstile nicht förderlich. Gesunde, das heißt vom Winzer gewünschte Botrytis entsteht vor allem in Regionen mit gemäßigtem Klima, das im besten Fall von feuchten Frühnebeln und sonnigen, aber eher kühlen Herbsttagen geprägt ist. Können die Trauben nicht abtrocknen, insbesondere bei warmer Witterung und hoher Luftfeuchtigkeit, besteht die Gefahr, dass sie aufplatzen und sich die unerwünschte Grünfäule entwickelt. Bei beständig warmem und vor allem trockenem Klima wie etwa in Kalifornien kann sich der Botrytis-Pilz erst gar nicht entwickeln. Die Ernte von Botrytis-Trauben erfordert meist mehrere Durchgänge mit erfahrenen Erntehelfern, bei denen nur Trauben oder einzelne Beeren im optimalen Befallszustand gelesen werden.

WAHLHEIMAT KELLER

Defensiver Aktionismus ist angesagt

Dass Weine ausschließlich im Weinberg entstehen, ist nur die halbe Wahrheit. Die Aussage zielt auf die vom Verbraucher vorausgesetzte Unverfälschtheit des Naturprodukts, denn Wein soll ja nicht gemacht werden, sondern möglichst natürlich wachsen und entsprechend in die Flasche kommen. Deshalb spricht man in diesem Zusammenhang – zumindest in der Alten Welt – nicht gerne vom Weinmacher, sondern lieber vom Winzer und Kellermeister. Unstrittig ist, dass auch mit den Möglichkeiten einer Hightech-Kellerwirtschaft aus schlechten Trauben keine erstklassigen Weine erzeugt werden können. Es bedarf also von Anfang an einer hohen Traubenqualität, die sich später im Glas wiederfinden soll. Um Rebsorte und Terroir optimal auszudrücken, sollte die Kellertechnik den Produktionsweg der Trauben möglichst nur unterstützend begleiten. Im optimalen Fall ergänzen sich Weinberg- und Kellermanagement und arbeiten qualitativ Hand in Hand.

STILBILDENDE MASSNAHMEN

Allgemein verbindliche Regeln gibt es nicht. Ähnlich einem Kochrezept gibt es aber Vinifikationskonzepte, die in mehr oder weniger standardisierten Verarbeitungsschritten ablaufen und ordentliche Qualitäten garantieren. Will der Winzer jedoch herausragende Rieslinge erzeugen, müssen gesunder Ehrgeiz, Wille zur Qualität sowie ungebremste Leidenschaft und ein konsequentes Abwägen von Nutzen und Risiko das vorhandene Know-how ergänzen. Jede Traube kann nur einmal zu Wein gemacht werden. Was also in welcher Intensität und Richtung im Keller passiert, ist nicht nur eine Grundsatzentscheidung, sondern eine ständige Herausforderung. Der Einsatz von Kellertechnik muss sich am Naturprodukt Traube orientieren, das im besten Fall jedes Jahr ähnlich ausfällt, aber niemals als identisches Ausgangsprodukt zur Verfügung steht.

Die meisten Weingüter bauen ihre Weine nach traditionellen Verfahren aus, nutzen aber mehr und mehr die modernste Technik, um noch schonender und gezielter das Qualitätspotenzial der Traube auszuschöpfen. Dabei bieten sich, je nach Zustand und Reifegrad, verschiedene Möglichkeiten, den Saft aus den Trauben zu keltern.

DREI WEGE ZUM WEIN

Bei der Ganztraubenpressung kommen die Trauben sofort nach der Ernte auf die Presse. Diese Methode wird vor allem angewendet, um fruchtig-elegante Rieslinge zu produzieren, die von einem finessenreichen, leicht beschwingten Spiel zwischen Frucht und Säure geprägt sein sollen. Allerdings geht diese Keltermethode meist zu Lasten der Tiefe, der Substanz, des Körpers und der Alterungsfähigkeit des Weins. Denn die meisten Aromastoffe sitzen in der Beerenhaut und können sich bei der relativ schnellen Pressung nicht lösen. Entsprechend können Rieslinge, die ihr Terroir widerspiegeln sollen, mit dieser Methode ihr volles Potenzial nicht ausschöpfen. Werden unreife Trauben ganz gepresst, schmeckt der Wein nach einer kurzen Jugendphase ausgezehrt und dünn. Mittels der Ganztraubenpressung können aber auch Botrytistrauben und überreifes Lesegut mit hohen Extrakten zu fruchtigen Spätlesen und Auslesen verarbeitet werden, da durch das schnelle Abpressen der Schimmelpilz weniger leicht in den Most gelangen kann.

STANDARD

Bei der zweiten, heute üblichen Methode werden die Trauben vor dem Pressen durch

Mahlen leicht gequetscht, damit der Saft austreten kann. Durch diese mechanische Bearbeitung können sich die wichtigen Inhaltsstoffe noch vor dem Keltern aus der Beerenhaut lösen und damit Körper und Kraft, aber auch Mineralität und Frucht in den Wein bringen.

MAISCHESTANDZEIT

Um Riesling-Weinen mehr Extrakt, Komplexität und Aroma zu verleihen, wird immer häufiger vor dem eigentlichen Kelterprozess die so genannte Maischestandzeit eingesetzt. Dabei lässt man die gemahlenen Trauben als Fruchtmaische vier bis zwölf Stunden in einem Behältnis oder in der Presse stehen. In dieser Zeit treten deutlich mehr aromatypische Inhaltsstoffe aus der Beerenschale in den Most über, bevor dieser abgekeltert wird. Auch kann durch eine Maischestandzeit die Säure auf natürlichem Weg reduziert werden, während der PH-Wert gleichzeitig leicht ansteigt. Das aus der Beerenhaut gelöste Kalium verbindet sich mit der Weinsäure zu Weinstein, der während der Gärung ausfällt. Weinstein ist das Kristall des Kaliumsalzes und demnach ein hundertprozentiges Naturprodukt. Je höher die Temperatur der Trauben, desto schneller laufen die biochemischen Prozesse ab. Die meisten Winzer bevorzugen Maischstandzeiten bei Temperaturen zwischen 10 °C und maximal 18 °C.

Wichtig ist, dass gesundes und vollreifes Lesegut verwendet wird, denn dann sind die Stiele schon verholzt. Sind die Stiele dagegen noch grün, werden unerwünschte Gerbstoffe gelöst, und es kommt ein negativer Bittergeschmack in den Wein.

Je nach Zustand der Trauben entscheidet der Winzer über deren Weiterverarbeitung

DIE GÄRUNG MACHT'S

Die Diskussion, was dem Riesling in seinen einzelnen Entwicklungsphasen gut tut oder seinem Charakter zuwiderläuft, hängt vom klima- und wachstumsbedingten Reifezustand der Trauben ab, mit denen der Winzer jedes Jahr aufs Neue konfrontiert ist. Dreh- und Angelpunkt ist dabei die Säure – das signifikante geschmackliche Rückgrat des Rieslings – und die ihr gegenüberstehende Frucht in ihren unterschiedlichen Reifegraden. In welchem Spannungsverhältnis sich beide begegnen, welchen Stil der Winzer erreichen will – trocken oder restsüß –, hängt entscheidend vom Gärverlauf ab. Denn bei der alkoholischen Gärung wird der in den Trauben enthaltene Zucker in Alkohol umgewandelt.

SPONTAN ODER GEZIELT

Hefen sind Katalysatoren, die den Most in Wein verwandeln und während des Gärprozesses neue Inhaltsstoffe entstehen lassen. Welche Hefen dabei zum Einsatz gelangen sollen – ob im Most natürlich vorkommende Spontanhefen oder zugesetzte Reinzuchthefen –, ist eine Frage, die heute viel diskutiert und von manchem Winzer zur qualitativen Gretchenfrage stilisiert wird. Während die einen auf Spontanhefen setzen, weil dadurch angeblich langlebigere, individuellere Rieslinge entstehen, die erst nach einer gewissen Reifezeit ihre Vielschichtigkeit zeigen, sagen andere, dass sich die Rieslinge bei einer Gärung mittels Reinzuchthefen vor allem in ihrer Jugend klarer, fruchtiger und vielschichtiger präsentieren.

INDIVIDUELLES RISIKO

Die Wahrheit liegt wie immer in der Mitte. Zunächst muss man wissen, dass 90 % der Spontanhefen gar nicht zur vollständigen Ver-

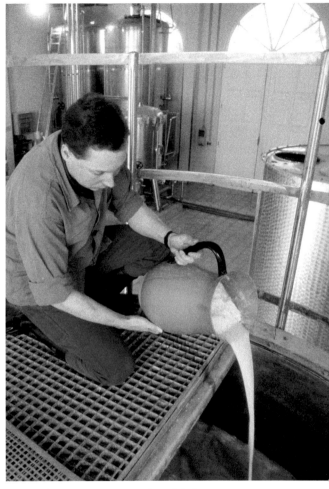

Die Zugabe von so genannten Reinzuchthefen ermöglicht eine relativ unproblematische Gärung in die vom Winzer gewünschte Stilrichtung

gärung geeignet sind und unerwünschte geschmacksbildende Eigenschaften wie an Nagellackentferner erinnerndes Ethylacetat, Essigsäure und nach faulen Eiern riechende »Böckser« in den Wein bringen können. Das ist ein echtes Risiko, das sich erhöht, je weiter die Trauben vom gesunden Zustand entfernt und damit zusätzlich mit Mikroorganismen besetzt sind. Um dieses Risiko zu minimieren, werden seit über 100 Jahren aus erfolgreichen Spontanvergärungen Hefen selektiert, die

ern. Von Vorteil ist ein schneller Start, damit der Most vor unerwünschten Wildhefen geschützt ist. Verläuft die Gärung danach unkontrolliert und damit zu stürmisch, wird viel Energie in Wärme umgewandelt. Die Hefen werden weiter angeheizt, und die entweichende Kohlensäure reißt viele der wertvollen Aromen mit. Die Weine wirken danach eindimensional und plump.

Dieses Problem tauchte vor allem nach dem Zweiten Weltkrieg auf, als die Edelstahlbehälter und Betonfässer immer größer wurden und die Wärme nicht mehr ausreichend abgegeben werden konnte. Mit der Idee der Kühlvergärung, die bereits in den 1950er Jahren in Deutschland entwickelt wurde, aber erst Anfang der 1990er Jahre vor allem aus den wärmeren Anbauregionen in Übersee nach Europa kam, schlug das Pendel zunächst in Richtung zu kalter Gärverlauf aus. Heute liegt die Standardgärtemperatur beim Riesling zwischen 15 und 18 °C. In diesem Temperaturbereich bleiben die meisten Aromen erhalten, das Sortenaroma des Rieslings wird nicht von vordergründigen fruchtigen Gäraromen überdeckt.

Doch das sind nur Richtwerte. Tatsächlich sollte die Gärtemperatur täglich kontrolliert und je nach Verlauf mit Fingerspitzengefühl korrigiert werden. Entscheidend ist, dass die Hefen überhaupt aktiv sind. Die Gärung sollte mindestens vier und in der Regel nicht länger als zwölf Wochen dauern. Eine zu lange Gärzeit birgt die Gefahr der Entwicklung anderer Mikroorganismen, die im günstigen Fall zu einem Biologischen Säureabbau führen, im schlimmsten Fall flüchtige Säure bilden oder den Wein oxidieren lassen.

Blitzende Edelstahltanks gehören auch in vielen Traditionsgütern zur Grundausstattung

als so genannte Reinzuchthefen dem Most zugegeben werden können. Allerdings können bestimmte Reinzuchthefen eine banal fruchtige Gleichförmigkeit der Weine fördern. Denn nach Ansicht der Kritiker bringen gerade die individuellen Spontanhefen auch ein Stück authentisches Terroir in den Wein und fördern damit die Individualität des Rieslings.

KÜHLER KOPF
IN HEISSER PHASE

Die Temperatur ist ein wichtiges Instrument, um die Geschwindigkeit der Gärung zu steu-

EDELSTAHL ODER HOLZ?

Blitzende Edelstahltanks im Hightech-Keller oder traditionelle Holzfässer bei Kerzenscheinromantik? Die Frage nach dem richtigen Gebinde für den Riesling ist in erster Linie von den individuellen Vorstellungen des Winzers abhängig, welche Weintypen er erzeugen möchte. Auf die Qualität des Weins hat die Entscheidung für Edelstahl oder Holz zunächst keinen Einfluss. Vielmehr ist die Auswahl der Behälterform eine Frage des angestrebten Stils.

Nachdem jahrhundertelang Holz den Ausbau bestimmte, zog in den vergangenen 30 Jahren nach und nach Edelstahl in die Keller ein. Was in der Lebensmittelindustrie und in Küchen längst Standard war, hat sich auch im Weinbereich durchgesetzt. Edelstahl erlaubt eine einwandfreie Hygiene, lässt sich problemlos reinigen, ist absolut geschmacksneutral und nimmt nur wenig Einfluss auf das Produkt, das in ihm ausgebaut oder aufbewahrt wurde. Weil die Edelstahlbehältnisse absolut luftdicht sind, kommt der Wein – wenn der Tank zu 100 % gefüllt ist – nicht mit Sauerstoff in Kontakt. Dieser reduktive Ausbau von Rieslingen im Edelstahl eignet sich vor allem für filigrane, finessenreiche und leichte Weine, die von einer deutlich frischen Fruchtigkeit leben.

Der reduktive Ausbau ist meist mit einer gekühlten Vergärung gekoppelt und gilt seit den 1980er Jahren weltweit als Standard für die Erzeugung von Weißweinen. Auch in den alten Kellern traditionsreicher Weingüter sorgte diese Methode für einen wahren Edelstahlboom. Der Trend zum reduktiven Ausbau wird allerdings auch in Zusammenhang mit einer gewissen Gleichförmigkeit der Rieslinge gebracht. Dies ist aber mehr auf die gekühlte Gärung zurückzuführen sowie auf die gleichzeitig propagierte rasche Verarbeitung der Trauben, die keine Zeit zur Extraktion traubeneigener Inhaltsstoffe lässt.

ZURÜCK AUF DEN HOLZWEG

Heute gewinnt der Riesling-Ausbau im Holzfass vor allem in der jungen Generation wieder an Bedeutung. Manche Winzer setzen auf einen kombinierten Weg: Der Most vergärt im Stahltank, der junge Wein kommt zur Reifung ins Holzfass. Allerdings muss in der traditionellen Kellerwirtschaft mit Holzfässern zwischen weingrünem und neuem Holz unterschieden werden.

Bei so genannten weingrünen Fässern ist das Holz nahezu neutral und gibt kaum geschmacklich wahrnehmbare Substanzen an den Wein ab, wie das beim Einsatz von neuen Barriquefässern der Fall ist. Die dominante Aromatik von neuen Eichenholzfässern ist eher bei säureärmeren und alkoholreichen Weißweinen gewünscht, um damit dem Alkohol in Ermangelung der Säure einen sensorischen Gegenpart zu geben. Beim Riesling, der eine kräftige natürliche Säure mitbringt, kann der Ausbau in den 225-Liter-Barriquefässern eher kontraproduktiv sein und hat sich daher letztendlich nicht durchgesetzt.

Das traditionelle große Holzfass kommt beim Riesling dagegen wieder in Mode, denn aufgrund seiner feinen Poren lässt das Naturprodukt Holz eine gewisse Menge Sauerstoff an den Wein und beschleunigt dadurch dessen Klärung, Stabilisierung und Reifung. Manche Winzer sind überzeugt, damit die Entwicklung körperreicher, komplexer und üppiger Rieslinge positiv beeinflussen und zur Entfaltung der Aromen beitragen zu können. Andere Winzer hingegen versuchen, gerade durch den reduktiven Ausbau diese massiven Rieslinge etwas schlanker zu gestalten.

STANDORTFRAGE

Da Holz – im Gegensatz zu Edelstahl – ein aktiver Naturstoff ist und entsprechend mit seiner Umgebung in Wechselwirkung tritt,

Traditionelle Holzfässer erleben gerade bei der jungen Winzergeneration ein Comeback

kommt dem Standort der Fässer eine gewisse Bedeutung zu. In kühlen und feuchten Kellern findet durch die Holzporen ein nur relativ geringer Sauerstoffaustausch statt, der den Ausbau von filigranen und fruchtigeren Weinen begünstigt. Dagegen öffnen sich die Poren bei höheren Kellertemperaturen und beschleunigen den oxidativen Ausbau, was vornehmlich bei Rotweinen von Vorteil sein kann. Holzfässer brauchen als Naturprodukt auch mehr Pflege und können bei nachlässiger Kellerwirtschaft Ursache von Mufftönen und Infektionsquelle unerwünschter Milchsäurebakterien oder *Brettanomyces*-Hefen sein, die eine medizinisch-schweißige Note erzeugen können.

DER KICK MIT DER SÄURE

Riesling hat Säure! In dieser knappen, aber unstrittigen Aussage steckt die ganze Problematik, die Riesling einzigartig und unverwechselbar, aber für manche Menschen auch unzugänglich macht. Seine natürliche und ausgeprägte Säure scheint für einen Teil des Publikumsgeschmacks ein Problem an sich zu sein. Denn die angeborene Eigenschaft zeigt sich wie in keiner anderen Rebsorte pikant bis deutlich ausgeprägt und provoziert Widerspruch. Dabei bildet die Säure die Seele und das Rückgrat des Rieslings und verleiht ihm einen erfrischenden Geschmack. Letztendlich verdanken vor allem Rieslinge aus relativ kühlen Regionen dieser Säure das Filigrane, das Brillante und insbesondere das Spannungsverhältnis zwischen der Säure und der Fruchtsüße – ähnlich einem saftigen, knackigen Apfel, der in einer kühlen Klimazone gewachsen ist und dessen anregende Wirkung und delikater Geschmack Lust auf den nächsten Bissen macht.

HEIKLER BALANCEAKT

Die entscheidende Frage ist aber, wie viel Säure ein Riesling haben muss, um seinen Charakter nicht zu verleugnen, aber auch gleichzeitig nicht in die saure Ecke gestellt zu werden. Und wie hoch die Säure vor allem bei rest- und edelsüßen Rieslingen sein muss, um der Süße einen gleichgewichtigen Partner gegenüberzustellen, was letztendlich das finessenreiche, rieslingtypische Spiel ausmacht. Einen an Analysedaten festzumachenden Königsweg gibt es nicht. Die schmeckbare Ausgewogenheit der einzelnen Parameter muss stimmen. Ob ein Riesling letztendlich eine zu hohe Säure aufweist, ist im Grunde keine Frage der Analytik. Hier entscheidet ausschließlich der eigene sensorische Geschmack. Denn es geht bei der Taxierung der Säure um eine sensorische Balance: Restsüße Weine benötigen zum Ausgleich eine kräftigere Säure, damit die Süße nicht schwerfällig wirkt, sondern ihr subtiles, elegantes Spiel behält. Rieslinge im trockenen Bereich, bei denen die verbleibende Restsüße begrenzt ist, sind in der Regel mit entsprechend niedrigeren Säurewerten ausgestattet. Ist hier die Säure zu hoch, wird sie zum allein bestimmenden sensorischen Moment, und der Wein schmeckt nur sauer.

KEINE ANGST VOR SÄURE

»Einer der großen Unterschiede zwischen Riesling und anderen Weinen ist die Säure. Auch dem menschlichen Magen ist Säure nicht fremd, er stellt nämlich selbst Salzsäure her. Diese Säure hilft dem Magen, Speisen zur Aufnahme in die Blutbahn vorzubereiten. Nach der Magenpassage der Nahrung erfolgt die weitere Verdauung im Zwölffingerdarm. Hier gibt die Bauchspeicheldrüse ihre Verdauungssäfte hinzu. Eine der Aufgaben der Bauchspeicheldrüse ist es, die Magensäure zu neutralisieren, damit sie von den Schleimhäuten problemlos aufgenommen werden kann. Die durch den Riesling zugeführte Säure wird so ebenfalls neutralisiert und schließlich aufgenommen. In üblichen Mengen getrunken, normalerweise bis zu einem halben Liter zum Beispiel beim Essen, ist beim gesunden Menschen keine Beeinträchtigung durch die Säure des Rieslings möglich. Im Gegenteil: Die Riesling-Säure hilft bei der Verdauung. Nur bei deutlich übermäßigem Weingenuss kann eine Übersäuerung entstehen. Hier bewährt sich die Regel, immer wenigstens die gleiche Menge Wasser wie Wein zu trinken.«

Dr. med. Rainer Terhedebrügge

OHNE SÄURE GEHT NICHTS

Die wichtigsten organischen Säuren sind die Weinsäure und – in etwas geringerer Konzentration – die Apfelsäure. Je unreifer ein Wein ist, desto höher ist der Anteil an Apfelsäure. Dazu kommen kleine Mengen Milchsäure, Zitronensäure, Bernsteinsäure, Essigsäure und Kohlensäure. Bei edelfaulen Rieslingen verrät ein weißes Salz an der Unterseite des Korkens die Anwesenheit der vom Botrytispilz gebildeten Gluconsäure. Säuren bremsen grundsätzlich das Wachstum schädlicher Bakterien und halten den Wein mikrobiologisch stabil.

KASTRIERTER RIESLING?

Dass die Diskussion pro oder kontra Riesling gerade bei der Säure ansetzt, ist zwar verständlich, trifft die Rebsorte aber in ihrer essentiellen Charaktereigenschaft. Schon während des Reifeprozesses findet ein natürlicher Säureabbau in den Trauben statt, bei einer Maischestandzeit wird ebenfalls Säure abgebaut, und es gibt die Möglichkeit der chemischen Entsäuerung. Doch die übliche und international bewährte Methode ist der Biologische Säureabbau (BSA). Dabei wandeln Milchsäurebakterien die von Natur aus im Wein vorhandene Apfelsäure unter Freisetzung von Kohlensäure zur milderen Milchsäure um. Riesling-Weine können dadurch weicher, cremiger und runder werden. Meist lässt der Winzer nur einen Teil seiner Riesling-Partie den Biologischen Säureabbau durchlaufen und verschneidet ihn später mit der unbelassenen Teilmenge. Die Debatte, ob sich der Riesling durch die Reduzierung seiner Säure einem vermeintlich internationalen Geschmack anpassen soll, wird gerade in den klassischen Riesling-Regionen mit Vehemenz geführt. Denn die Verminderung der Säure führt auch zu einer Veränderung des Geschmacks und der Fruchtintensität. Vor allem die für den Riesling typischen Zitrus- und Pfirsicharomen können durch einen Biologischen Säureabbau vermindert werden oder ganz verschwinden. Wird der Biologische Säureabbau unterbrochen, bevor die Umwandlung der Apfelsäure abgeschlossen ist, kann ein unangenehmer Milchsäureton im Wein entstehen, der an Joghurt, Molke, Käse und im Extremfall auch an Sauerkraut erinnert.

SENSIBILITÄT FÜR DIE NATUR

Ökologischer Weinbau und Riesling

Ökologie ist ein zunehmend wichtiger Aspekt im Hinblick auf eine gesunde Umwelt und Ernähung. Das gilt auch für Wein, insbesondere für Riesling, der vorwiegend von kleinen und mittelständischen Betrieben kultiviert wird und damit – im Gegensatz zur industriellen Massenerzeugung – genügend Spielraum für ökologische Produktionsmethoden lässt.

Wenn heute von Ökologie beim Wein die Rede ist, dann geht es um einen naturnahen Weinbau, in dem alle Maßnahmen Berücksichtigung finden, die ganzheitlich die Natur schonen. Was noch vor Jahren belächelt wurde, gehört heute zum Standardprogramm vieler renommierter Winzer in allen Anbaugebieten. Der konventionelle und der ökologische Weinbau sind sich näher gekommen, und es gibt auf beiden Seiten Kompromisse, um der Natur den Vortritt zu lassen. Popularität gewann die Idee des ökologischen Weinbaus in den 1980er Jahren, als in Lebensmitteln Rückstände von Pestiziden gefunden wurden und die Angst vor giftigen Substanzen sich zwangsläufig auch auf den Wein ausdehnte.

Eine exakte Abgrenzung zum herkömmlichen Weinbau ist schwierig vorzunehmen. Immer mehr konventionell arbeitende Betriebe verzichten auf den Einsatz von Herbiziden und schränken die Stickstoffdüngung im Weinberg ein. Denn in der Monokultur Weinbau ist der Winzer wirtschaftlich vom Boden und den darin verwurzelten Reben abhängig, und es stellt sich die Frage, wie dieses anfällige Natursystem langfristig und nachhaltig geschützt werden kann, um die Reben auf Dauer widerstandsfähiger zu machen. Scheinen durch eine lange Erfahrung die technischen Möglichkeiten im Keller weitgehend optimiert zu sein, so müssen heute vor allem die Kultivierungsmaßnahmen im Weinberg nach und nach verbessert werden, um umweltschonend ein gesundes System zu etablieren und zu stabilisieren.

EINIGKEIT IM UNTERSCHIED

Was im Einzelnen unter ökologischem Weinbau zu verstehen ist, darüber gibt es verschiedene Meinungen. Einigkeit besteht darin, dass dem Boden keine Substanzen zugeführt werden, die nicht direkt aus natürlichen Quellen stammen. So soll das Bodensystem als wichtigste Ressource der Rebe und der Winzerfamilien auch ohne chemische Hilfsmittel sowie synthetische Spritzmittel und Mineraldünger gesund gehalten werden. Ökologisch arbeitende Winzer setzen deswegen auf die bewusste Vermehrung der Feinde von Schädlingen, um deren Einfluss zu reduzieren. Entsprechend versucht der ökologische Weinbau verstärkt präventiv zu arbeiten, was gleichzeitig mehr Arbeitsaufwand bedeutet.

Darüber hinaus verlangt der ökologische Weinbau den Schutz der Umwelt durch Verhinderung von Bodenerosion und Verschmutzungen. Es gilt in allen weinbautech-

Ein weitgehend natürlich belassenes Umfeld ist für den ökologischen Weinbau Voraussetzung

nischen Maßnahmen den natürlichen Weg zu finden, um die biologische Vielfalt des Ökosystems zu fördern und dadurch den Monokultur-Charakter des Weinbaus etwas abzuschwächen. Dazu gehört unter anderem das gezielte Einsäen von Grünpflanzen. Diese spielen eine wichtige Rolle bei der Etablierung von Nützlingen, die Schädlinge wie die Spinnmilbe auf natürlichen Weg eliminieren. Ökologisch arbeitende Winzer nutzen ausschließlich organische Dünger in Form von abgebauter Pflanzenmasse wie zum Beispiel Stroh, Kompost oder Mist.

BIODYNAMISCHER WEINBAU

Diese Methode des alternativen Weinbaus basiert maßgeblich auf den Theorien des österreichischen Naturphilosophen Rudolf Steiner (1861–1925). Zwar geht es beim biodynamischen Weinbau auch um die Bodengesundheit und ein natürliches Gleichgewicht. In den Produktionsprozess werden aber auch Aspekte wie Mondphasen, Sonnenläufe, die Gestirne und der Einfluss des Kosmos mit einbezogen. Durch diese Anpassung an den natürlichen Rhythmus der Natur sollen letztendlich gesündere Pflanzen wachsen. Denn so, wie Ebbe und Flut von der Anziehungskraft des Mondes abhängig sind, soll laut Biodynamik auch das Keimen und Wachsen der Pflanzen auf Mondphasen reagieren. Biodynamik setzt vor allem auf die Selbstheilungskräfte der Natur und auf Homöopathie im Weinberg.

Die drei wichtigsten Substanzen für den biodynamischen Weinbau sind: Kuhmist für den Boden, Kuhhorndung für die Wurzeln und mit Quarzstaub gefüllte Kuhhörner, die im Boden vergraben werden, um die Fotosynthese des Blattwerks zu fördern.

PRO UND KONTRA

Vor- und Nachteile haben alle Methoden, einen pauschal richtigen oder falschen Weg gibt es nicht. Vielmehr muss der Riesling-Winzer seine Methode individuell an den natürlichen und wirtschaftlichen Vorgaben ausrichten. So verspricht meist der goldene Mittelweg die beste Lösung. Damit können sowohl die Gesunderhaltung des Bodens berücksichtigt als auch gleichzeitig die Risiken im Pflanzenschutz minimiert werden, die gerade bei den langen Vegetationsphasen des Rieslings durch einen Schädlingsbefall der reifen Beeren auftauchen können.

ÖKO SEI DANK

Ökologisch produzierte Qualität ist beim Wein – im Unterschied zu Fleisch aus Massentierhaltung oder auf Watte und in Nährlösungen gewachsenen Tomaten – nicht oder nur selten sensorisch erkennbar. Aber die ökologisch arbeitenden Winzer haben in den letzten Jahren bewiesen, dass auf ihren Böden durchaus Spitzengewächse erzeugt werden

können, die sich vor allem durch beachtliche mineralische Präsenz und durch Terroir-Charakter auszeichnen. Wissenschaftlich belegt ist, dass Reben durch ökologisch orientierte Bewirtschaftung tiefer wurzeln und sich deshalb besser ernähren können. Bei all den naturgegebenen Schwierigkeiten, mit denen der ökologische Weinbau untrennbar verbunden ist, bleibt es aber sein Verdienst, bei vielen Winzern die Sensibilität für das natürliche System Weinberg wieder geweckt zu haben.

Der Elsässer Winzer Jean-Michel Deiss ist ein engagierter Verfechter von biodynamischem Weinbau und Terroir-Weinen

KAPITEL 2

DIE WELT DES RIESLINGS

VIELFALT
RUND UM DEN ERDBALL

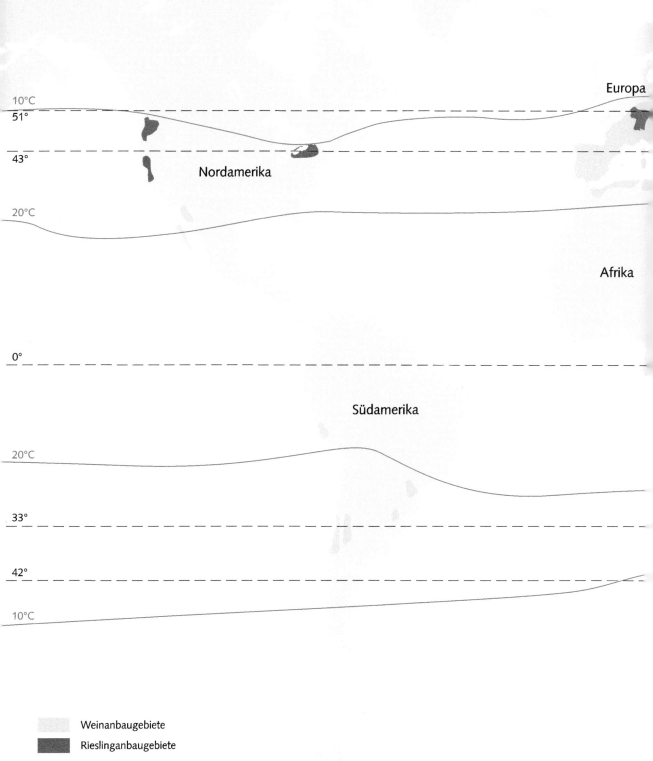

	10°C
	51°
	43°

Europa

Nordamerika

20°C

Afrika

0°

Südamerika

20°C

33°

42°

10°C

Weinanbaugebiete
Rieslinganbaugebiete

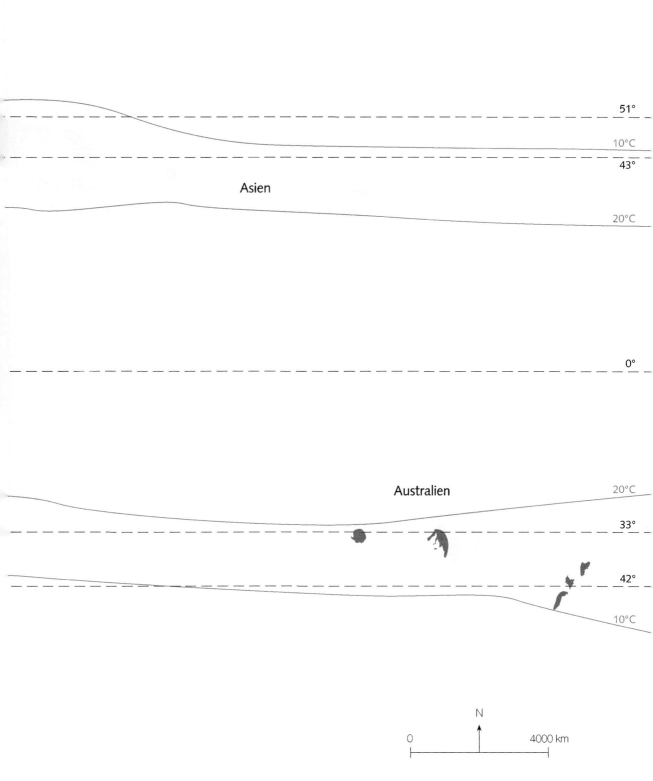

51°

10°C

43°

Asien

20°C

0°

Australien 20°C

33°

42°

10°C

N

0   4000 km

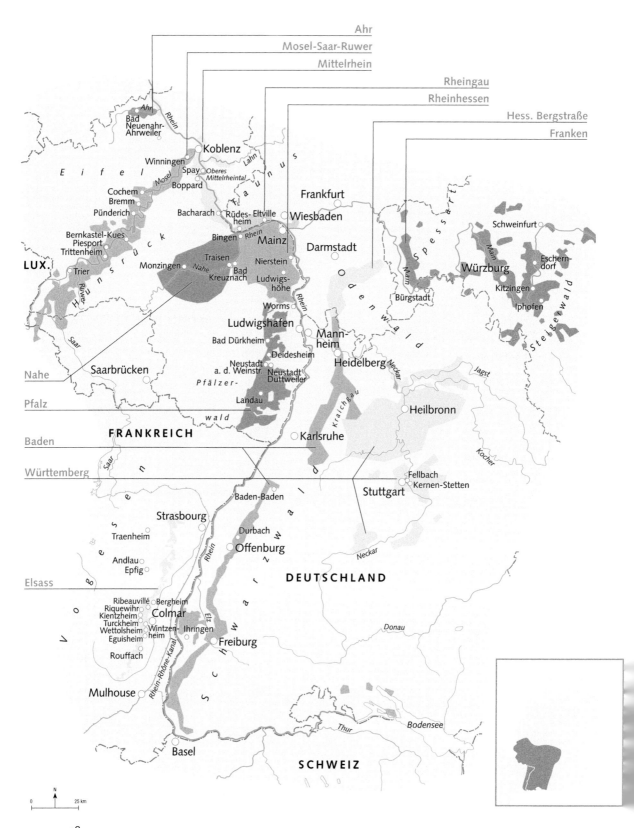

Ahr
Mosel-Saar-Ruwer
Mittelrhein
Rheingau
Rheinhessen
Hess. Bergstraße
Franken

Bad
Neuenahr-
Ahrweiler
Ahr
Rhein
Koblenz
Winningen
Spay
Oberes
Mittelrheintal
Boppard
Cochem
Bremm
Pünderich
Bacharach
Rüdes-
heim
Eltville
Wiesbaden
Frankfurt
Bernkastel-Kues
Piesport
Trittenheim
Bingen
Rhein
Mainz
Darmstadt
Traisen
Nierstein
LUX.
Trier
Monzingen
Nahe
Bad
Kreuznach
Ludwigs-
höhe
Worms
Nahe
Saarbrücken
Ludwigshafen
Mannheim
Heidelberg
Bad Dürkheim
Deidesheim
Neustadt
a. d. Weinstr.
Neustadt
Duttweiler
Pfälzer-
Pfalz
Landau
wald
Baden
FRANKREICH
Karlsruhe
Württemberg
Heilbronn
Kraichgau
Fellbach
Kernen-Stetten
Stuttgart
Baden-Baden
Strasbourg
Traenheim
Durbach
Offenburg
Andlau
Epfig
Neckar
Elsass
DEUTSCHLAND
Ribeauvillé
Bergheim
Riquewihr
Kientzheim
Colmar
Turckheim
Wintzen-
Ihringen
Wettolsheim
heim
Eguisheim
Freiburg
Donau
Rouffach
Mulhouse
Bodensee
Basel
Thur
SCHWEIZ

Eifel
Mosel
Lahn
Taunus
Hunsrück
Ruwer
Saar
Spessart
Main
Würzburg
Schweinfurt
Eschern-
dorf
Kitzingen
Iphofen
Bürgstadt
Steigerwald
Odenwald
Neckar
Jagst
Kocher
Rhein
Elz
Rhein-Rhône-Kanal
Schwarzwald
Vogesen

0   25 km
N

38

DEUTSCHLAND

Riesling-Heimat

Breitengrad der Riesling-Anbauzone:
48. bis 51. (nördliche Breite der
Hemisphäre)
Gesamtrebfläche: 102 240 Hektar
Riesling: 20 627 Hektar, das entspricht
20,2 % der deutschen Rebfläche,
61,4 % weltweit
Hauptgefahren für den Weinbau: Frost
Mittlere Temperatur im Juli: 19 °C

Einige der besten Rieslinge wachsen auf deutschem Boden, das ist unbestritten. Und es gab
immer großartige deutsche Riesling-Weine,
auch in Zeiten, als die Rebsorte gerade mal
nicht en vogue war. Denn der deutsche Riesling hat hinsichtlich seiner Akzeptanz immer
wieder tiefe Jammertäler durchschritten und
musste für sämtliche Geschmacksexperimen-
te herhalten: von staubtrocken bis zuckersüß
und zurück. Die sauren oder süßen Weine
wiesen Säurewerte auf, die entweder blitzar-
tig alle Geschmacksnerven auf den Plan riefen
oder den Riesling zu einem stumpfen, müden
Wein abstuften. Das önologische Pendel
schlug von einem Extrem ins andere aus.

BESTE BEDINGUNGEN

Dass es die Deutschen ihrem Riesling so
schwer machten, ist eigentlich unverständlich,
denn die unterschiedlichen Böden der Anbaugebiete sind der verlässliche Garant für

die geschmackliche Vielfalt und Faszination
deutscher Rieslinge. Und das obwohl – oder
gerade weil – Deutschland in Sachen Weinbau
Grenzland ist. Die klassischen Riesling-Regionen liegen nahe dem 51. Breitengrad, der
als nördlichste Klimagrenze für den Rebenan-
bau gilt. Ein Glücksfall für den Riesling. Die
kleine runde Traube bevorzugt nämlich kühlere Zonen, und die findet sie vor allem in den
nördlichen deutschen Anbaugebieten. Geprägt von einem kontinentalen Klima – warme Sommer und kalte Winter – reift hier der
Riesling nur langsam und wird in der Regel
erst ab Mitte Oktober bis Ende November
gelesen. Das Resultat dieser langen Reifeperiode ist eine geschmackliche Vielfalt vom
einfachen Qualitätswein bis zu edelsüßen
Spezialitäten und delikaten Eisweinen.

IMAGEVERLUST
UND IMAGEGEWINN

Riesling gehörte im 19. Jahrhundert zum klassischen Quartett der Spitzenweine: Bordeaux
rot, Burgunder weiß und rot und Riesling von
Rhein und Mosel. Doch während die Franzo-
sen kontinuierlich ihre Position ausbauten,
verabschiedete sich der Riesling langsam, aber
sicher aus dieser Konstellation. Seine Berg-
und Talfahrt hat verschiedene Ursachen. Erste Anzeichen zeigten sich bereits nach dem
Ersten Weltkrieg, 1918, als der lukrative
Markt des gesamten europäischen Hochadels
über Nacht zusammengebrochen war und da-

mit auch das Marketinginstrument des »Hoflieferanten« verschwand. Hinzu kam die ohnehin schlechte wirtschaftliche Situation in den ehemaligen Exportländern des deutschen Weins. Auch nach dem Zweiten Weltkrieg lag der Handel am Boden. Viele alte Absatzmärkte waren deutschen Weinen verschlossen.

PRODUKTIONSEUPHORIE

Als Mitte der 1950er Jahre die Euphorie des Wirtschaftswunders einsetzte, erlebte die alte Idee der Landwirtschaft – so viel wie möglich zu produzieren – mit Hilfe der fortschreitenden Technisierung auch im Weinbau eine völlig neue Produktionsdimension. Gleichzeitig arbeitete die Wissenschaft intensiv an der Züchtung ertragreicher neuer Sorten. Dabei gerieten sukzessive die alten handwerklichen Produktionsmethoden in Vergessenheit, die menschliche Arbeitskraft wurde bewusst von der fortschreitenden Automatisierung und Technisierung abgelöst.

WINZER ODER WEINMACHER

Der Winzer konnte jetzt zum aktiven Weinmacher werden. Mit der Möglichkeit zur systematischen Kontrolle der Gärung, die er bis dato der Natur und den Launen der Gärhefen überlassen musste, konnte er nun aktiv den Weinstil bestimmen. Jetzt wurde zu immer günstigeren Preisen produziert, was der Markt bereit war aufzunehmen. Und das waren nach entbehrungsreichen Jahren vor allem süße und billige Weine, die mit der Tradition großer edelsüßer Rieslinge oder eleganter, finessenreicher restsüßer Riesling-Spätlesen nur das Attribut »süß« gemeinsam hatten. Eine fatale Entwicklung. Fortan galt süß als Synonym für billig, einfach, deutsch.

EIN SCHWIERIGES VERHÄLTNIS

Das ehemals hohe Ansehen des deutschen Rieslings bekam nicht nur im eigenen Land

tiefe Kratzer. Riesling wurde wieder das, was er eigentlich ist: ein Außenseiter. Diesmal allerdings kein geschätzter, sondern ein missachteter, ohne den Reiz seiner Vielfalt und ohne den Glanz seiner Vielschichtigkeit. Unterstützt wurde diese Entwicklung auch durch die geschmackliche Entdeckungslust und Experimentierfreudigkeit der Nachkriegsgeneration und der damit einhergehenden offenen Ablehnung deutscher Traditionen, wozu auch der Riesling gehörte. Das verstaubte Image einer längst überholten Weinromantik hatte in einer neuen, weltoffenen und toleranten Gesellschaft keinen Platz mehr. Deutschland wurde denn auch konsequent zu einem der weltweit größten Importmärkte für ausländische Weine. Und die hatten leichtes Spiel. War 1976 für den Riesling noch ein Spitzenjahr, folgten danach verregnete, schwache Jahrgänge mit mittelmäßigen Qualitäten.

Hinzu kam, dass der Markt des pappig-süßen Weins überdrüssig war, weil er so einseitig war und nicht wirklich zum Essen passte. Ein Stilwandel hin zum trockenen Weißwein und zu besserer Qualität war unabdingbar. Doch es dauerte noch bis Anfang der 1990er Jahre, bevor der Riesling wieder ernsthaft – vor allem in der Spitzengastronomie – Fuß fassen konnte.

WEINE NACH GESETZ

Auch der Gesetzgeber forcierte mit dem novellierten Weingesetz von 1971 den Imageverlust des deutschen Weins. Die Idee, aufsteigende Prädikate zu schaffen, die sich allein über zunehmende Zuckerkonzentrationen in den Trauben bei der Lese definieren, konnte

Die edelsüßen Schwarzhofberger Rieslinge sind legendär und auf der ganzen Welt bekannt

letztendlich keine Qualität garantieren. Mit der Neuordnung der alten Lagen und – damit verbunden – neuen Großlagen und der Erfindung von Fantasienamen konnten nun auch einfache Qualitäten unter dem Label berühmter Weinorte angeboten werden. Das Ergebnis war, dass eine Flut neuer Bezeichnungen die meisten Verbraucher – vor allem im Exportmarkt – schlichtweg überforderte. Bis heute will die deutsche Weinwirtschaft dies nicht zur Kenntnis nehmen. Sie schafft immer neue Begriffe und Bezeichnungen, ohne sich im Gegenzug konsequent von den alten Zöpfen zu trennen.

AUFBRUCH ZU NEUEN QUALITÄTSUFERN

Ende der 1980er Jahre gab es einen spürbaren Aufbruch in Richtung Qualität, der bis heute anhält und der in den vergangenen Jahren erstklassige Rieslinge hervorgebracht hat. Deutschland erlebte eine Renaissance des Qualitätsweins, der Riesling wurde von einer neuen Winzergeneration wiederentdeckt. Diese neue Popularität entstand dank konsequent denkender und handelnder Winzer, einer verbesserten Ausbildung, eines engagierten Fachhandels, einer aufgeschlossenen Gastronomie und letztendlich auch einer interessierten Presse, die Riesling für die Öffentlichkeit thematisiert.

Auch im Ausland erfreut sich der deutsche Riesling zunehmender Beliebtheit, und die Nachfrage steigt. Riesling passt in unsere Zeit; er bietet eine Vielfalt an Geschmack bei vergleichsweise relativ niedrigen Alkoholwerten. Zu diesem Wandel beigetragen hat sicher das zunehmende Interesse an fremden Kulturen und Küchen. Gerade zu asiatischen Spezialitäten, die sich zum Teil durch besonders intensive Aromen auszeichnen, ist der Riesling ein hervorragender Begleiter.

KLASSIFIZIERUNG

Das Herausstellen besonderer Weinberge hat in allen bedeutenden Weinbaugebieten der Welt Tradition. Bereits seit der Antike versuchen die Menschen, Wein in Güteklassen einzuteilen und damit zu klassifizieren. Die einfachste, aber besonders effektive Einordnung war der Preis als erkennbares Regulativ für eine qualitative Unterscheidung. Die klösterliche Weinwelt Europas im 12. Jahrhundert übernahm diese Klassifizierung und verband sie mit dem Begriff »Cabinet«. So wurden besonders hochwertige Qualitäten bezeichnet, die in einem entsprechenden Cabinet-Keller lagerten. Ab 1498 tauchten in den Kellerbestandsaufnahmen von Kloster Eberbach im Rheingau erstmals »crescentia« als »Gewächse aus besonderen Lagen« auf.

Die Qualitätsbegriffe Spätlese und Auslese wurden in Deutschland erst im 18. Jahrhundert verwendet, nachdem die Qualität der späten und selektiven Lese erkannt und systematisiert worden war.

JAHRHUNDERT DER KLASSIFIZIERUNGEN

Mit dem 19. Jahrhundert trat die Weinwelt in das Jahrhundert der Klassifizierungen ein. 1855 wurden im Auftrag Napoleons III. durch die Handelskammer von Bordeaux die wichtigsten Châteaux des Bordelais für die Pariser Weltausstellung klassifiziert: die Grands Crus Classés des Médoc. Gleichzeitig wurden die Gebiete Sauternes und Barsac bewertet. In Deutschland dienten nach 1866 in den neuen preußischen Regierungsbezirken Weinbaukarten als Basis zur Klassifizierung von Lagen. Den Anfang machte 1885 der Rheingau. Die Dahlensche Karte beruhte auf der Güte des Bodens und dem damit verbundenen Grundsteuereintrag der Weinberge. Diese Klassifizierung hatte bis in die 1920er Jahre Bestand, danach geriet das auszeichnende Element der Lagenklassifizierung ein wenig in Vergessenheit.

DEUTSCHES WEINGESETZ

Mit dem deutschen Weingesetz von 1971 wurde eine neue Einteilung geschaffen, welche die Qualitätsstufen und Prädikate an die Mostgewichte zum Zeitpunkt der Lese knüpft. In der Messeinheit »Grad Oechsle« ist festgelegt, ob der Most später als Qualitätswein oder als Kabinett, Spätlese, Auslese, Beerenauslese oder Trockenbeerenauslese angeboten werden darf. Die Mindest-Oechslegrade variieren von Region zu Region, ein Kabinett von der Mosel darf ein niedrigeres Mostgewicht haben als das gleiche Prädikat aus Baden. In den Jahren ab 1987 nahm die 1984 gegründete Rheingauer Charta-Vereinigung die Tradition der Dahlenschen Karte von 1885 wieder auf und klassifizierte die Weinberge ihrer Mitglieder. In den Folgejahren entwickelten sich parallel Klassifizierungsinitiativen in der Pfalz, in Rheinhessen und an der Nahe.

ERSTE UND GROSSE GEWÄCHSE

Eine allgemeine weinrechtliche Legitimierung erfuhr diese Idee erstmals im Rheingau, wo seit der Ernte des Jahrgangs 1999 Weine aus offiziell klassifizierten Lagen als »Erstes Gewächs« bezeichnet werden dürfen. Auf dieser Grundlage haben die im Verband deutscher Prädikatsweingüter (VDP) zusammengeschlossenen Erzeuger im Jahr 2002 ein Statut zur Klassifizierung für das Große Gewächs beschlossen. Dies betrifft in erster Linie trockene Riesling-Weine aus Spitzenlagen. Jedoch werden gerade in den südlichen Anbaugebieten auch andere traditionelle Rebsorten berücksichtigt. Verwirrend ist die Tatsache, dass die einzelnen Regionalverbände des VDP bislang recht unterschiedliche Kriterien sowohl für die Bezeichnung der Qualitätsstufe als auch für die maximale Höhe des Restzuckers zugrunde legen. Noch nicht entschieden ist, ob für die Bezeichnung »Großes Gewächs« die gesetzliche Anerkennung angestrebt wird oder ob sie weiterhin auf privatrechtlicher Vereinbarung den Mitgliedsbetrieben des VDP offen stehen soll. Die Bezeichnung »Erste Lage« kennzeichnet dagegen nicht in erster Linie einen trockenen Typenwein, sondern unterscheidet lediglich zwischen erstklassigen und einfachen Weinberglagen, aus denen Weine verschiedener Qualitätsstufen und Geschmacksrichtungen stammen können. Allerdings muss ein trockenes Großes Gewächs, wenn es denn der beste Wein eines Weinguts ist, logischerweise in einer Ersten Lage gewachsen sein. Die Diskussion, wie weit diese Einteilung gehen und welche genauen Abgrenzungen für alle Mitgliedsbetriebe des VDP verbindlich sein sollen, ist aufgrund der unterschiedlichen Standpunkte in den deutschen Anbaugebieten bislang noch nicht abgeschlossen.

EINTEILUNG DEUTSCHER WEINE NACH DEM WEINGESETZ

Man unterscheidet folgende Güteklassen und Qualitätsstufen, nach denen jeder deutsche Wein mit einer dieser Bezeichnungen deklariert werden muss:

Tafelwein

Deutscher Tafelwein muss ausschließlich von deutschem Lesegut aus zugelassenen Rebflächen und Rebsorten stammen. In Deutschland werden im Vergleich zu anderen Anbauländern nur kleine Mengen an Tafelwein erzeugt. Die Anreicherung (Chaptalisierung) zur Erhöhung des Alkoholgehalts ist erlaubt.

Landwein

Deutscher Landwein ist eine gehobene Stufe des Tafelweins. Beim Landwein muss auch das Gebiet, aus dem die Trauben stammen, auf dem Etikett angegeben sein. Landwein ist stets trocken oder halbtrocken. Eine Anreicherung ist erlaubt.

Qualitätswein bestimmter Anbaugebiete (Q.b.A)

Das ist die größte Gruppe deutscher Weine. Qualitätsweine müssen zu 100 % aus einem der 13 deutschen Anbaugebiete stammen. Für jeden Qualitätswein sind, unterschiedlich nach Rebsorte und Anbaugebiet, untere Grenzwerte beim natürlichen Alkoholgehalt festgelegt. Qualitätsweine dürfen ebenso wie Tafelweine und Landweine angereichert (chaptalisiert) werden.

Qualitätswein mit Prädikat (Q.m.P)

Dies ist ein amtlich geprüfter Wein höherer Qualität, der nicht angereichert werden darf. Die vorgeschriebenen Mindestmostgewichte variieren je nach Bezeichnung, Rebsorte und Anbaugebiet.

Kabinett: Prädikat für feine, leichtere Weine aus reifen Trauben mit relativ geringem Alkoholwert.

Spätlese: Prädikat für Weine aus vollreifen Trauben. Die Ernte darf frühestens sieben Tage nach Beginn der allgemeinen Lese erfolgen.

Auslese: Prädikat für hochwertige Weine aus besonders vollreifen Trauben, die sowohl trocken als auch restsüß ausgebaut werden können.

Beerenauslese: Prädikat für edelsüße Weine aus überreifen, edelfaulen, botrytisbehafteten Trauben mit einem hohen Restzuckergehalt. Die Beeren werden von Hand einzeln ausgelesen.

Trockenbeerenauslese: Prädikat für edelsüße Weine, die aus rosinenartigen eingeschrumpften, handverlesenen Beeren produziert werden. Die Beeren werden noch selektiver ausgelesen.

Eiswein: Prädikat für Weine aus Beeren, die im gefrorenen Zustand – mindestens –7 °C – gekeltert werden und aus denen dann nur das Fruchtkonzentrat ausgepresst werden kann. Die Qualität der Trauben muss einer Beerenauslese entsprechen.

ERSTES GEWÄCHS RHEINGAU

Gut ein Drittel der Gesamtrebfläche des Rheingaus ist als klassifizierte Lagen ausgewiesen, die ausschließlich mit Riesling oder Spätburgunder bestockt sein dürfen. Die Lagenkarte berücksichtigt nicht nur die Qualitätskontinuität des Weinbergs, sondern auch klimatische Bedingungen und die Bodenverhältnisse im Weinberg. Ein weiteres Kriterium ist die strenge Selektion; maximal 50 Hektoliter pro Hektar sind zulässig. Die selektive Weinlese per Hand ist zwingend vorgeschrieben, ebenso die sensorische Prüfung auf Farbe, Geruch und Geschmack. Der maximale Restzuckergehalt darf bis zu 13 Gramm betragen. Alle Ersten Gewächse tragen die drei romanischen Bögen auf schwarzem Balken im Etikett. Die Weine dürfen erst ab dem 1. September des auf die Ernte folgenden Jahres angeboten werden.

GROSSE GEWÄCHSE VDP

Ähnliche Kriterien verlangt der VDP für die Klassifizierung der geschmacklich trockenen Großen Gewächse. Demnach müssen die Weine aus klassifizierten, eng eingegrenzten Lagen stammen, in denen nachweislich über lange Zeit Weine mit nachhaltig hoher Reife erzeugt wurden. Die Großen Gewächse dürfen ausschließlich aus regional festgelegten Rebsorten in Spätlesequalität mittels traditioneller Produktionsverfahren erzeugt werden. Die Erntemenge ist auch hier auf 50 Hektoliter pro Hektar begrenzt. Die Weine dürfen erst ab September des auf die Lese folgenden Jahres vermarktet werden, rote Große Gewächse sogar erst im zweiten Jahr nach der Lese. VDP-Betriebe, die Große Gewächse erzeugen, verzichten deshalb auf die Bezeichnung »Auslese trocken« aus gleicher Lage und Rebsorte.

CLASSIC UND SELECTION

Mit dem Jahr 2000 wurden unter der Federführung des Deutschen Weininstituts zwei neue Bezeichnungen eingeführt: »Classic« und »Selection«. Der Begriff Classic umfasst Jahrgangsweine aus klassischen gebietstypischen Rebsorten mit einem gehaltvollen, kräftigen und aromatischen Geschmacksprofil. Der Restzuckergehalt des Weins darf dabei maximal 15 Gramm betragen und höchstens doppelt so hoch sein wie der Säuregehalt. Classic-Weine dürfen weder Orts- noch Lagenbezeichnungen tragen. Sie sollen im Grunde das Profil eines Weins der Kategorie »solide Basis« im trockenen bis feinherben Sinn widerspiegeln.

Unter dem Begriff Selection werden Jahrgangsweine besonderer Qualität aus abgegrenzten Einzellagen angeboten, die aus niedrigen Erträgen – maximal 60 Hektoliter pro Hektar – per Hand gelesen wurden. Die Weine müssen trocken ausgebaut sein und weniger als neun Gramm Restzucker pro Liter aufweisen. Lediglich beim säurebetonten Riesling sind bis zu zwölf Gramm zulässig. Selections-Weine dürfen erst knapp ein Jahr nach der Lese – frühestens jeweils am 1. September des auf die Ernte folgenden Jahres – verkauft werden.

Deutscher Spitzenwein

»Wir stehen erst am Anfang einer Klassifizierung, und es ist eine kulturelle Generationenaufgabe, zu der es keine schnellen seriösen Antworten geben kann. Zu lange wurde Weinbau als gesetzlich definierte Ackerwirtschaft betrieben, erst langsam nähert man sich wieder dem Wunder Wein aus der Sicht der Lage, oder nennen wir es Terroir. Das Profil der deutschen Spitzenweine muss oben klar definiert sein und vor allem ihren Geburtsort widerspiegeln. Das geht nur über streng parzellierte Lagenkonzepte, nicht über Weinkonzepte. Deswegen müssen wir versuchen, die Weine, die glänzen sollen, mit Lagennamen, Geschmacksbildern, Natur und Marke in Einklang zu bringen. Wir brauchen eine individuelle Antwort auf die allgemeine Frage: Was bekomme ich, wenn ich eine Flasche deutschen Spitzenwein kaufe?«

Michael Prinz zu Salm-Salm,
Präsident VDP Deutschland

Offene Lagenklassifikation

»Wir brauchen in Deutschland eine gemeinsame Bezeichnung für trockene Spitzenweine. Unbestritten ist, dass erstklassige Qualität mit dem Weinberg, dem Jahrgang und der Arbeit des Winzers zu tun hat. Prädestinierte Standorte können als einer von mehreren Faktoren klar definiert und abgegrenzt werden. Daneben muss je nach Jahrgang Spielraum innerhalb einer großzügig abgegrenzten Rebfläche bleiben und jeder einzelne Wein auf seine herausragende Qualität hin geprüft werden. Ein solches Klassifikationssystem muss prinzipiell jedem Winzer offen stehen, sofern er Weinberge innerhalb der entsprechenden Abgrenzung besitzt. Ein-

schränkungen betreffend der Sorten oder Weinstile oder ob bestimmte Bezeichnungen wie Rebsorten oder Lagennamen nur noch für klassifizierte Herkunftsweine verwendet werden sollen, kann in Betrieben, Gruppierungen oder Regionen festgelegt werden. Zuständig für die Klassifikation, deren Bestimmungen, Durchführung und Kontrolle sollten die Betroffenen sein.«

Armin Göring, Geschäftsführer des
Deutschen Weininstituts, Mainz

Hoffnung für den deutschen Wein

»Zunächst einmal ist es wichtig, zwischen der Klassifizierung eines Weinguts im Bordelaiser Sinne und der eines Weinbergs zu unterscheiden, wie sie in Burgund erfolgte. In Ermangelung objektivierbarer Kriterien und aus verfassungsrechtlichen Gründen scheidet für Deutschland eine offizielle Güterklassifikation aus. Dass hingegen eine Lagenklassifizierung möglich ist, beweist die parzellenscharfe Abgrenzung der Rheingauer Lagen, in denen unter anderem das ›trockene‹ Erste Gewächs erzeugt wird. Aber eben auch andere Weintypen. Es handelt sich insofern um die Herausstellung einer guten Lage, also eine Lagenklassifikation. Das Große Gewächs des VDP folgt dem gleichen Prinzip: Es ist der trockene Spitzenwein aus einer Ersten Lage, aus der auch fruchtige und edelsüße Weine stammen und wo – vor allem in den südlichen Regionen – auch andere traditionelle Rebsorten als Riesling gedeihen können. Es gibt also Hoffnung für den deutschen Wein, doch bleibt er leider auch in Zukunft kompliziert!«

Armin Diel, Weinkritiker und
VDP-Vorsitzender Nahe

MOSEL — SAAR — RUWER

Gesamtrebfläche: 9266 Hektar
Riesling: 5294 Hektar, das entspricht
57,1 % der Rebfläche im Gebiet,
17,5 % der deutschen Rebfläche,
15,7% weltweit

Die Anbauregion, unterteilt in Mosel, Saar und Ruwer, bildet in ihrer Gesamtheit nicht nur eine sehenswerte Kulturlandschaft, sondern ist auch eines der faszinierendsten Weinanbaugebiete der Welt. Wo Winzer an steinigen Hängen der engen Flusstäler in Schwindel erregenden Höhen Steillagen- und Terrassenweinbau kultivieren, da spielen Enthusiasmus und Leidenschaft eine ganz besondere Rolle. Ohne aufwendige Handarbeit geht hier gar nichts; an manchen Stellen sind selbst Seilwinden nicht einsetzbar. Um einen Hektar Rebfläche an der Mosel bewirtschaften zu können, müssen rund 1200 Arbeitsstunden angesetzt werden. In der Pfalz kommt man mit weit weniger als der Hälfte aus.

STILPRÄGEND

Das Gebiet steht signifikant für einen Weinstil, der, in Perfektion umgesetzt, großartige zarte Kabinettweine und fruchtige, finessenreiche Spätlesen mit betörender Mineralität und feinem Säurespiel hervorbringt. Ferner ist die Mosel eines der berühmten deutschen Anbaugebiete mit einer großen Tradition edelsüßer Rieslinge. Sie besitzen viel Ausdauer und präsentieren sich auch noch nach Jahrzehnten in erstaunlicher Frische und mit tänzerischem Charakter. In den geschützten Flusstälern findet der Riesling auf wärmespeichernden Schieferböden die optimalen Bedingungen für eine lange Reifeperiode. In der Regel dauert die Traubenlese bis weit in den November, manchmal zieht sie sich gar bis in den Dezember hinein.

SCHATTENSEITEN

In den 1970er Jahren wurde die Weinbaufläche auch auf die Seitentäler und für den Weinbau nur mäßig geeignete Ebenen an der Mosel ausgeweitet. Mit der Erzeugung von billigen, süffigen Weinen wurde der große Name, den Moselwein einst im In- und Ausland hatte, Stück für Stück ramponiert. Die »Kellergeister«, die man rief, wurden zur Belastung, der einstmals für seine Feinheiten gerühmte Wein geriet zu »Zuckerwasser«, und gleichzeitig sackten die Preise in den Keller.

LICHTBLICKE

Jedoch gab es auch in der zweiten Hälfte des letzten Jahrhunderts Bastionen der Riesling-Kultur, die das Ansehen der Moselregion hochhielten. Weingüter wie Egon Müller, Maximin Grünhaus, Joh. Jos. Prüm und Fritz

Steile Rebzeilen erschweren die Arbeit in den Weinbergen an der Mosel

Haag haben nie eine Modewelle mitgemacht und spielen mit ihren Riesling-Weinen seit Jahrzehnten eine gewichtige Rolle in der Weltweinliga. Neben diesen Klassikern, die in den letzten Jahren in der Spitzengruppe des Gebiets durch Reinhold Haart, Ernst Loosen, Johannes Selbach und Christoph Tyrell Gesellschaft bekamen, beweisen zum Beispiel junge Aufsteiger wie Thomas Haag, Markus Molitor, Clemens Busch, Nik Weis und Eva Clüsserath, dass man sich um die Zukunft der Mosel kaum Sorgen machen muss. Interessante Akzente setzen neuerdings Winzer vom Schlage eines Reinhard Löwenstein oder Roman Niewodniczanski. Sie setzen eher auf voluminöse, cremigere Riesling-Weine mit Schmelz und Opulenz und weniger auf die elegante, spielerische Leichtigkeit der klassischen Linie.

RHEINGAU

Gesamtrebfläche: 3137 Hektar
Riesling: 2452 Hektar, das entspricht
78,2 % der Rebfläche im Gebiet,
8,1 % der deutschen Rebfläche,
7,3 % weltweit

Wie keine andere Region auf der Welt ist der Rheingau mit dem Riesling verbunden. Auf rund 3200 Hektar Weinbergfläche hat das kleine Gebiet heute den weltweit höchsten Riesling-Anteil von fast 80 % und damit ein ganz klares Riesling-Profil. In den nach Süd- und Südwest ausgerichteten Weinbergen findet man Kies, Sand sowie lehmige bis tonige Böden, durchsetzt mit Mergel und Löss. Der untere Rheingau bei Rüdesheim und in den Höhenlagen bei Kiedrich und Rauenthal ist von Quarzit- und Schieferverwitterungsböden geprägt. Vor den rauen Nordwinden bietet das Rheingaugebirge mit tief gestaffelten Wäldern ausreichend Schutz.

WIEGE DER WEINKULTUR

Seit den Tagen des Mittelalters wurde im Rheingau Weingeschichte geschrieben. Das ehemalige Benediktinerkloster Johannisberg – heute Schloss Johannisberg – und die Zisterzienserabtei Eberbach – heute Staatsweingüter Kloster Eberbach – gelten als Geburtsorte von Qualitätsbegriffen wie Kabinett, Spätlese und Auslese. Andere aristokratische Weingüter wie Schloss Vollrads, Schloss Schönborn, Schloss Reinhartshausen oder Freiherr Langwerth von Simmern können ebenfalls auf eine glorreiche Riesling-Vergangenheit zurückblicken.

SCHLECHTE ZEITEN

Ab Mitte der 1980er Jahre erlebte der Rheingau mit aufeinander folgenden schwachen Weinjahrgängen einen bitteren Einbruch. Zur Schwäche in der Region kam die Aufholjagd der Nachbargebiete Pfalz, Nahe und Rheinhessen, wo immer mehr auf Qualität gesetzt wurde. Weltberühmte Weingüter spielten plötzlich nur noch in der deutschen Mittelklasse, und traditionsreiche Betriebe wie Schloss Eltz und Schloss Groenesteyn verschwanden völlig von der Bildfläche. Erst eine neue Generation von Winzern, die alle aus Familienbetrieben kamen, etwa Bernhard Breuer, Wilhelm Weil, Gunter Künstler und Peter Jakob Kühn, machten mit einer kompromisslosen Qualitätsoffensive eine Rheingauer Riesling-Renaissance möglich. Ihnen folgten junge Talente wie Johannes Eser, Johannes Leitz, Andreas Spreitzer und Reiner Flick, die heute zum etablierten Spitzenbestand der Region gehören.

VORREITER IN SACHEN KLASSIFIKATION

Die Hervorhebung besonderer Weinberge hat im Rheingau Tradition. Sie reicht von den Zisterziensermönchen über Thomas Jefferson (1788) bis zu Goethe, der 1814 in sein Rheingauer Tagebuch notierte: »Die Güte des Weins hängt von der Lage ab, aber auch von der späten Lese.« 1885 erstellte Heinrich Wilhelm Dahlen eine Karte zur Klassifizierung der Weinberge und für die damit verbundenen Steuerabgaben. Die 1984 gegründete Charta-Vereinigung nahm diese Idee auf und klassifizierte für ihre Mitglieder Spitzenlagen des Rheingaus als »von alters her als beste Flächen bekannte Lagen«. Nach festgesetzten Produktionsrichtlinien erzeugte Weine aus diesen Lagen durften die Bezeichnung »Erstes Gewächs nach den Richtlinien der Charta« tragen. Um für die Klassifizierung eine juristische Legitimation zu erhalten, wurde zusammen mit der Forschungsanstalt Geisenheim eine Gütekarte für den Rheingau erstellt. Damit haben die Rheingauwinzer 1999 unter Führung ihres Weinbauverbands als erste deutsche Weinregion Neuland betreten (siehe auch Seite 42 f.).

MITTELRHEIN
Gesamtrebfläche: 472 Hektar
Riesling: 323 Hektar, das entspricht
68,4 % der Rebfläche im Gebiet,
1,1 % der deutschen Rebfläche,
1% weltweit

Hoch über dem Fluss, auf malerischen Rebterrassen neben mittelalterlichen Burgen und Schlösern, klammern sich die Weinberge an die Steilhänge des Mittelrheins. Eine Rhein- und Weinlandschaft, die 2003 von der Unesco zum Weltkulturerbe erklärt wurde. Aber hinter dieser Idylle steckt die ganze Krise, mit der vor allem der Weinbau in Steillagen seit Jahren konfrontiert ist. Die aufwendige Handarbeit ist kostenintensiv und kann vielfach mit den erzielten Weinpreisen nicht mehr kompensiert werden. Noch vor rund 100 Jahren

wurden hier mehr als 2000 Hektar kultiviert, heute sind es noch knapp 500 Hektar. Etwa drei Viertel der Fläche sind mit Riesling bestockt. Jedes Jahr bleiben mehr Rebflächen unbewirtschaftet, immer mehr kleine Betriebe geben auf.

JUGENDLICHE RENAISSANCE
Dennoch sind es gerade junge Winzer, die mit ihren Rieslingen von sich reden machen und dem Weinbau und der damit verbundenen alten Kulturlandschaft am Mittelrhein eine Zukunft geben. Die Weinszene in einem der kleinsten deutschen Anbaugebiete wird heute von einer Hand voll engagierter Familienbetriebe bestimmt, angeführt von Florian Weingart, Matthias Müller, Jochen Ratzenberger und Jens Diedinger. Ansporn und Vorbild dieser neuen Winzergeneration war Peter Jost vom Hahnenhof in Bacharach, der Anfang der 1990er Jahre mit seinem konsequenten Qualitätsweinbau den Mittelrhein aus dem Dornröschenschlaf geweckt hat. Einige sind ihm gefolgt, und statt Grundweine für die Sektindustrie oder billige Schoppen für den Rheinromantik-Tourismus zu produzieren, zeigen die Winzer vom Mittelrhein heute, was in ihren Böden steckt.

ELEGANZ AUS STEIN
Auf den steinigen Schiefer- und Grauwackeböden findet der Riesling einen Untergrund, der ihm rassigen Charakter, feinfruchtige Säure und immer eine mineralische Note mitgibt. In guten Jahren glänzen vor allem die leicht restsüßen Rieslinge mit einer mineralischen Eleganz, wie sie in Deutschland selten zu finden ist. Trocken ausgebaut, wirken die Weine in der Jugend zwar etwas zurückhaltend, weil die Säure noch sehr prägnant ist. Mit zunehmender Reife gewinnen sie an komplexen Fruchtaromen und einer eleganten Firne.

R H E I N H E S S E N
Gesamtrebfläche: 26 177 Hektar
Riesling: 2722 Hektar, das entspricht
10,3 % der Rebfläche im Gebiet,
9,0% der deutschen Rebfläche,
8,1% weltweit

Die Widersprüche um das größte deutsche Anbaugebiet fangen bereits mit dem Namen an: Rheinhessen liegt nicht im Bundesland Hessen, sondern in Rheinland-Pfalz. Lange Zeit war Rheinhessen das Sorgenkind der deutschen Weinszene. Dem riesigen Reben-meer fehlte eine richtige Weinidentität, es gab kaum eine Rebsorte, die nicht in rheinhessi-scher Erde stand, darunter fast alle Neuzüch-tungen. Oft wurden ohne Rücksicht auf Bo-denqualitäten und Klimaverhältnisse Äcker und Wiesen zu Weinbergen gemacht. Dazu kam die fast schon kultartige Belastung durch die rheinhessischen Exportschlager wie »Blue Nun« oder »Liebfrauenmilch« in allen Varia-tionen, die auf das Konto der Region gebucht wurden, obwohl hier auch andere Anbauge-biete die Finger mit im Spiel hatten und an dem Imageverlust kräftig verdienten.

Der Rote Hang an der Rheinfront bei Nierstein ist eine der bekanntesten Weinlagen in Rheinhessen

NEUBELEBUNG

Spitzenbetriebe gab es in Rheinhessen – ge-messen an der Rebfläche – nur wenige. Neben einigen Qualitätsbetrieben an der Rheinfront in Nierstein und Oppenheim – Heyl zu Herrnsheim, St. Anthony und Schneider – war es vor allem Fritz Hasselbach vom Wein-gut Gunderloch in Nackenheim, der Ende der 1980er Jahre mit Qualitäts-Rieslingen von sich reden machte. Ihm folgte einige Jahre später Klaus Keller in Flörsheim-Dalsheim, der auf unbekannten Lagen Spitzenweine produzierte und damit die Fachwelt verblüff-te. Als Ende der 1990er Jahre der junge Phi-lipp Wittmann in Westhofen mit seinen ele-ganten Rieslingen Furore machte, erlebte Rheinhessen so etwas wie eine Auferstehung. Mittlerweile sind einige engagierte Winzer wie Gerhard Gutzler, Michael Pfannebecker, Erich Manz, Klaus Scherner und Daniel Wag-ner dazugekommen, die voller Tatendrang das Ansehen der Weinregion aufpolieren. Rhein-hessen fängt an, sein klimatisches und boden-strukturelles Potenzial auszuschöpfen.
Die Voraussetzungen sind gar nicht schlecht. Die Böden bieten Kalk und Löss im rheinhes-sischen Hügelland, das von den Höhen des Pfälzer Berglands, des Hunsrück und des Taunus gegen die kalten Winde geschützt ist. In den Steilhängen an den Rheinterrassen der ehemaligen Rheinfront wachsen elegante und komplexe Rieslinge auf Rotliegendem Perlge-

stein und Tonschiefer. Vor allem der Rote Hang bei Nierstein ist für seine fülligen, dennoch eleganten Rieslinge bekannt.

PFALZ

Gesamtrebfläche: 23 413 Hektar
Riesling: 4799 Hektar, das entspricht
20,5 % der Rebfläche im Gebiet,
15,9 % der deutschen Rebfläche,
14,3 % weltweit

Das zweitgrößte deutsche Anbaugebiet ist nur unwesentlich kleiner als das benachbarte Rheinhessen und erstreckt sich von dessen südlichem Rand bei Worms über 80 Kilometer bis zur französischen Grenze. Der schmale Pfälzer Traubengürtel läuft parallel zum Rhein, erreicht seine Ufer jedoch an keiner Stelle. Das milde Klima, der Schutz vor kalten Winden durch den Pfälzer Wald und relativ wenig Niederschlag ermöglichen eine lange Reifezeit der Trauben. Unterteilt ist das Anbaugebiet in die Bereiche Südliche Weinstraße und Mittelhaardt, die Trennungslinie verläuft bei Neustadt an der Weinstraße.

DAS HERZSTÜCK DER PFALZ

Nirgendwo sonst in den deutschen Anbaugebieten liegen die Weinberge so geschlossen beieinander wie am Rande der Haardt, den hügeligen Ausläufern des Pfälzer Walds. Das milde Klima verleiht diesem Landstrich fast südlichen Charakter. Wo Mandeln, Feigen und Zitrusfrüchte an den windgeschützten Hängen reifen, findet auch der Riesling günstige Wachstumsbedingungen. Der fruchtbare Boden, durchsetzt mit Löss, Buntsandstein, Muschelkalk, Mergel, Granit und Schieferton, spiegelt sich in all seinen Varianten im Charakter der Pfälzer Rieslinge wider.
In der Unterhaardt im Norden finden sich auch kalkhaltige Böden, die kräftige, kernige

Rieslinge hervorbringen. Hier sind neben den traditionsreichen Weingütern Karl Schäfer und Pfeffingen-Fuhrmann-Eymael Bernd Philippi, die Knipser-Brüder, Axel Neiss und Jochen Schmitt in Bad Dürkheim die besten Interpreten des Rieslings.
Die Mittelhaardt besitzt eine große Riesling-Tradition. Die vielen Spitzenlagen rund um Deidesheim, Wachenheim und Forst sind zu 80 % mit dieser Rebsorte bestockt. Auch die Tradition edelsüßer Pfälzer Rieslinge hat hier ihren Ursprung und reicht bis ins Jahr 1811 zurück. Neben den traditionsreichen Weingütern, den drei großen Bs – Dr. von Bassermann-Jordan, Dr. Bürklin-Wolf und Reichsrat von Buhl – bestimmen renommierte Familienbetriebe wie Christmann und Mosbacher das heutige Riesling-Geschehen.

DER SÜDEN

Im Bereich der Südlichen Weinstraße stehen die Reben vorwiegend auf Lehm- und Lössböden. Gleichzeitig findet man verwitterte Böden aus Buntsandstein und Muschelkalk, in der Südpfalz – etwa in der Lage Kastanienbusch – sogar Rotliegendes oder roten Schiefer.

NEUER SCHWUNG

Wie keine andere deutsche Anbauregion haben sich Pfälzer Weingüter nach einer Schwächeperiode in den 1980er Jahren in die deutsche und internationale Riesling-Spitze vorgearbeitet und den Stil des großen, trockenen, eleganten, komplexen Rieslings neu interpretiert. Spiritus Rector des Pfälzer Comeback und Lehrmeister einer ganzen Winzergeneration war Hans-Günther Schwarz, der als Betriebsleiter des Weinguts Müller-Catoir in der Haardt fruchtige und ausdrucksstarke Rieslinge erzeugte, die im In- und Ausland höchste Anerkennung fanden. Ihm folgten gut

Die Lage Forster Ungeheuer wurde bereits 1828 nach bayerischer Bodenklassifikation als Spitzenlage bewertet

ausgebildete Winzer, die für eine dynamische Weiterentwicklung sorgten und den Qualitätsgedanken in viele Familienbetriebe brachten. Allen voran Hansjörg Rebholz, der mit seinen trockenen mineralischen Rieslingen aus der Südpfalz Furore machte. Das Duo Uli Mell und Gunther Hauck brachte das altehrwürdige Flaggschiff Bassermann-Jordan wieder in Fahrt, und alteingesessene Familienbetriebe wie Christmann, Mosbacher, Bergdolt, Weegmüller, Wilhelmshof und Wehrheim folgten mit bemerkenswerten Riesling-Qualitäten. Gleichzeitig setzte Christian von Guradze mit seinem Terroir-Konzept im Weingut Bürklin-Wolf Akzente. Gerade in den letzten Jahren hat dieser dynamische Aufbruch viele Früchte getragen. Mit

jungen Winzern wie Volker Gies, Boris Kranz, Gerd Faubel, Markus Pfaffmann, Philipp Kuhn, Axel Neiss, Jochen Schmitt, Tina Pfaffmann und Markus Schneider verfügt die Pfalz über talentierten Nachwuchs.

NAHE
Gesamtrebfläche: 4145 Hektar
Riesling: 1031 Hektar, das entspricht
24,9 % der Rebfläche im Gebiet,
3,4 % der deutschen Rebfläche,
3,1% weltweit

Lange Zeit stand die Nahe im Schatten der großen Nachbarn Rheingau und Mosel. Bis 1930 wurden Naheweine weitgehend noch als Rheinweine verkauft. Erst 1971 wurden die

Grenzen des Anbaugebiets festgelegt, und die Nahe bekam trotz ihrer Vielfalt langsam ein eigenes Profil und ein neues Selbstbewusstsein. Mittelständische Familienbetriebe wie Dönnhoff, Emrich-Schönleber und Schlossgut Diel sind seit Jahren verlässliche Qualitätsgaranten, wenn es um Spitzen-Rieslinge geht. Vor allem Helmut Dönnhoff sorgt mit seinen sensationellen Rieslingen im In- und Ausland für Aufsehen. Seit Jahren folgen der Spitzengruppe engagierte Betriebe wie Dr. Crusius, Kruger-Rumpf, die Staatsdomäne Niederhausen und die Weingüter, bei denen bereits die nächste Generation engagiert am Ruder ist, wie Schäfer-Fröhlich, Hexamer, Korell, Tesch und Schweinhardt.

EIN MULTITALENT

Das Typische an der Nahe ist, dass es nichts Typisches gibt. Denn das Gebiet ist geografisch und sensorisch ein Multitalent, das eine geschmackliche Gratwanderung zwischen einem feinen, zarten und einem etwas kompakteren, eleganten Stil zulässt. Die Geschmacksnuancen der Rieslinge können wegen der ständig variierenden Bodenstruktur sehr vielfältig sein: Im Norden wachsen auf einem breiten Streifen von Quarzit-, Schiefer- und Grauwackeböden spritzige und rassige Weine. Weiter südlich, in Richtung Bad Kreuznach, finden sich Sand, Mergel, Löss und Lehm, die eher feinblumige und elegante Gewächse hervorbringen. Westlich und nördlich der mittleren Nahe bestimmt roter Tonschiefer den Boden. Die Weine sind hier besonders blumig, nachhaltig und haben eine dezente Säure. Im unmittelbaren Bereich der Nahe zwischen Bad Münster und Schloss Böckelheim ist das Terroir vulkanischen Ursprungs und besteht aus Porphyr. Die Rieslinge aus diesen Böden zeigen viel Würze und feine mineralische Töne.

HESSISCHE BERGSTRASSE
Gesamtrebfläche: 441 Hektar
Riesling: 221 Hektar, das entspricht
50,1 % der Rebfläche im Gebiet,
0,7 % der deutschen Rebfläche,
0,7 % weltweit

Die kleine Weinregion zwischen Darmstadt und Heppenheim, die erst 1971 den Status eines selbstständigen Anbaugebiets bekam, bietet dem Weinbau neben einem sehr milden Klima auch geologische Besonderheiten. Während der Odenwälder Bergrücken die Reben vor kalten Winden schützt, genießen die Weinberge auf den relativ steilen Hängen optimale Sonneneinstrahlung. Die oberen Weinberge stehen auf kargem Fels, Granit, Sandstein und Kalk, weiter unten werden die Böden durch eine Humusauflage fruchtbarer. Riesling findet hier ideale Voraussetzungen; die Hälfte der Anbaufläche ist mit der Rebsorte bestockt. Außer dem Staatsweingut Bergstraße, dem immer wieder edelsüße Rieslinge gelingen, gibt es nur wenige größere Weingüter. Die meisten Weine werden von Nebenerwerbswinzern direkt in der Region vermarktet.

FRANKEN
Gesamtrebfläche: 6051 Hektar
Riesling: 263 Hektar, das entspricht
4,3 % der Rebfläche im Gebiet,
0,9 % der deutschen Rebfläche,
0,8 % weltweit

Die Anbauregion erstreckt sich entlang des Mains von Aschaffenburg bis Hassfurt. In Sachen Wein ist das Frankenland eher für seine traditionellen Silvaner als für den Riesling bekannt, der dementsprechend nur einen kleinen Teil der Gesamtrebfläche einnimmt. Die Riesling-Szene ist klein; zu ihren bekanntesten Protagonisten gehören Paul Fürst in Bürgstadt, Robert Haller vom Fürstlichen Weingut Löwenstein, natürlich Horst Sauer, Martin Steinmann von Schloss Sommerhausen, Dr. Heinrich Wirsching in Iphofen, Schmitt's Kinder in Randersacker und der junge Ludwig Knoll aus Würzburg. Im Herzstück des Anbaugebiets, dem Maindreieck in und um Würzburg, wachsen Rieslinge auf Muschelkalkböden, die den Weinen einen charaktervollen erdigen Ton mitgeben. Im Bereich Steigerwald rund um Kitzingen stehen die Reben auf fruchtbarem Keuper, Muschelkalk, Lösslehm und bei Iphofen sogar auf Schilfsandstein. Die Landschaft am Untermain zwischen Aschaffenburg und Miltenberg ist allerdings von anderer Geologie und zudem milderem Klima geprägt. Im westlichen Bereich, an den steilen Hängen entlang des kleinen Flusses Kahl oder im großartigen Homburger Kallmuth, wachsen einige der interessantesten fränkischen Rieslinge auf Buntsandstein und Muschelkalk.

BADEN

Gesamtrebfläche: 15 977 Hektar
Riesling: 1228 Hektar, das entspricht
7,7 % der Rebfläche im Gebiet,
4,1 % der deutschen Rebfläche,
3,7 % weltweit

Das südlichste deutsche Anbaugebiet gehört als einzige deutsche Weinregion zur Weinbauzone B und damit zum gleichen Klimabereich wie das Elsass und die Loire. Riesling-Weinberge findet man nur vereinzelt. Im Ihringer Winklerberg am Kaiserstuhl muss die Rebsorte beweisen, dass sie sich auf vulkanischem Gestein neben den Burgundersorten durchaus entwickeln kann. In der Ortenau wachsen auf steilen, mit verwittertem Granit bedeckten Hängen einige der besten Rieslinge Badens. Spitzenlage ist der Plauelrain in Durbach, der in guten Jahren die gesamte Qualitätspalette bis zum Eiswein hergibt. Aber auch die Badische Bergstraße ist für ihre rassigen Rieslinge bekannt, die auf den steilen Hängen mit Verwitterungsboden aus Urgestein wachsen. Es waren kleine und mittlere Familienbetriebe wie Andreas Laible, Schloss Neuweier, Dr. Heger und Gut Nägelsförst, die in den vergangenen Jahrzehnten mit viel Engagement die badischen Rieslinge auf den Qualitätsweg gebracht haben.

WÜRTTEMBERG

Gesamtrebfläche: 11 522 Hektar
Riesling: 2143 Hektar, das entspricht
18,6 % der Rebfläche im Gebiet,
7,1 % der deutschen Rebfläche,
6,4 % weltweit

Es gibt nicht nur Trollinger in Württemberg. Immerhin ist die beachtliche Rebfläche zu einem Fünftel mit Riesling bestockt. Dass man dennoch wenig über Württemberger Rieslinge spricht, liegt daran, dass ein Großteil der produzierten Weine von Genossenschaften vermarktet und direkt in der Region getrunken wird. Andererseits gibt es nur wenige Betriebe, die sich auf die Erzeugung von Spitzen-Rieslingen konzentrieren. Dazu gehören unter anderem die alteingesessenen Weingüter Graf Adelmann, Fürst zu Hohenlohe-Öhringen, Karl Haidle, Gerhard Aldinger, Ernst Dautel, aber auch die aufstrebenden Newcomer Rainer Schnaitmann, Jochen Beurer und Hans-Peter Wöhrwag. Das Weinbauzentrum liegt zwischen Heilbronn und Stuttgart. Die Riesling-Reben stehen auf fruchtbarem Keuperboden und Muschelkalk. Im Remstal wachsen die Rieslinge neben Trollinger, Kerner und Silvaner auf südlichen Hängen und zeigen meist eine kernige Säure.

ELSASS

Riesling-Land zwischen zwei Kulturen

Breitengrad der Riesling-Anbauzone:
48. bis 49. (nördliche Breite der
Hemisphäre)
Gesamtrebfläche: 15 230 Hektar
Riesling: 3355 Hektar, das entspricht
22,0 % der elsässischen Rebfläche,
10,0 % weltweit
Hauptgefahren für den Weinbau:
Bodenerosion, Wassermangel
Mittlere Temperatur im Juli: 19 °C

RIESLING IM SCHNITT-PUNKT DER KULTUREN

Eingebettet zwischen den Bergzügen der Vogesen und den gegenüberliegenden Höhen des Schwarzwalds, ziehen sich die elsässischen Rebhänge auf fast 100 Kilometern von Strasbourg bis in die Region um Mulhouse (Karte Seite 38). Was schon den Römern auffiel, als sie mit ihren Heeren die Rhône aufwärts ins Elsass zogen, kommt dem Weinbau bis heute zugute: das relativ milde, halbkontinentale Klima mit sonnigem, warmem und trockenem Wetter. Riesling wird hier seit Jahrhunderten kultiviert. Gerade in den letzten drei Jahrzehnten wurde seine Anbaufläche vor allem zulasten des Sylvaners erweitert. Die Rebsorte profitiert von den vielen Sonnenstunden in den Monaten Mai bis Oktober, die langsame Reifezeit fördert die Entwicklung der feinen Aromen und lässt die Extrakt-werte in den Beeren ansteigen. In manchen Jahren ermöglicht eine relativ hohe Luftfeuchtigkeit im Herbst die Edelfäule. Entsprechend reicht die Palette von einfachen Schoppenweinen über trockene, mineralisch geprägte Rieslinge mit viel Körper und Struktur oder botrytisgeprägte Weine bis zu komplexen edelsüßen Spezialitäten.

EXOT RIESLING

In der französischen Weinwelt gelten die Rieslinge aus den Départements Haut-Rhin und Bas-Rhin weitgehend als Exoten, denn im Elsässer Riesling wird schmackhaft deutlich, wie sich die Grenzregion gegenüber den anderen französischen Weinregionen, aber auch dem deutschen Nachbarn präsentiert: nicht ganz französisch und nicht ganz deutsch. Die Mischung aus Geschichte, Kultur und Tradition hat hier auch beim Riesling einen individuellen Charakter hervorgebracht. So ist die bewegte Geschichte des Elsass immer auch die Geschichte des Weins: ein ständiges Auf und Ab in einem Grenzland, das noch bis ins 20. Jahrhundert Zankapfel zwischen Frankreich und Deutschland war. Erst nach dem Zweiten Weltkrieg fand das Elsass zu einer neuen Identität und damit auch zu einer konsequenten Qualitätspolitik im Weinbau.

Elsässische Weinlandschaft im Schnittpunkt der Kulturen

Dafür sorgten nicht nur die traditionsreichen Güter wie Hugel et Fils in Riquewihr, Trimbach in Ribeauvillé mit ihrem raren Riesling Clos Ste Hune oder die weltbekannte Domaine Zind-Humbrecht in Turckheim. Auch kleinere Familienbetriebe haben in den letzten beiden Jahrzehnten mit ihren meist ökologisch produzierten Weinen das neue Gesicht des Elsass mitgeprägt. Allen voran André Ostertag in Epfig, Marc Kreydenweiss in Andlau und der unermüdliche Streiter für terroirtypische Weine, Jean-Michel Deiss in Bergheim, um nur einige zu nennen.

TERROIR-MOSAIK

Das Terroir, auf dem sie alle arbeiten, bietet Potenzial für große Rieslinge. Denn die Böden bilden in ihrer Vielfalt ein geologisches Mosaik, wie es sonst kaum auf der Welt zu finden ist. Zwischen dem 47. und 49. Grad nördlicher Breite gibt es mindestens 20 verschiedene Bodenformationen aus mehreren Erdzeitaltern, von Granit über Gneis, Schiefer, Kalk, Sandstein, Sand und Löss bis hin zu Muschelkalk und Vulkanasche. Die meisten Weinberge befinden sich in einer Höhe von 175 bis 420 Meter ü.d.M. und stehen in den Vorbergen der Vogesen auf Sedimentschichten. Im nördlichen Elsass finden sich gut durchmischte kalk- und mergelhaltige Böden, was eher zu Rieslingen mit breitem Geschmack führt. Einige berühmte Terroirs wie der Schlossberg unterhalb von Kaysersberg und der Wineck-Schlossberg liegen auf Granitböden. Diese sind zwar grobkörnig und sandig, aber gleichzeitig reich an mineralischen Nährstoffen. Hier wachsen besonders feine Rieslinge mit einer Fülle von Aromen und einer dezenten mineralischen Note.

Auf den oberen Hängen und steileren Lagen der Vogesen liegt ein dünner Mutterboden über verwittertem Gneis, Granit, Sandstein, Schiefer und verschiedenen vulkanischen Ablagerungen. Feuerstein und Schiefer machen

sich besonders beim Riesling bemerkbar; sie geben den Weinen ein charakteristisches mineralisches Aroma, das in der Reife an Petroleum erinnert. Die unteren Hänge der Vogesen verdanken ihre Entstehung dem Urstromtal des Rheins. Hier liegt ein tiefer Mutterboden über Ton, Mergel, Kalkstein und Sandstein. Die Ebene am Fuße der Vogesen besteht zum größten Teil aus Schwemmland, meist sandigen und steinigen Böden, die jedoch tiefgründig und gut durchlässig sind und eher einfache Rieslinge hervorbringen.

DIE KONTROLLIERTEN HERKUNFTSBEZEICHNUNGEN

Alle Elsässer Weine gehören zu einer der drei kontrollierten Herkunftsbezeichnungen (Appellation d'Origine Contrôlée – AOC): Alsace, Alsace Grand Cru (ergänzt um den Namen einer von 50 begrenzten Lagen, die in der Appellation erlaubt sind) und zusätzlich Crémant d'Alsace (Schaumwein, meist auf der Grundlage von Pinot blanc nach der traditionellen Methode erzeugt).

Die AOC Alsace

Die Elsässer AOC-Weine stammen meist zu 100 % von einer Rebsorte, die auf dem Etikett angegeben sein muss. Der zulässige Höchstertrag von 100 Hektolitern pro Hektar ist höher angesetzt als in allen anderen Appellationen. Wenn keine Angabe vorhanden ist, handelt es sich um eine Assemblage verschiedener Rebsorten, manchmal »Edelzwicker« genannt, manchmal auch mit »Gentil« oder mit einem Markennamen versehen. Der derzeit vorgeschriebene Alkoholmindestgehalt beträgt für Riesling 9,5 %.

Die AOC Alsace Grand Cru

Die 50 Elsässer Grand-Cru-Lagen wurden 1975 vom Institut National des Appellations d'Origine (INAO) unter Berücksichtigung geologischer und mikroklimatischer Besonderheiten festgelegt. Grand-Cru-Weine dürfen nur aus den Rebsorten Riesling, Gewürztraminer, Tokay Pinot gris oder Muscat d'Alsace hergestellt werden. Seit 2001 müssen die Parzellen mit mindestens 4500 Rebstöcken pro Hektar bepflanzt sein, der Basisertrag ist auf maximal 55 Hektoliter pro Hektar festgelegt, und die Trauben müssen von Hand gelesen werden. Der Mindestalkoholgehalt beträgt für Riesling 11 %. Für die Zertifizierung als Appellation Alsace Grand Cru unterliegen die Weine einer vorherigen Verkostung unter Aufsicht der INAO und müssen zu 100 % aus der jeweiligen Rebsorte bestehen.

Vendange tardive

Früher durfte der Winzer wählen, welche Bezeichnung er seinen Weinen gab: Spätlese, Auslese oder Beerenauslese. Seit 1983 darf eine Vendange tardive (franz. Spätlese) nur aus Rebsorten gekeltert sein, die für Grands Crus zugelassen sind. Eine Anreicherung ist untersagt, der Mindestzuckergehalt muss bei Riesling 220 Gramm pro Liter (95° Oechsle) betragen, die Lese darf nur in einem bestimmten Zeitrahmen stattfinden und muss angemeldet werden, damit eine amtliche Kontrolle stattfinden kann. Eine Vendange tardive muss nicht von Botrytis befallen sein.

Sélection des grains nobles

Das ist eine Vendange tardive, bei der die klassischen Grand-Cru-Rebsorten zugelassen sind. Der Mindestzuckergehalt muss bei Riesling 256 Gramm pro Liter (110° Oechsle) betragen, und es gelten die gleichen Regeln wie bei einer Vendange tardive. Da es schon einiges an Erfahrung erfordert, solch komplexe Weine herzustellen, gehen leider oftmals Qualität und Preis recht deutlich auseinander.

WEITERE GEBIETE IN EUROPA

Mut zum Risiko

In fast allen Weinregionen der Welt taucht Riesling auf, außerhalb der klassischen Anbaugebiete nur sehr sporadisch, oft als Spielerei eines ambitionierten Winzers oder als Experiment ohne nennenswerte Mengen.

LUXEMBURG

In Luxemburg sind aktuell rund 160 Hektar mit Riesling bestockt. Die Böden reichen vom Muschelkalk im Kanton Grevenmacher bis zu lehmigen Keuperböden im Kanton Remich. Im Stil erinnern luxemburgische Rieslinge an die einfachen Gewächse der Mosel, sind oft kohlensäurebetont, werden aber meist zu früh gelesen und weisen dann einen Hauch von Unreife auf. Doch es gibt einige engagierte Winzer wie Abi Duhr, die der Natur komplexe, hoch qualitative Rieslinge abtrotzen. Die besten Erzeuger sind Clos des Rochers und Château Pauqué in Grevenmacher, Thill Frères in Schengen, die Domaine Bastian in Remich, die Domaine Aly Duhr in Ahn, die Domaine Alice Hartmann in Wormeldange und die Domaines Charles Decker und Sunnen-Hoffmann, beide in Remerschen.

ITALIEN

Im Weißweinportfolio Italiens spielt der Riesling nur eine untergeordnete Rolle. Der so genannte Rheinriesling, den man vor allem im Norden findet, wird in geringen Mengen im Trentino, in der Lombardei, im Veneto,

Das Pergola-Reberziehungssystem ist in Italien verbreitet und sorgt für ein gleichmäßiges Laubdach

im Friaul und in Südtirol angebaut. Rund 35 Hektar sind heute in Südtirol mit Riesling bestockt, die Weinberge steigen bis auf eine Höhe von 500 Meter ü. d. M. an. Die Rebsorte findet man vor allem in den Weinbaugemeinden Margreid, Kurtinig, Eppan und Neumarkt. Die besten Vertreter kommen sicherlich aus dem relativ kühlen Eisacktal und aus dem Vinschgau. Das Eisacktal hat seit dem Jahr 2002 die eigene DOC-Bezeichnung Eisack-Riesling. Südtiroler Rieslinge sind in der Regel trocken ausgebaut und zeigen eine recht eigenständige und individuelle Charakteristik. Oft steht die pikante Säure etwas im Vordergrund; die Weine sind meist schlank und elegant, dagegen weniger füllig und körperreich.

SPANIEN

Im spanischen Penedès produziert Miguel Torres neben Riesling-Cuvées und einem einfachen Basiswein einen Riesling, den er nach seiner Frau benannt hat. Waltraut-Riesling ist ein saftiger, leicht restsüßer Wein mit angenehmer Säure und rund 13 % Alkohol.

PORTUGAL

Dirk Niepoort hegt eine persönliche Liebe für Riesling. Unlängst konnte er im Douro-Tal, auf 800 Meter Höhe ü. d. M., einen Weinberg erwerben. Der verwitterte Schieferboden gibt den Wurzeln die Möglichkeit, tief in die Erde einzudringen, um Mineralstoffe aufzunehmen. Dem ersten Nieport-Riesling fehlt es noch etwas an Harmonie, wer jedoch den gesunden Ehrgeiz von Dirk Niepoort kennt, kann sich vorstellen, was aus diesem Riesling-Projekt noch werden kann.

SCHWEIZ

Dass die Schweiz auch Weinland ist, mag angesichts des schwierigen Terrains des Alpen-landes und der entsprechend hohen Produktionskosten erstaunen. In jedem Schweizer Kanton wird Weinbau betrieben, der Riesling ist mit rund 10 Hektar Rebfläche nur ein Exot unter vielen.

OSTEUROPA

Die Weinhistorie der Donauländer Ungarn, Bulgarien, Rumänien und Slowenien reicht weit zurück. Allerdings hat ein halbes Jahrhundert Kommunismus nicht nur die Märkte im Westen abgeschnitten, sondern gleichzeitig die Investitionen gehemmt und die Produktion auf billige Tankware heruntergezogen. Einzelne Aufbruchzeichen gibt es, meist stehen Investoren aus den westlichen Weinländern dahinter. In der Slowakei an der Grenze zu Ungarn engagiert sich das Weingut Egon Müller-Scharzhof rund um das Schloss des Barons Ullmann mit trockenen Rieslingen. Jährlich kommen rund 25 000 Flaschen Château Béla auf den Markt.

In den Ländern der ehemaligen Sowjetunion stehen nach Angaben von Experten mehrere tausend Hektar Riesling. Allerdings ist es noch nicht gesichert, ob es sich dabei tatsächlich um genetisch echten Riesling handelt. Es bleibt abzuwarten, wie sich diese Gebiete landwirtschaftlich entwickeln werden und ob der Weinbau in Zukunft eine Bedeutung über die Grenzen hinweg erlangen wird.

SÜDAMERIKA/CHILE

Hier produziert das Weingut Torres eine einfache, leichte Cuvée aus Gewürztraminer und Riesling.

ÖSTERREICH

Traditionsreicher Newcomer

Breitengrad der Riesling-Anbauzone: 47. bis 48. (nördliche Breite der Hemisphäre)

Gesamtrebfläche: 48 500 Hektar

Riesling: 1624 Hektar, das entspricht 3,3 % der österreichischen Rebfläche, 4,8 % weltweit

Wachau: Gesamtrebfläche: 1390 Hektar

Riesling: 185 Hektar, das entspricht 13,3 % der Rebfläche im Gebiet, 11,4 % der österreichischen Rebfläche, 0,6% weltweit

Kamptal: Gesamtrebfläche: 3867 Hektar

Riesling: 298 Hektar, das entspricht 7,7 % der Rebfläche im Gebiet, 18,3 % der österreichischen Rebfläche, 0,9% weltweit

Kremstal: Gesamtrebfläche: 2170 Hektar

Riesling: 186 Hektar, das entspricht 8,6 % der Rebfläche im Gebiet, 11,5 % der österreichischen Rebfläche, 0,6% weltweit

Hauptgefahren für den Weinbau: Spätfrost

Mittlere Temperatur im Juli: 20 °C

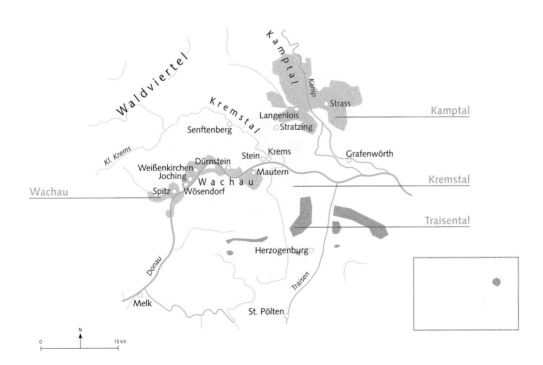

BLICK ZURÜCK

In Österreich kann man fast drei Jahrtausende zurückblicken und entdeckt auf Schritt und Tritt Spuren des Weins. Kelten, Römer und vor allem Karl der Große haben den Weinbau vorangetrieben. Im Lauf der Jahrhunderte gab es immer wieder Höhen und Tiefen. Aber das Beste, was dem österreichischen Weinbau in den letzten 50 Jahren widerfahren konnte, war der Weinskandal im Jahr 1985. Dieser massive Einbruch in die Vermarktungsstrukturen und der blitzschnelle Verlust des Ansehens zwangen Österreichs Winzer zu einem bedingungslosen Neuanfang auf einem konsequenten Weg, der Qualität ohne Einschränkung garantierte.

COMEBACK

Heute präsentiert sich die Alpenrepublik als Weinland mit einem sehr eigenständigen Profil, und österreichische Weine sind gefragter und anerkannter als in all den Jahren zuvor. Österreich spielt im großen Weinorchester der Welt mit, zumindest wenn es um Qualität geht. Denn an der weltweiten Weinproduktion hat das Land nur einen Anteil von etwa einem Prozent. Die spürbare Qualitätssteigerung liegt zum einen an der Verschärfung des Weingesetzes im Jahr 1985 – als Folge des Skandals – und zum anderen an der Gründung zahlreicher Markengemeinschaften wie etwa der Vinea Wachau, die ihren Mitgliedern strenge Kontrollen auferlegt haben. Modernste Weingutarchitektur findet man in allen österreichischen Weinbauregionen, sichtbares Zeichen einer auf die Zukunft ausgerichteten Winzerschaft, die ihre Tradition mit neuem, jungem Leben erfüllt.

PRIMA KLIMA

Die Winzer nutzen die klimatischen und geologischen Bedingungen der Anbauregionen zur Herstellung hochwertiger Gewächse. Die Weingebiete liegen in gemäßigten Klimazonen ohne Extreme zwischen dem 47. und 48. Breitengrad, vergleichbar zum Beispiel mit dem französischen Burgund. Warme Sommer mit vielen Sonnenstunden am Tag und lange, milde Herbsttage mit kühlen Nächten sind typisch für die meisten österreichischen Weinbauregionen.

NIE OHNE RIESLING

Österreich bietet eine große Sortenvielfalt, die den unterschiedlichen Böden und Klimata Rechnung trägt. Rund zehn Rotwein- und zwanzig Weißweinsorten werden angebaut, darunter auch Riesling. Doch nur im Kremstal, im Kamptal und vor allem in der Wachau hat er eine wirkliche Bedeutung. In allen drei Gebieten sind die Weinbergböden weitgehend von Urgestein geprägt.

WACHAU

Tief eingegraben ins Urgestein, schlängelt sich die Donau durch die Wachau. Gneis, Granulit und Glimmerschiefer geben in dem Gebiet zwischen Spitz und Krems den Ton an und machen die kargen Böden der so genannten Böhmischen Masse zum Resonanzkörper der Weine, die hier wachsen. Aus dem nördlichen Waldviertel kommen die kühlen Winde und treffen im Tal der Wachau auf die milderen Strömungen aus dem pannonischen Raum. Ein spürbarer Wechsel zwischen warmen Tagen und kühlen Nächten bildet den optimalen Klimarhythmus, der die behutsame Reife der Trauben bestimmt.

Die relativ lange Zeit am Stock ist ein elementarer Faktor, der die Wachauer Rieslinge immer einen Tick würziger, geschliffener und komplexer macht. Schon bei den leichten, frischen Weinen überzeugt dieses würzige Fruchtspiel von Pfirsich und Aprikose. Ent-

Die Wachau mit ihren malerischen Orten gilt als eine der schönsten Weinlandschaften der Welt

sprechend üppiger, mit einer geradezu vibrierenden Kraft, die auch die Mineralität des Terroir zum Ausdruck bringt, präsentieren sich die monumentalen, ja erhabenen Weine. Schon Ende der 1950er Jahre haben Josef Jamek, Franz Prager, Franz Hirtzberger senior und Wilhelm Schwengler von den Freien Weingärtnern mit natürlichen, trocken ausgebauten Rieslingen Akzente gesetzt. Heute zählen Wachauer Winzer wie F. X. Pichler, Emmerich Knoll, Franz Hirtzberger und Toni Bodenstein vom Weingut Prager zu den Erzeugern, die diesen Stil perfektioniert haben.

KAMPTAL

Kaum ein anderes Weinbaugebiet hat auf so engem Raum so viele verschiedene Variationen der Bodenbeschaffenheit zu bieten wie das Kamptal. Das Terroir ändert sich nahezu alle hundert Meter, von mineralisch durchmischten Lössböden bis zu tiefgründiger Erde mit Mischungen aus Gneis, Ton und vulkanischen Einschüben. Das angrenzende Waldviertel und der Manhartsberg fungieren als riesige Lunge mit frischer, kühler Luft und bewirken das Wechselspiel zwischen heißen Tagestemperaturen und merklich kühleren

Nächten. Dieses eigenwillige Terroir verleiht den Rieslingen die würzige Aromatik, das feine Säurespiel und diesen unvergleichlichen, kristallklaren, mineralischen Charakter.

Vorzeigewinzer des Kamptals ist Willi Bründlmayer, der mit seinen Rieslingen aus dem Zöbinger Heiligenstein der Region neue Qualitätsimpulse gegeben hat. Aber auch das traditionsreiche Weingut Schloss Gobelsburg oder Familienbetriebe wie Jurtschitsch-Sonnhof und der innovative Fred Loimer aus Langenlois gehören zu den Aushängeschildern des Kamptals.

KREMSTAL

Am östlichen Eingang zur Wachau weitet sich das enge Donautal zur sonnendurchfluteten Ebene. Hier beginnt das 1993 gesetzlich definierte Weinbaugebiet Kremstal. Im Zentrum der rund 2000 Hektar umfassenden Anbauregion liegt die Stadt Krems, eine der ältesten Weinstädte Österreichs und seit 1875 Sitz der Weinbauschule.

Das Klima des Kremstals steht weitgehend unter dem Einfluss der milden pannonischen Strömungen aus dem Osten und der frischen Winde aus dem Waldviertel, die für kühle Nachttemperaturen sorgen. Die Böden des Kremstals bestehen aus kristallinem Verwitterungsgestein, das teilweise von Löss überlagert ist. Um die Gemeinden Rohrendorf und Gedersdorf misst die Lössschicht mehrere Meter. Dagegen finden sich an der Donau vorwiegend sandig-schottrige Schwemmböden.

Der Kremser Weinbau zeigt in den letzten Jahren deutlich aufsteigende Tendenzen durch engagierte Winzer wie Franz Proidl und Martin Nigl in Senftenberg, Gerald Malat in Palt, Anton Mayr vom Vorspannhof in Dross und Bertold Salomon vom Undhof in Krems.

VINEA WACHAU

Im Jahr 1983 schlossen sich Wachauer Winzer in dem Verband *Vinea Wachau* zusammen, um ihre Weine in drei Kategorien zu klassifizieren und damit die geologischen und kulturhistorischen Besonderheiten des engen Donautals zwischen Melk und Krems zu unterstreichen. Die markenrechtlich geschützten Bezeichnungen »Steinfeder«, »Federspiel« und »Smaragd« umfassen ausschließlich naturbelassene Weine und dürfen nur von Mitgliedern der *Vinea Wachau* geführt werden.

Unter Steinfeder sind die leichten, duftigen Weine zusammengefasst, die ein Mostgewicht zwischen 75° und 83° Oechsle aufweisen und deren Alkoholgehalt nicht mehr als 11 Volumenprozent beträgt.

Federspiel steht für die rassige Eleganz klassisch-trockener Weine, die ein Mostgewicht von mindestens 83° Oechsle aufweisen, wobei der Alkoholgehalt aber auf höchstens 12,5 % Vol. begrenzt ist.

Smaragd ist die Bezeichnung für die höchste Qualitätsstufe klassischer Weine der Wachau. Smaragd-Weine können nur aus spätgelesenen Trauben guter Jahrgänge mit vollendeter physiologischer Reife ab 90° Oechsle gekeltert werden und umfassen gehaltvolle Weine mit komplexem Aromenspiel und großem Potenzial.

USA

Entdeckung Riesling

Breitengrad der Riesling-Anbauzone:
44. bis 47. (nördliche Breite der
Hemisphäre)
Gesamtrebfläche: 311 000 Hektar
Riesling: 1700 Hektar, das entspricht
0,5 % der amerikanischen Rebfläche,
5,1 % weltweit
Hauptgefahren für den Weinbau: je nach
Gebiet Frost oder Wassermangel
Mittlere Temperatur im Juli: 21 °C

Die Vereinigten Staaten sind nicht nur ein bedeutender Absatzmarkt für europäische Weine, sondern auch ein wichtiges Weinerzeugerland. In 46 der 50 Staaten der USA wird Wein angebaut; der größte Teil wird direkt in der Region vermarktet. Die erste erfolgreiche gewerbliche Weinproduktion begann erst zu Beginn des 19. Jahrhunderts, danach war die wirtschaftliche Entwicklung des amerikanischen Weinbaus immer wieder von Höhen und Tiefen geprägt. Erst Anfang der 1970er Jahre, lange nach der Prohibition, kam neuer

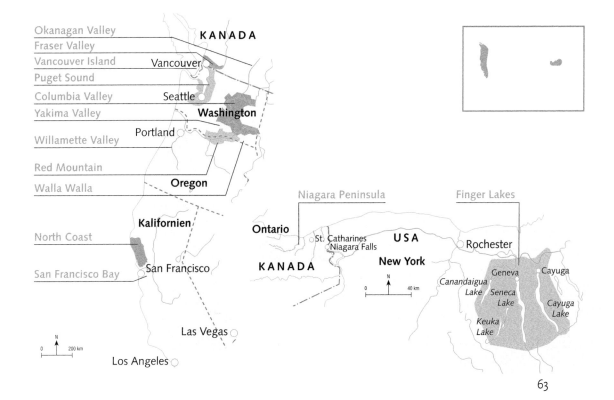

Schwung in den US-Weinbau. Insbesondere Kalifornien erlebte einen Aufschwung als Weinregion mit engagierten Winzern, einer modernen Weingutarchitektur mit Spitzentechnologie, modern angelegten Weinbergen und neuen, aus Europa eingeführten Rebsorten, dazu einem neuen Qualitätsbewusstsein. In nur 30 Jahren nahm der von der Sonne verwöhnte Staat an der Westküste eine führende Position unter den Übersee-Weinbauländern ein. Gleichzeit stieg beim amerikanischen Verbraucher das Interesse am Wein und damit der Konsum. Dennoch ist Amerika kein Land der Weintrinker. Noch immer schwebt der Prohibitionsgedanke über allen alkoholischen Getränken, hinzu kommen gesundheitliche, ernährungswissenschaftliche, sicherheitspolitische und steuerliche Gründe, die den Weinkonsum in Grenzen halten.

Rieslinge spielen in den Anbauregionen der USA eine untergeordnete Rolle und sind nur selten auf dem europäischen Markt zu haben. Sie kommen – oft unter den Namen »Johannisberg-Riesling« oder »Weißer Riesling« – zu einem kleinen Prozentsatz aus Kalifornien. Die meisten Rieslinge stammen aus den kühleren Anbauregionen New York State, Oregon und vor allem Washington.

WASHINGTON STATE

Washington ist das zweitgrößte Weinbaugebiet der USA, auch wenn es nur einen Bruchteil der Produktion Kaliforniens auf den Markt bringt. Chardonnay ist mit Abstand die meistangebaute Rebe, danach folgen Cabernet Sauvignon und Merlot, Riesling und andere Sorten.

Riesling wird in allen Variationen ausgebaut, trocken, aber vorwiegend halbtrocken bis süß. In manchen Jahren können auch Late harvest (Spätlesequalitäten) mit Botrytis erzeugt werden. Das Gros der Riesling-Produktion wird von Château Ste Michelle und der Columbia Winery in Seattle bestimmt, aber auch kleinere Produzenten wie Badger Mountain, Allan Shoup und Wood Ward Canyon Winery machen von sich reden.

Die Rebanlagen befinden sich fast ausschließlich in der ausgedehnten Hügellandschaft im östlichen Landesteil. Die meisten Weinberge liegen an Süd- und Südwesthängen und sind auf Bewässerungssysteme angewiesen. Die hoch aufragende Kette der Cascade Mountains schützt gegen die kühle Meeresluft. Das Gebiet ist von heißen, fast steppenhaft trockenen Sommern und teils extrem kalten Wintern geprägt, in denen die Temperaturen bis auf –26 °C absinken können. Diese plötzlichen Temperaturstürze, bei denen die Reben zum Teil erfrieren, stellen den Weinbau immer wieder vor Probleme. Doch die eisigen Winter verhindern auch die Ausbreitung der Reblaus, die ohnehin auf den meist sandiglehmigen, wasserdurchlässigen Böden keinen Lebensraum findet. Die kalten Winter sind für Riesling kein Problem, solange er den Rest des Jahres ausreichend Sonne bekommt und die Bewässerung optimiert ist. Viel entscheidender ist die extreme Temperaturschwankung von ca. 25 °C zwischen Tag und Nacht, was die Reifeperiode positiv beeinflusst. Die meisten Weingüter arbeiten computergestützt, und mit Hilfe der künstlichen Bewässerung werden sowohl Mineralstoffe als auch Dünger zugeführt. Rund 80 % der Trauben werden maschinell geerntet.

OREGON

Herzstück der Weinbauregion ist das nördlich gelegene Willamette Valley mit kühlen Sommern und relativ milden Wintern. Die Böden sind teils vulkanisch und mit Eisen durchzogen, aber nicht besonders fruchtbar. In den bekannten Red Hills von Dundee finden sich schwere Böden mit so genanntem Jory-Lehm. Dagegen gelangen die Trauben weiter nördlich auf den Sedimentböden in den Chehalem Mountains früher zur Reife.

Ihren Aufschwung erlebte die Weinbauregion ab den 1960er Jahren mit der Rebsorte Pinot noir; fast die Hälfte der Rebfläche im Willamette Valley gehört der burgundischen Rebsorte. Der Riesling konnte in Oregon nie richtig Fuß fassen, obwohl Riesling-Reben vor allem im Norden des Tals, im Washington County, bessere Qualitäten hervorbrachten als der Chardonnay. Riesling hat zurzeit gegen Pinot gris und Pinot noir wenig Chancen, er ist unpopulär, obwohl er auf den höher gelegenen Hängen des Willamette Valley bei relativ niedrigen Temperaturen wunderbar gedeihen würde. Dennoch gibt es einige Weingüter, wie Amity Vineyards, Argyle, Elk Cove und Scott Henry Estate, die sich neben Pinot noir auch dem Riesling verschrieben haben.

NEW YORK

New York ist der drittgrößte Weinbaustaat der USA, wenngleich mehr als die Hälfte der Produktion für Traubensaft und ähnliche Produkte verwendet wird. Das Gros der Weinberge ist jünger als 15 Jahre, die meisten Güter liegen um die Finger Lakes, südlich vom Ontario-See. Wirklich bedeutsam für den Weinbau sind die Seen Canandaigua, Keuka, Seneca und Cayuga, weil sie eine mäßigende Wirkung auf das Klima ausüben und damit Botrytisbildung ermöglichen. Hier wird auf rund 4000 Hektar im kontinentalen Klima seit Mitte des 19. Jahrhunderts auf recht tiefgründigen und wasserdurchlässigen Böden kommerziell Weinbau betrieben.

Die Winter können lang und unerbittlich kalt sein, oft fallen die Temperaturen bis –20 °C. Der relativ frostharte Riesling gehört denn auch zu den bevorzugten Rebsorten an den Finger Lakes, auch wenn er nur 5 % der Rebfläche ausmacht. Aufgrund der Temperaturen ist hier die Produktion von Eisweinen möglich, und es ist – im Gegensatz zu Deutschland und Kanada – erlaubt, die Trauben oder den Most auf Gefriertemperatur zu bringen. Zu nennen sind vor allem die Weingüter Heron Hill, Hosmer, Lamoreaux, Vinifera Wine Cellars und Hermann J. Wiemer, der für seinen trockenen, im Stil an Wein von der Nahe erinnernden Riesling bekannt ist.

KALIFORNIEN

In den 1960er Jahren gehörte Riesling zu den meistangebauten Rebsorten in Kalifornien, verlor aber bereits in den 1970er Jahren wieder an Boden. Heute ist kalifornischer Riesling eher Mangelware. Kein Wunder, die Temperaturen sind vielfach zu hoch für die Rebsorte, und dort, wo sich der Anbau lohnen würde, steht häufig der dominierende Chardonnay im Vordergrund. Dazu kommt, dass viele Weingüter in Washington den Markt für halbtrockenen Riesling in ein absolutes Billigpreissegment gedrückt und damit unprofitabel gemacht haben.

Es gibt jedoch ein paar Winzer, die nicht ganz auf die Rebsorte verzichten wollen. Ihre Riesling-Lagen befinden sich in den kühleren oder höher gelegenen Regionen, und sie haben sich eher dem botrytisgeprägten Late-harvest-Ausbau verschrieben. Dazu gehören die Klassiker wie Joseph Phelps, Freemark Abbey, Château St. Jean, Trefethen und Smith-Madrone, aber auch der *wild boy winemaker* Randall Graham vom Weingut Bonny Doon, der sich in Santa Cruz einem ganz anderen Weg verschrieben hat. Er produziert eine länderübergreifende Cuvée nach australischem Vorbild von amerikanischem Riesling aus Washington und Kalifornien und deutschem Moselriesling von Johannes Selbach.

KANADA

Eiswein-Power

Breitengrad der Riesling-Anbauzone:
43. bis 49. (nördliche Breite der
Hemisphäre)
Gesamtrebfläche: 9000 Hektar
Riesling: 440 Hektar, das entspricht
4,9 % der kanadischen Rebfläche,
1,3 % weltweit
Hauptgefahren für den Weinbau:
ungenügende Reife, Frost
Mittlere Temperatur im Juli: 18 °C

Das riesige Land ist vor allem für sein relativ kühles Klima bekannt. Dennoch wird in vier verschiedenen Provinzen Weinbau betrieben. Neben Rebhängen in British Columbia, Nova Scotia im Südosten und Quebec kommen die meisten kanadischen Weine – rund 80 % – aus der Provinz Ontario (Karte Seite 63).

Die Anfänge des kanadischen Weinbaus liegen im frühen 19. Jahrhundert; bis in die 1970er Jahre produzierte man vor allem süße, alkoholstarke Weine aus einheimischen winterfesten Rebsorten wie Seyval blanc und Vidal, die als Sherry oder Port vermarktet wurden. Erst in den 1980er Jahren wurden in Kanada vermehrt europäische Rebsorten wie Chardonnay, Riesling, Pinot noir und Cabernet Sauvignon angepflanzt. Immer mehr Wert wird auf gute Weinqualität gelegt, und der Anteil der europäischen Rebsorten wächst ständig; er macht heute bereits 40 % aus. In Okanagan experimentiert man erfolgreich mit Syrah und anderen Rebsorten. Es werden jedes Jahr 100 bis 500 Hektar neu gepflanzt und meist mit europäischen Rebsorten bestockt.

Riesling wird in Kanada im deutschen Stil hergestellt: trocken, halbtrocken, in der Regel süß als Spätlese, aber in der Hauptsache als Eiswein. Kanada ist der größte Eisweinproduzent der Welt und erhält bei internationalen Weinprämierungen regelmäßig hohe Auszeichnungen. Gesetzliche Regelungen und Standards werden genau überwacht, und künstliches Gefrieren ist im Gegensatz zu USA nicht mehr erlaubt. Seit dem 1. Juli 2004 gibt es ein bilaterales Abkommen zwischen Kanada und Deutschland, das in beiderseitigem Einvernehmen die Erzeugung von Eiswein nur aus natürlichem, am Stock gefrorenem Lesegut erlaubt. Die jährliche Produktion liegt bei fast einer Million Flaschen. 75 % der Eisweine werden aus der Hybridsorte Vidal erzeugt, die eher marmeladig anmutende Qualitäten hervorbringt, aber der eigentliche *money maker* ist. Allerdings wächst der Anteil an Riesling ständig, weil er viel besser in der Lage ist, die Aromen in der Traube um ein Vielfaches zu konzentrieren und sie auf deutlich höherem Qualitätsniveau vielschichtiger zum Ausdruck zu bringen.

ONTARIO

Hier stehen die meisten Weinberge auf der klimatisch bevorzugten Halbinsel Niagara Peninsula. Dieser schmale Streifen mit seinen sandigen Lehmböden, Kalksteinschichten, Schiefer und Sandstein liegt im Einflussbereich der großen Seen im Norden und Süden, die als riesiger Wärmespeicher die winterliche Frostgefahr verringern und die herbstliche Reifeperiode der Trauben verlängern. Im Sommer geben die Seen kühle Luft ab und verhindern das Entstehen von Fäulnis und Mehltau.

Hermann Weis vom Weingut St. Urbanshof an der Mosel gehörte in den 1980er Jahren zu den Riesling-Pionieren auf Niagara Peninsula. Es ist u.a. seinem Einfluss zu verdanken, dass besondere, winterfeste Selektionen und Klone entwickelt wurden. 90 % der gesamten Weinherstellung von Ontario befinden sich hier. An der Bedeutung des Gebiets wird sich auch in nächster Zukunft nichts ändern. Das beweist der Zusammenschluss von Vincor International und der französischen Jean-Claude-Boisset-Gruppe, die gemeinsam mit dem Architekten Frank Gehry (Guggenheim Museum Bilbao) ein visionäres Weingut mit dem Namen Le Clos Jordan in die Landschaft gesetzt haben.

Aus diesem relativ kühlen Klima kommen auch die besten kanadischen Rieslinge, vor allem die Ice Wines, die Jahr für Jahr in Ontario geerntet werden. Der erste Eiswein Kanadas wurde 1973 von Hainle in British Columbia hergestellt. Der Durchbruch gelang aber erst 1991 auf der Vinexpo in Frankreich, als ein 1989er Ice Wine von Inniskillin den Grand Prix d'Honneur gewann, obwohl er von der Europäischen Union noch mit einem Importverbot belegt war. Neben dem Pionier Inniskillin Wines, der die erste staatliche Lizenz nach der Prohibition bekam, sind in den darauf folgenden Jahren engagierte Weingüter wie Cave Spring Cellars, Jackson-Triggs Estate, Konzelmann Estate, Thirty Bench, Vineland Estate und Daniel Lenko entstanden.

Eisweinlese in Kanada bei klirrender Kälte und extremen Minusgraden

BRITISH COLUMBIA

Das Gebiet befindet sich etliche Meilen westlich von Ontario und ist eigentlich den Rebhängen in Washington näher als den übrigen kanadischen Weinbauregionen. Der jährliche Niederschlag ist relativ hoch, die Winter sind kalt, im Sommer und vor allem im Herbst ist es dagegen ausgesprochen warm. Das Wechselspiel zwischen warmen Tages- und kalten Nachttemperaturen bietet dem Riesling ideale Bedingungen. Die Böden bestehen aus grauem und grünem Schiefer, Granit, Gneis, Basalt, Sand und angeschwemmten Böden von den Fundamenten der umliegenden Berge. Dennoch gab es zu Beginn der 1990er Jahre nur noch knapp 400 Hektar Rebfläche. Einige große Produzenten wie Inniskillin und Jackson-Triggs aus Ontario bewirtschaften auch hier Weinberge. Daneben findet man jedoch sehr engagierte, individuelle Weingüter wie Domaine Combret, die deutschstämmigen Gehringer-Brüder, Quail's Gate Estate und Mission Hill Family Estate.

AUSTRALIEN

Riesling-Hype down under

Breitengrad der Riesling-Anbauzone:
34. (südliche Breite der Hemisphäre;
Barossa Valley)
Gesamtrebfläche: 159 000 Hektar
Riesling: 3815 Hektar, das entspricht
2,4 % der australischen Rebfläche,
11,3 % weltweit
Hauptgefahren für den Weinbau:
Wassermangel
Mittlere Temperatur im Januar: 21 °C

Australien hat einen ganz entscheidenden Mangel: Es fehlt an Wasser, der riesige, vom Meer umspülte Kontinent besteht zu einem Großteil aus Wüste. Umso erstaunlicher ist die Karriere, die Australien von der britischen Strafkolonie zum dynamischen Weinland gemacht hat. Offiziell begann der Weinbau 1791 im Garten des Gouverneurs in Sydney. Nachdem dort die ersten Weinstöcke gepflanzt worden waren, brachten immer mehr Einwanderer Reben aus Frankreich und Spanien ins Land, da es in Australien keine einheimi-

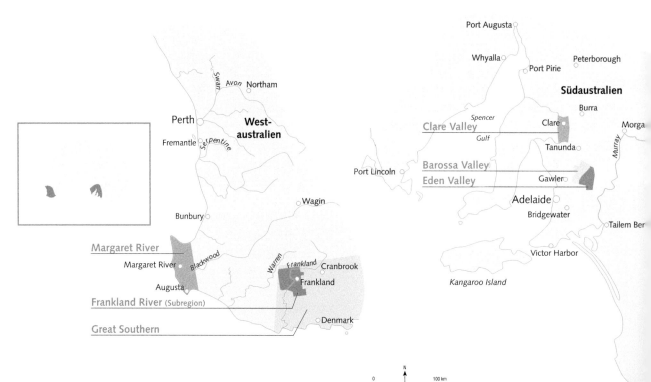

schen Reben gab. Das, was heute unter australischem Weinbau verstanden wird, begann allerdings erst Mitte der 1950er Jahre mit Einführung der kontrollierbaren kühlen Gärung. Bis dahin wurden fast ausschließlich aufgespritete Weine im Sherry-Stil erzeugt. Als eine der ersten weißen Rebsorten kam Riesling auf den fünften Kontinent und blieb bis 1992 die meistgepflanzte weiße Traube in Australien. Heute bestimmt der Chardonnay die australische weiße Weinwelt.

Australiens Anbaufläche wird fast monatlich erweitert. Das Land ist mittlerweile in die Spitzengruppe der zehn wichtigsten Weinbaunationen aufgestiegen, und die Tendenz ist steigend. Die Reben sind relativ jung, denn die Pflanzungen sind der Mode gefolgt. Möglich sind in Australien alle bedeutenden Weinstile: vom eleganten trockenen Weißwein bis zum schweren, alkoholreichen fruchtigen Rotwein. Mehr als zwei Drittel der gesamten Weinerzeugung werden von sechs großen Kellereien kontrolliert, daneben gibt es eine ganze Reihe engagierter Familienbetriebe.

INDUSTRIELLE WEINHER-STELLUNG KONTRA TERROIR

Mit Beharrlichkeit und Innovation überlisten die australischen Winemaker die Natur und produzieren mit geschickten Bewässerungssystemen auf den meist kargen Böden erstaunliche Weine. Was an modernster Technik möglich ist, wird eingesetzt – im Weinberg wie im Keller. Selbstbewusst und ohne die Last jahrhundertealter Traditionen hat das junge Weinland eine eigenen Handschrift gefunden. Unter der heißen Sonne Australiens steht bei der Weinerzeugung im großen Stil weniger das Terroir-Konzept der Alten Welt im Vordergrund als vielmehr die Idee von reinsortigen Weinen, aber auch Blends (Verschnitte), die als Brands (Marken) etabliert

werden und dem Verbraucher Geschmackssicherheit geben sollen. Dafür werden auch unterschiedliche Trauben aus verschiedenen Regionen über Landesgrenzen hinweg zu einer gebietsübergreifenden Cuvée zusammengeführt. Die recht vage Herkunftsbezeichnung »South Eastern Australia« findet man häufig auf Exportetiketten. Sie bedeutet einen Zusammenschluss der drei bedeutendsten Weinbaustaaten einschließlich des großen Bewässerungsgebiets Riverland und Murrumbidgee.

Die Weinindustrie im trockensten Land der Erde ist konsequent wirtschaftlich ausgerichtet. Die meisten Weinregionen konzentrieren sich an der Südküste um die Großstädte Sydney, Melbourne, Adelaide und Perth sowie auf der Insel Tasmanien. Trotzdem gibt es bei all dem Übergewicht der industriellen Weinerzeugung auch engagierte Winzer, die sich handwerklich, mit konventionellen An- und Ausbaumethoden den natürlichen Gegebenheiten und dem Terroir widmen.

Australische Rieslinge sind in der Regel eindimensionaler als ihre europäischen Gegenspieler und besitzen geringeres Lagerpotenzial. Europäische Rieslinge können sich auf der Flasche entwickeln und durchaus verbessern. Aber es gibt auch einige australische Rieslinge aus den frühen 1970er Jahren, die sich gut gehalten haben. Manche sind bereits mit *screwcaps* (Schraubverschlüssen) versehen, was heute bei nahezu jedem australischen Riesling der Fall ist. In den letzten Jahren haben umsichtiges Management in den Weinbergen, verbesserte Lesetechniken und Veränderungen im Keller die Schwierigkeiten des Riesling-Ausbaus nach und nach gemindert und die Qualität deutlich erhöht.

Den Ton in der australischen Riesling-Szene gibt mittlerweile Südaustralien mit den bekannten Tälern Clare Valley und Eden Valley an, aber auch die Region Lower Great Southern weiter westlich zählt zu den Geheimtipps sowie eine kleine Enklave am westlichsten Zipfel von Margaret River. Der Riesling wächst auf den kühleren, vom Westwind des nahen Ozeans umwehten Hügeln mit maritimem Klimaeinfluss.

NEW SOUTH WALES

In New South Wales, wo die koloniale Entwicklung Australiens begann, liegt auch das älteste Weinbaugebiet, dessen bekannteste Region das Hunter Valley ist, rund 150 Kilometer nördlich von Sydney. Hier finden sich vor allem im Süden verwitterte Basaltböden, die den Trauben einen deutlich mineralischen Geschmack mitgeben. Shiraz, Chardonnay und Sémillon bestimmen die Weinszene. Den Riesling zieht es dagegen in die kühleren, höher gelegenen Gegenden, etwa an die Hänge des Mount Canobolas oder nach Lake Hill. Auf durchmischten kalkreichen Böden, Grauwacke, Buntsandstein und Lehmauflage produzierte Bloodwood in Orange mit dem Mount Canobola den ersten trockenen Riesling dieser Region.

SÜDAUSTRALIEN UND SUBREGIONEN

Barossa Valley

Das definierte Herkunftsgebiet Barossa Valley wurde erst 1996 geschaffen. Hier wird in gigantischen Stahltankanlagen – die eher an Ölraffinerien als an Weinkellereien erinnern – fast ein Drittel der gesamten Trauben Australiens verarbeitet. Barossa Valley eignet sich eher für die Herstellung von Rotwein als von Riesling. Die Riesling-Trauben müssen genau beobachtet und entsprechend früh gelesen werden, damit sie nicht zu viel Säure verlieren. Meist müssen die Rieslinge mit Weinsäure versetzt oder mit den Weinen von Eden Valley oder Clare Valley verschnitten werden, um die nötige Balance zu bekommen.

Eden Valley

Eden Valley ist eigentlich kein richtiges Tal, es besteht eher aus einer Reihe von Hügeln und Plateaus, auf denen die Weinberge weit verstreut liegen. Der Boden ist steinig, mit Quarz und Schiefer durchsetzt, das kühle Klima verlängert die Reifephase der Trauben, und die Säurewerte liegen entsprechend höher als im wärmeren Barossa. Cyril Henschke produziert hier seit 1966 erfolgreich sehr gute Riesling-Qualitäten.

Rieslinge wachsen auch in den weiter südöstlich gelegenen kühlen Anbaugebieten Coonawarra – bekannt für Terra Rossa (rotbrauner Lehm und Ton) – und Padthaway.

Clare Valley

Im Clare Valley, an der Nordgrenze von Barossa, werden die vielleicht feinsten Rieslinge Australiens erzeugt. Ein Grund dafür ist sicherlich die Vielfalt der Böden. In Watervale dominieren Kalkstein und Schiefer, was die Rieslinge Mount Harrocks von Stephanie Toole sowie Florita von Jim Barry bestens interpretieren. Der Riesling Polish Hill von einem der renommierten Riesling-Spezialisten, Jeffrey Grosset, wächst auf Quarz- und Schieferböden. Die Weine duften zart nach Limetten, haben mineralische Noten und verfügen über eine elegante Länge.

Victoria

Überall in Victoria werden von meist kleineren Betrieben gute Weine produziert. Die Weine sind außerhalb Australiens selten zu finden. Einige verstreute Riesling-Flächen liegen zwischen den Bergen im Nordosten bis hin zur Küste im Südwesten.

In der Weite Australiens werden immer mehr Weinberge angelegt

Westaustralien

Westaustralien, dessen Weinberge in der ersten Hälfte des 19. Jahrhunderts angelegt wurden, ist zwar der größte Staat des Landes, aber die Weinindustrie hat sich im Gegensatz zu den anderen Regionen nur langsam entwickelt. Die Winter sind meist kalt und verregnet, die Sommer dagegen heiß mit Tagestemperaturen um die 32 °C. In der Nacht kühlt es nicht selten bis auf 6 °C ab.

Rund 200 Kilometer südlich von Perth liegt Margaret River. Leeuwin Estate ist das einzige Weingut, dem ein international bekannter Riesling-Weinberg gehört.

Bemerkenswerte Rieslinge findet man im kühleren, kontinentalen Klima des Weinbaugebiets Great Southern, einschließlich Mount Barker und Frankland. Judi Cullam von Frankland Estate hat mit Isolation Ridge, der auf kiesigen Lehm- und Tonböden wächst und nach Limonen, mineralischen und würzigen Noten duftet, bewiesen, dass man große Rieslinge auch unter schwierigen Bedingungen erzeugen kann.

TASMANIEN

Der Weinbau begann eigentlich erst in den 1970er Jahren, und die Zukunft wird zeigen, was in diesem Gebiet steckt. Das Klima ist kühl, die Reifeperiode lang, die Böden sind vulkanischen Ursprungs, und die klimatischen Unterschiede unterstützen die Reife der Trauben. Tasmanische Rieslinge schmecken in der Regel leicht und blumig.

NEUSEELAND

Riesling vom anderen Ende der Welt

Breitengrad der Riesling-Anbauzone:
41. bis 42. (südliche Breite der
Hemisphäre; Marlborough)
Gesamtrebfläche: 18 000 Hektar
Riesling: 636 Hektar, das entspricht
3,5 % der neuseeländischen Rebfläche,
1,9 % weltweit
Hauptgefahren für den Weinbau:
Regen, Reblaus
Mittlere Temperatur im Januar: 18 °C

Verglichen mit anderen Ländern der Neuen Welt ist Neuseeland bis heute ein sehr kleines Weinland geblieben. Obwohl bereits 1819 die ersten Reben gepflanzt wurden, hatte das Land gut 150 Jahre später, 1960, gerade mal 400 Hektar Rebfläche. Ein Großteil davon war mit Müller-Thurgau bestockt, denn deutsche Berater waren der Meinung, dass Riesling auf der Südinsel, speziell in Otago, nicht gedeihen würde.

In den 1970er Jahren begannen schließlich Visionäre wie John Buck und die Spence Brothers, Reben aus dem Burgund und dem Bordelais zu pflanzen. Aber erst in den 1990er Jahren erfolgte die Ausdehnung des Qualitätsweinbaus auf beide Inseln. Das war der Beginn des Siegeszugs des neuseeländischen Sauvignon blanc, der hier beste Bedingungen fand. Daneben hat aber auch der Riesling auf beiden Inseln Fuß fassen können.

KLIMA UND TERROIR

Charakteristisch für Neuseeland ist das relativ kühle Klima, beeinflusst durch kühle Meeresströmungen des Pazifiks und kräftige frische Westwinde. Es bestehen deutliche klimatische Unterschiede zwischen der wärmeren Nord- und der entsprechend kühleren Südinsel. Aufgrund des starken Regens werden Trieb- und Laubwachstum gefördert und damit auch die grasigen, grünen Noten im Wein. Deshalb hat Neuseeland ein perfektes Laubmanagement entwickelt, das deutlich zur Verbesserung der Weinqualität beitrug.

Unterschiedliche Bodenformationen prägen auf der Nordinsel den Charakter der Trauben. Während in Northland flachgründige Tonböden vorherrschen, findet man in Waikato schwere Lehmböden auf tonhaltigem Untergrund, rund um die Stadt Gisborne Schwemmsandböden mit vulkanischen Einschlüssen und in der Hawkes Bay Lehm- und Sandböden, vermischt mit Kies- oder Vulkangestein. Die leichtesten Böden liegen im Hinterland von Hastings.

Auf der Südinsel wechselt der Boden von lehmigem Mergel zu hartem lehmigem, fast tonigem Untergrund. In Central Otago überwiegen dagegen nährstoffarme Granit- und Schieferböden mit feinem, durch die Gletscher zerriebenem Sand- und Lössstaub, eine ideale Voraussetzung für Riesling. Der Wechsel zwischen heißen Tagen und kühlen Nächten ist sehr extrem.

Hawkes Bay

Südwestlich von Gisborne erstreckt sich eines der ältesten Anbaugebiete Neuseelands. Hawkes Bay verzeichnet die zweithöchste Sonnenscheindauer des Landes. Die Reben werden stets mit einer kühlen Meeresbrise versorgt und können bis zum optimalen Reifegrad langsam ausreifen. Riesling wächst auf trockenen Kiesböden, die Weine sind üppig, ausladend, ein wenig schwerfällig und geprägt von tropischen Fruchtaromen.

Wairarapa/Martinborough

Die offizielle Bezeichnung des südlichsten Anbaugebiets der Nordinsel lautet Wairarapa, gebräuchlicher ist aber Martinborough. Riesling gehört unter den weißen Sorten zu den Favoriten; viel Sonne während des Tages und kühle Nächte lassen aromatische Weine entstehen. Die Trauben der vorwiegend kleinen Weingüter wachsen auf steinig-trockenen, teilweise angeschwemmten, aber auch lehmigen Böden, die niedrige Erträge hervorbringen. Der Dry-River-Riesling von Dr. Neil McCullum zählt zu den feinsten und lagerfähigsten Rieslingen Neuseelands.

Marlborough

Lange, sonnige Tage, kühle Nächte und in guten Jahren ein trockener Herbst – das sind die Bedingungen für den Weinbau in Marlborough. Doch das größte Potenzial steckt in den Kiesböden mit leichter Lehmauflage, wo die Reben tief wurzeln können. Das wasserdurchlässige Gestein bringt pikante, aromatische Sauvignons blancs, aber auch fruchtreiche Rieslinge bis zu üppig süßen Spätlesequalitäten mit Botrytis hervor.

Nelson

Eines der jüngsten Anbaugebiete befindet sich in direkter Nachbarschaft zum Abel Tasman National Park. Die für den Süden hohe Niederschlagsmenge und die frischen Winde aus der Tasman Bay lassen hier vor allem Rebsorten wachsen, die es während der Reifephase etwas kühler lieben. Chardonnay dominiert, der Riesling steht auf kalkhaltigem Gestein, das den Weinen knackige, aromatische Art verleiht.

Canterbury und Central Otago

Canterbury, das aufstrebende Anbaugebiet im mittleren Osten der Südinsel, teilt sich in zwei Regionen. Rund um die Stadt Christchurch liegen die Weinberge in einer kühlen Ebene, und in Wairapa – 40 Autominuten von Christchurch entfernt – wird Weinbau auf sanften Hügeln betrieben. Die Reben gedeihen auf vulkanischen Löss- und Kreideböden. Bekannt geworden ist Canterbury für seine Pinots noirs, aber auch durch Riesling. Das kühle Klima kommt der Rebsorte entgegen. Vom einfachen Tischwein bis hin zur edelsüßen Spezialität ist hier alles zu haben. Zu den wichtigsten Riesling-Produzenten gehören die Giesen-Brüder aus der Pfalz sowie Lynette Hudson und Matthew Donaldson mit ihrem restsüßen Riesling Pegasus Bay.

Das südlichste Anbaugebiet der Welt, Central Otago, ist die einzige Region mit kontinentalem Klima. Das bringt zwar das Risiko von Frost mit sich, aber auf der anderen Seite gibt es wenig Niederschlag und entsprechend viele Sonnenstunden mit einem langen, trockenen Herbst. Toperzeuger ist Felton Road. Winemaker Walter Blair ist für die feinfruchtigen, mineralischen, von delikater Säure, Birnenaromen und Zitrus geprägten Rieslinge zuständig, die man leicht mit ausdrucksvollen Mosel-Rieslingen verwechseln könnte.

SÜDAFRIKA

NEUE HOFFNUNG AM
RIESLING-KAP

Breitengrad der Riesling-Anbauzone
33. bis 34. (südliche Breite der
Hemisphäre)
Gesamtrebfläche: 129 000 Hektar
Riesling: 347 Hektar, das entspricht
0,3 % der südafrikanischen Rebfläche,
1,0 % weltweit
Hauptgefahren für den Weinbau:
Rebkrankheiten
Mittlere Temperatur im Januar: 23 °C

Wie in keinem anderen Land lässt sich die Geburtsstunde des Weinbaus am Kap auf den Tag genau datieren. Sieben Jahre nachdem Jan van Riebeeck am 6. April 1652 im Auftrag der Holländisch-Ostindischen Gesellschaft südafrikanischen Boden betrat, floss der erste Most aus der Kelter. Der nächste Gouverneur, Simon van der Stel, gründete 1685 das legendäre Weingut Constantia, das den Weinbau am Kap maßgeblich beeinflusste. Im 18. Jahrhundert waren die Muskateller-Dessertweine von Constantia in ganz Europa gefragt, zu einer Zeit, als Weingüter wie Lafite und Romanée-Conti noch in den Kinderschuhen steckten. Es folgten Höhen und Tiefen bis ins 20. Jahrhundert. Erst mit dem Ende der Apartheid 1994 wurde Südafrika ein modernes, offenes Weinland und spielt heute eine entscheidende Rolle auf dem Weltweinmarkt. Die klimatischen Bedingungen am Kap sind ideal, die meisten Reben genießen fast mediterrane Verhältnisse. Ursprünglich setzte man auf Bewässerung, heute gibt es allerdings in den kühleren Gebieten wie Constantia, Stellenbosch und Elgin einige Weinberge, wo auf Bewässerung verzichtet wird. Die Reben wurzeln bei regelmäßiger Bewässerung nicht so tief im Boden und können daher die wichtigen Mineralstoffe nicht erreichen. Der kalte Benguela-Strom sorgt dafür, dass es am Kap kühler ist, als der Breitengrad vermuten lässt.

DER RIESLING
DER EINWANDERER

Neben den holländischen Seefahrern und den Hugenotten sind es die Deutschen, deren Einfluss in Südafrika spürbar ist. Viele südafrikanische Weinmacher und junge, ambitionierte Winzer haben in Deutschland Weinbau studiert und entdeckten dort ihre Liebe zum Riesling. Deshalb hat die Rebsorte zwar einen festen Platz, aber ihr Anteil an der Gesamtfläche ist in den vergangenen zehn Jahren deutlich zurückgegangen. Nach einer kurzfristigen Hochzeit mit 1600 Hektar in den 1990er Jahren hat sich der Riesling heute auf eine Fläche von 350 Hektar zurückgezogen und spielt nur noch eine untergeordnete Rolle im Weißweinportfolio Südafrikas.

MASSE UND QUALITÄT

Südafrika verfügt über mehr Weinbauland als Australien. Nur ein Teil der Trauben wird zu

Wein gekeltert, der Rest wird als Tafeltrauben vermarktet, zu Mostkonzentrat oder Rosinen verarbeitet oder destilliert. Mit 1 % Anteil an der Weltrebfläche steht Südafrika zwar nur an 20. Stelle der Weinbauländer, mit seiner Jahresproduktion von 10 Millionen Hektolitern allerdings an achter Position. Die Massenerzeugung lässt die Erträge in manchen Gebieten auf bis zu 220 Hektoliter pro Hektar steigen. Daneben existiert ein Qualitätsweinbau, der bereits in den 1950er Jahren mit einer temperaturgeregelten Gärtechnik frische, fruchtige Weine erzeugte. 1973 wurde das Gesetz über »Wine of Origin« verabschiedet – angelehnt an das französische AOC-System –, das dem Verbraucher eine Qualitätsorientierung ermöglichte. Erst 1985 wurde der erste fassvergorene Chardonnay in Paarl produziert; bis heute ist diese Rebsorte eines der südafrikanischen Flaggschiffe.

Die Kapregion ist Südafrikas faszinierendste Weinlandschaft

COOL CLIMATE

Das Streben nach Qualität führt immer öfter zu einem Umdenken. Die Einsicht, dass Massenproduktion negativ ist, und die Entscheidung für die geeignete Rebsorte auf den vorhandenen Böden bestimmen heute viele Neuanpflanzungen. Kühlere Lagen sind gefragt, denn vor allem die Sommertemperaturen sind höher als in den klassischen Riesling-Regionen Europas.

KÜSTENREGIONEN

Entlang der Südküste profitieren die Gebiete Constantia, Elgin, Walker Bay und Hermanus vom Cape Doctor, einem kühlen und kraftvollen südöstlichen Wind. Manchmal setzt er den Reben heftig zu. Aber er vertreibt auch die hohe Luftfeuchtigkeit und damit den Mehltau sowie andere unerwünschte Pilzkrankheiten. Die Weingärten der Küstenregionen liegen höher und sind wesentlich kühler als die Rebflächen in der Mitte der Täler. Die Böden sind sehr verschieden, im Süden bei Constantia dominiert Granit und Sandstein, in Elgin gibt es sogar Schiefer.

HERZSTÜCK

Das Zentrum des südafrikanischen Weinbaus ist Stellenbosch. Hier sind die führenden Weingüter und Riesling-Protagonisten zu Hause. Hermann Kirschbaum, Weinmacher von Buitenverwachting, liebt Riesling im Stil der Mosel. Gyles Webb, einer der besten Weinmacher Südafrikas, produziert im Weingut Thelema Mountain Vineyards jedes Jahr beachtliche Rieslinge. Das Ehepaar Gary und Cathy Jordan hat seinen Riesling in 300 Meter Höhe auf verwittertem Granitboden gepflanzt. Aber der wahre Riesling-Freak Südafrikas ist Dan de Wet vom De Wetshof Estate in Robertson. Er hat in Geisenheim studiert und produziert heute drei verschiedene Riesling-Typen, die zu probieren sich lohnt.

KAPITEL 3

GENUSS IN VIELEN FACETTEN

DIE BEZIEHUNG ZWISCHEN AROMEN UND TERROIR

DAS BAUKASTEN-SYSTEM DER NATUR

Wie kommen die Aromen in den Wein?

AROMENBIBLIOTHEK

Warum riecht Riesling nach Zitrus, Apfel und Pfirsich? Oder sogar nach nassen Steinen, Petroleum oder Rauch? Interessanterweise verfügt die Natur über ein bestimmtes Repertoire an chemischen Verbindungen, die für Geruch und Duft verantwortlich sind und die – man könnte meinen aus ökonomischen Gründen – gleich mehrfach eingesetzt werden: mal in Früchten, im Gemüse, in Pflanzen, mal in Bäumen, Blumen, Gras und eben auch im Wein. Denn die Rebe entspringt einem gemeinsamen Stammbaum der Pflanzen, der sich im Lauf der Evolution in verschiedene Richtungen entwickelt hat. Gemeinsamkeiten wie bestimmte Aromastoffe sind geblieben, und so finden sich zum Beispiel die gleichen Thiolverbindungen in der Maracuja wie in der Riesling-Traube oder nahezu identische Monoterpene in der Rose, der Litschi und dem Riesling.

Rund 800 chemische Verbindungen wurden im Wein bislang identifiziert, die sich zum größten Teil mit bekannten Früchten decken. Unser Gehirn wirkt als Aromenbibliothek, die einen Mustervergleich zwischen den abgespeicherten und gerade von der Nase wahrgenommenen Gerüchen vornimmt. Je mehr Gerüche und Düfte gespeichert sind, desto besser, schneller und eindeutiger gelingt das Abrufen, Erkennen und Zuordnen dieser Duftmuster zu der passenden verbalen Beschreibung.

QUALITÄT MUSS REIFEN

Gebildet werden die Aromastoffe ähnlich wie die roten Pigmente der Rotweine in der Beerenhaut der Traube, da sie von der Fotosynthese abhängig sind, welche Sonnenenergie in energiereiche Zucker umwandelt. Die entscheidende Phase der Aromenbildung startet mit dem eigentlichen Reifungsprozess: Wurde in der Beere ein gewisses Maß an Zucker produziert und eingelagert, beginnt die Traube Aroma-, Gerb- und Farbstoffe zu bilden. Gerade in dem Zeitraum, in dem sich die Zuckereinlagerung nur noch marginal verändert und das Mostgewicht stagniert, findet dagegen der deutlichste Aromenaufbau statt, und die Trauben gelangen zur aromatischen Vollreife. Das macht die Beschäftigung mit dem Riesling so spannend, der wie keine andere Weißweinsorte eine lange Reifephase am Stock benötigt, um seine Aromastoffe voll entwickeln zu können.

Die Traube selbst kann diese Vielfalt noch nicht wahrnehmbar machen, denn wie die eigene Erfahrung zeigt, schmecken verschiedene Traubensorten nicht so unterschiedlich wie die daraus gewonnenen Weine. Die Mehrzahl der in der Traube gebildeten so genannten Aromastoffvorläufer können sich noch nicht verflüchtigen und somit keinen Geruch in der Nase auslösen. Erst durch die Gärung werden sie freigesetzt und bilden damit den aromatischen Charakter der Rebsorte. Ein wichtiger Aspekt für die Arbeit im Keller ist das Bestreben, das in den Beeren schlummernde Potenzial behutsam freizusetzen. Das erklärt auch, warum Weine aus unreifen Trauben immer aromatisch dünn schmecken, da in ihnen nur wenige Aromastoffvorläufer gebildet wurden, die freigesetzt werden können.

UNTERSCHIEDLICHE URSACHEN

Die Aromen im Wein haben unterschiedliche Ursprünge. Zum einen gibt es die für die jeweilige Rebsorte typischen Aromen aus den Trauben, die mehr oder weniger intensiv und modifiziert immer im Wein zu finden sind. Andere Aromen entstehen während der Gärung und hängen damit auch von den verwendeten Hefearten – Spontanhefen oder Reinzuchthefen – oder der Gärtemperatur ab. Schließlich entstehen Aromen während Reife und Lagerung und können entsprechend auf das Alter des Rieslings schließen lassen. Um diese Aromastoffe riechen zu können, müssen die Moleküle so klein sein, dass sie sich verflüchtigen können, um dann von der Nase erfasst zu werden. Und sie dürfen nicht zu leicht in Wasser löslich sein, weil sie sonst kaum in den Kopfraum des Glases übertreten und damit wie Zucker oder Säure geruchlos bleiben. Nun gibt es aber keinen absoluten Duftstandard, wie eine Frucht oder ein Wein immer zu riechen hat und an dem sich die Beurteilung orientieren könnte: Jeder Mensch hat ein individuelles Wahrnehmungsvermögen, und daher kann derselbe Wein oder dieselbe Frucht jeweils unterschiedlich wahrgenommen werden. Dennoch kann sich jeder etwas unter dem Geruch eines Apfels, dem Duft einer Rose oder dem Geruch von Honig vorstellen, und es vereinfacht die Kommunikation über die Vielfalt des Rieslings, wenn wir Bezug nehmen auf allseits bekannte Geruchsnoten.

Die entscheidende Phase der Aromenbildung wird erst durch den eigentlichen Reifungsprozess in Gang gesetzt

Auf den folgenden Seiten stellen wir die wichtigsten Aromen vor, die in unterschiedlicher Intensität zum Geruchsbild der Rieslinge aus aller Welt beitragen.

AROMEN AUS DER TRAUBE

APFEL

Wie der Riesling, so besitzt auch der Apfel eine natürliche Saftigkeit, die von einer erfrischenden Säurestruktur getragen wird. Diese Gemeinsamkeit macht den Duft nach Apfel zu einem der aromatischen Grundmerkmale des Rieslings. Einfache Qualitäten und sehr junge Rieslinge weisen frische, grüne, leicht grasige Noten von Granny Smith auf, während gereifte Gewächse dagegen eher an die gelbduftigen, aromareichen Sorten Boskoop oder Cox Orange erinnern.

ZITRONE

Das subtile, fruchtige Aroma der Zitrone gehört ebenfalls zur Grundausstattung und ist charakteristisch für fast alle Rieslinge. Noch deutlich in jungen, frischen Rieslingen zu finden, verringert sich diese Aromatik ab Auslesequalität. Dieses zitrusartige Aromabild tritt tendenziell bei Rieslingen aus steinigen Böden auf, wie etwa an der Nahe und Saar, aber auch bei Rieslingen aus der Neuen Welt.

PFIRSICH

Rieslinge aus eher kühlen Anbaugebieten lassen schon in einem frühen Entwicklungsstadium Pfirsicharomen erkennen. Wachsen die Weine auf festen Schieferböden, wie man sie etwa in der Lage Wehlener Sonnenuhr, den Rüdesheimer Steillagen, am Mittelrhein oder an der Nahe findet, zeigt sich ein aromatisches Profil, das an saftige Pfirsiche erinnert.

APRIKOSE

Im Wein riechen Aprikosenaromen meist etwas reifer und konzentrierter als die feinen Pfirsichnuancen. Der Duft nach Aprikose ist demnach auch ein typisches Merkmal für Rieslinge aus vollreifem Lesegut. Eine entsprechende Maischestandzeit kann dieses Aroma besonders intensivieren. Rieslinge aus kräftigeren Böden – wie etwa der Pfalz, dem oberen Rheingau, der Wachau und dem Elsass – zeigen ganz deutlich die Charakteristik dieses intensiven Aprikosendufts. Überraschenderweise sind Aprikosenaromen auch noch wahrnehmbar, wenn die Rieslingtrauben von der Edelfäule *Botrytis cinerea* geprägt sind.

MARACUJA

Das Aroma der exotischen Frucht wird vor allem in reifen Weinen ab dem Prädikat Spätlese deutlich und ist entsprechend ein typisches Merkmal für botrytisgeprägte edelsüße Rieslinge. Die Maracuja-Aromatik prägt auch Rieslinge aus wärmeren Anbauregionen und aus kalkreichen Böden, wie sie etwa im Elsass, in Rheinhessen und rund um Bad Dürkheim zu finden sind. Maracuja-Aromen werden durch Maischestandzeit und eine spontane Gärung zusätzlich gefördert. Es bedarf bestimmter Hefen, damit diese Aromastoffe während der Gärung freigesetzt werden können.

ROSE

Der Rosenduft – der auch in Litschifrüchten zu finden ist – wird durch Monoterpene (Aromastoffe) in der Traubenhaut gebildet und durch Maischestandzeit in den Most überführt. Typisch ist der Rosenduft für Rieslinge aus relativ warmen Anbauregionen und Jahrgängen oder für reife Spätlesen aus leichten, durchlässigen, sandigen Böden.

FRISCHES GRAS

Den Duft einer frisch gemähten Wiese findet man vor allem in Rieslingen aus nördlichen und damit kühlen Anbaugebieten, aber auch in Weinen von kräftigen Lehmböden, wie sie unter anderem in Franken, Rheinhessen, der Pfalz und Baden vorkommen. Grasige Aromen können auch ein Merkmal der Unreife sein, wenn die anderen Aromen nicht stark genug ausgebildet wurden. Durch kurze Ganztraubenpressung kann dieses Aroma ebenfalls hervorgehoben werden.

ROSINEN UND KARAMELL

Sobald die Rieslingtrauben von der Edelfäule Botrytis befallen sind, werden nach und nach die vorher genannten Fruchtaromen abgebaut, und es kommt zur Bildung rosinenartiger und karamelliger Aromen. Die Rosinennoten entstehen durch den Botrytispilz, der zu Flüssigkeitsverlust und gleichzeitig zu einer Aromenkonzentration in der Traube führt. Ab dem Prädikat Beerenauslese ist es schwierig, den Riesling noch anhand seines Geruchsbildes zu erkennen.

AROMEN AUS DER GÄRUNG

HEFE

Da viele Rieslinge – wie der Champagner – zur geschmacklichen Abrundung eine gewisse Zeit auf der Hefe liegen, können junge Rieslinge von einem intensiven Geruch nach frischer Backhefe geprägt sein. Das Hefelager verstärkt das Mundgefühl, gleichzeitig werden die Rieslinge weicher, sämiger und geschmeidiger. Die Hefearomatik geht jedoch zunächst eindeutig zu Lasten der feinen Fruchtaromen. Die Weine erstrahlen dann erst nach einer gewissen Reifezeit.

EISBONBON

Es mag ungewöhnlich erscheinen, aber einige Rieslinge besitzen kurz nach der Gärung ein deutlich frisches, kühles, fast eukalyptusartiges Eisbonbon-Aroma. Für diesen charakteristischen Geruch sind fruchtige Ester, die so genannten Acetate, verantwortlich, die sich während der Gärung aus Alkohol und Säuren (Essigsäuren) bilden. Diese besondere Aromatik ist typisch für einfache und kühl vergorene Weine.

ALKOHOLE

Alkohol ist die allgemeine Bezeichnung für Ethanol (Weingeist), das bei der Gärung des Traubensafts aus dem Zucker der Traube gebildet wird. Neben dem Ethanol liegen im Wein höhere Alkohole vor, die als Geruchs- und Geschmacksbildner wirken (Glyzerin). Werden einfache Rieslinge zu warm vergoren, weisen diese Weine oft einen dumpfen, stechenden Charakter auf, der auf zu hohe Gehalte dieser höheren Alkohole zurückzuführen ist.

ANANAS

Eine besonders angenehme aus der Gärung resultierende Esterkomponente wird als leicht süßliches, frisches Ananasaroma beschrieben. Diese eher kurzlebige Note wird durch kühle Vergärung und bestimmte Hefestämme gefördert.

Alle genannten Aromen, die unmittelbar aus der Gärung stammen, sind im Duftbild eines Rieslings nur im ersten Jahr eindeutig wahrnehmbar. Danach lässt ihre Intensität deutlich nach. Umgekehrt nehmen die Reifearomen im Alter zu.

AROMEN AUS DER REIFUNG

HONIG

Das Aromenspektrum des Honigs reicht von feinfruchtigen, leicht süßlichen Nuancen der Blütenhonige bis hin zu rauchigen, strengen Noten des Akazienhonigs. Die Honigcharakteristik tritt vor allem bei Rieslingen auf, die älter als zehn Jahre sind. Sie nimmt im Alter deutlich zu, weil die anderen Fruchtaromen im »sauren« Milieu des Rieslings abgebaut werden. Grundsätzlich gilt: Je höher die Traubenqualität, desto mehr neigt der Riesling zur Honigaromenbildung.

ORANGENSCHALEN

Zusammen mit den Fruchtaromen Apfel, Pfirsich und Mango bildet die Orangenschalenaromatik den »zweiten Frühling« eines Rieslings, der nach zwei bis drei Jahren der Reife eintritt. Diese Aromenausprägung gehört damit typischerweise zur Reifecharakteristik eines klassischen Rieslings ab Spätlesequalität aufwärts und kann bis zu zehn Jahren anhalten. Dieses Duftbild tritt verstärkt in südlichen Anbauregionen bei Rieslingen aus vollreifem Lesegut auf.

PETROLEUM

Die viel zitierte Petroleumnote umschreibt eine Aromatik, die häufig mit gereiftem Riesling in Verbindung gebracht wird, aber eher dem Geruch von Leinöl entspricht. Es handelt sich um ein Abbauprodukt der gelben Carotenoide (Farbstoff, der auch in Möhren enthalten ist), mit dem sich die Traubenhaut gegen Umweltstress schützt. Je heißer ein Jahr und je wärmer die Anbauregion, desto größer ist die Gefahr, dass ein Riesling diese Reifenoten entwickelt. Dieses geschmacklich sehr ausgeprägte Phänomen reduziert den Riesling-Anbau weltweit auf die nördlicheren und kühleren Regionen.

WALNUSS

Die Alterung von Rieslingen hängt eng mit der Oxidation, also der Reaktion von Sauerstoff mit Weininhaltsstoffen zusammen. Oxidationsprodukte wie zum Beispiel Aldehyde haben einen nussigen und leicht bitteren Geschmack, der bis zum unerwünschten Sherry-Ton gehen kann.

TERROIR UND AROMEN

BLAUER SCHIEFER
UND
GRÜNER APFEL

Die Böden der nördlichen Riesling-Anbaugebiete wie Mosel, Saar, Ruwer, Mittelrhein und der untere Rheingau sind vor allem vom Schiefer geprägt, der aufgrund seiner geschichteten Struktur sehr luftdurchlässig ist und die Sonnenwärme des Tages besonders gut speichert. Die Kombination von kargem, steinigem Schiefer, der Wärmespeicherung und der unglaublich langen Vegetationsperiode machen es erst möglich, solch hervorragende, vielschichtige Rieslinge mit delikater Säure und brillanter Fruchtsüße zu erzeugen. Typischerweise sind Rieslinge aus Schieferböden von einer frischen grünen Apfelnote und einer begleitenden mineralischen Note geprägt. Bedingt wird dieses Aromabild durch die relativ kühle nördliche Lage und das Fehlen eines nährstoffreichen Bodens, so dass die feine Mineralität deutlich zu schmecken ist.

ROTER SCHIEFER
UND
HEUBLÜTEN • KRÄUTERDUFT

Die rote Farbe bekommt dieser Schiefer durch Eiseneinlagerung, weswegen er auch Rotliegendes genannt wird. Dieser Bodentyp findet sich zum Beispiel im Roten Hang (Rheinhessen), im Ürziger Würzgarten (Mosel) und im Birkweiler Kastanienbusch (Pfalz). Rieslinge, die auf diesen Schieferböden wachsen, können in jungen Jahren fast streng und eigenwillig riechen und schmecken, sie brauchen in der Regel etwas mehr Zeit, um ihre Aromen zu entwickeln. Charakteristisch für Rotliegendes sind feine Nuancen von Heublüten, leicht würzige Kräuternoten und prägnante Mineralität. Haben die Rieslinge vom Rotliegenden erst ihr volles Qualitätspotenzial erreicht, sind es sehr individuelle und vor allem beeindruckende Persönlichkeiten.

BUNTSANDSTEIN UND APRIKOSE

Neben dem Schiefer bildet der Buntsandstein den zweiten klassischen Bodentyp, wie er zum Beispiel in der Südpfälzer Lage Siebeldinger im Sonnenschein, in der ganzen Mittelhaardt sowie in den Lagen Forster Kirchenstück (Pfalz), Centgrafenberg (Franken), Durbacher Plauelrain (Baden), Spiegel, Kessler und Kitterlé (Elsass) vorkommt. Der Verwitterungsboden aus verschiedenfarbigem, meist rotem Buntsandstein erlaubt eine rasche Erwärmung und kann aufgrund seiner sandigen Struktur nur begrenzt Wasser speichern. Die Reben neigen deshalb zu verhaltenem Wuchs und lassen so eine lange Vegetationsperiode zu, die eine intensivere Aromenbildung ermöglicht. Rieslinge vom Buntsandstein haben meist einen fruchtigen, sehr aromatischen Charakter, der deutlich an Aprikosen erinnert, und verfügen über einen kräftigen Körper und eine etwas mildere Säure.

MUSCHELKALK UND MANGO

Riesling wächst nicht nur auf steinigen, kargen Böden, sondern kann auch auf schweren, kalkhaltigen Böden seine Größe entfalten, wie etwa in den Lagen Homburger Kallmuth und Würzburger Stein (Franken), Flonheimer Feuerberg (Rheinhessen), Kallstadter Saumagen und Königsbacher Idig (Pfalz), Steinklotz, Osterberg und Bruderthal (Elsass). Die fruchtbaren, nährstoffreichen Böden mit ausgeglichenem Wasserhaushalt bringen kräftige, opulente Rieslinge hervor, deren Säure in der Regel nicht ganz so im Vordergrund steht und insgesamt etwas milder wirkt. Mit steigendem Kalkgehalt im Boden nehmen die exotischen Fruchtnoten zu, die als Mangoaromen charakterisiert werden können. Rieslinge von Muschelkalkböden benötigen allerdings auch immer ein wenig mehr Zeit und Reife, um sich zu voller Größe zu entwickeln.

TERROIR UND AROMEN

PORPHYR
UND
MINERALITÄT

Dieses Gestein ist vulkanischen Ursprungs und bildet den Untergrund für einen in der Regel kargen Boden mit wenig Humusauflage und Feinerde, wie man ihn in der Traiser Bastei und im Norheimer Kafels (Nahe), im Siefersheimer Heerkretz (Rheinhessen), aber auch in der Wachau und im Kamptal findet. Der luftige, wasserdurchlässige und leicht erwärmbare Boden kann Rieslinge – ähnlich wie der blaue Schiefer – mit mineralischen, fast staubigen Noten hervorbringen, als wenn es gerade auf eine Straße geregnet hätte. Die Verbindung von langer Reifezeit, ausgeprägten mineralischen und fruchtigen Aromen, feiner Säure und eleganter Frucht ergibt einen facettenreichen Riesling. Zusammen mit Schiefer sind die Porphyr-Böden bestens geeignet, brillante, strahlende, fruchtsüße Rieslinge von fast unbegrenzter Haltbarkeit hervorzubringen.

URGESTEIN
UND
QUITTE • RAUCH

Gneis und Granit prägen die urgesteinlichen Böden, die vor allem in der Wachau vorkommen. Die steinigen, kargen, leicht erwärmbaren, aber wasserdurchlässigen Böden verleihen dem Riesling feine Quittenaromen. Diese Rieslinge, die in den steilen Terrassenlagen einer extremen Sonneneinstrahlung ausgesetzt sind, lagern zum Schutz Gerbstoffe in der Traubenschale ein. Die Gerbstoffe können während der Gärung durch die Hefe in geruchsaktive, leicht rauchige Aromastoffe umgelagert werden. Diese Aromen, die in anderen Bodenformationen typischerweise nur in heißen Jahren vorkommen, bauen sich in ein bis zwei Jahren von alleine ab. Dank ihrer Reife brillieren diese fast wuchtigen, auf Urgestein gewachsenen Rieslinge mit einer unglaublichen Präsenz und Vielschichtigkeit.

LÖSS-LEHM UND GRAPEFRUIT

Diese Bodenstruktur variiert vom reinen Lössboden am Kaiserstuhl über stark lehmige Böden, wie sie zum Beispiel in der Südpfalz und in Rheinhessen zu finden sind, bis zu Böden mit Kieseleinschlüssen im nördlichen Rheinhessen und in Franken. Um dem ausgeprägten Wuchspotenzial solcher Böden entgegenwirken zu können, müssen die Winzer die Erträge führzeitig auf ein vernünftiges Maß reduzieren. Gemeinhin als schwer bezeichnet, können diese Böden – gegenüber den durchlässigen steinigen Böden – aufgrund ihrer Wasserspeichereigenschaft gerade in wärmeren Jahren (2003) ausreichend Feuchtigkeit speichern und die Rebe entsprechend versorgen. Die Rieslinge von Löss-Lehm-Böden wirken nachhaltiger und kräftiger, die relative Kühle des Bodens fördert feine zitrusartige Aromanoten, die an Grapefruit erinnern.

KEUPER UND HONIGMELONE

Obwohl keine klassischen Riesling-Böden, eignen sich die schweren, wasserspeichernden tonhaltigen Mergelböden dennoch für den Riesling-Anbau. Die fruchtbaren, vorwiegend schwer erwärmbaren Böden bringen Rieslinge hervor, die in ihrer Struktur zu einer Aromatik von reifer Honigmelone und exotischen Noten tendieren und sich eher ein wenig würzig, kräftig und opulent präsentieren. Schwere Keuperböden findet man in Untertürkheim und Fellbach (Württemberg), in Iphofen (Franken) ebenso wie im Altenberg de Bergbieten (Elsass). Was der Boden an Wärmespeicherpotenzial vermissen lässt, muss durch eine besonders exponierte Lage und entsprechend hohe Sonneneinstrahlung ausgeglichen werden.

TERROIR

Bodenhaftung zum Abheben

Weinlandschaften sind Kulturlandschaften, die auf alten Erdschichten ruhen und ihre Geschichte dem Weintrinker schluckweise preisgeben. Wen wundert es da, dass es für die Wechselwirkung von Boden, Standort, Rebe und Wein, die gemeinhin auch als Terroir bezeichnet wird, mehr als eine gültige Definition gibt und die Einschätzung seiner Bedeutung zwischen esoterischem Unsinn und gültigem Qualitätsmaßstab liegt.

Terroir – das französische Wort bedeutet übersetzt nichts anderes als Boden. Gleichwohl findet sich im Wörterbuch der Hinweis: »besonders für den Weinbau geeignet«. Der wirkliche Bedeutungsgehalt ist dagegen nicht ganz so leicht zu erfassen, geht es doch um mehr als die reinen Erdschichten. Aber was steckt nun hinter diesem Wort, was verbirgt sich wirklich hinter Terroir?

TERROIR
WISSENSCHAFTLICH

Was wir im Wein riechen und schmecken können, ist das Resultat von verschiedenen Faktoren, die allgemein als Terroir bezeichnet werden. Für die Wissenschaft steht die Sensorik eines Weins in einem unmittelbaren Zusammenhang mit bestimmten Messgrößen, die in ihrer Verbindung den Einfluss des Terroir belegen. Dabei geht es nicht allein um den Nährstoffgehalt oder das Wasserspeichervermögen eines Bodens. Der wissenschaftliche Ansatz umfasst die Topografie – Hangneigung oder geografische Ausrichtung eines Weinbergs – und das damit verbundene Mikroklima. Von Bergketten abgeschirmte Lagen schützen die Rieslinge vor einfallender Kaltluft. In windoffenen Lagen besteht die Gefahr, dass warme Luft weggeblasen wird.

Weinbau als geografische Herausforderung, etwa im steilen Pündericher Marienlay an der Mosel

Lagen am Fuße der Flusstäler sind häufiger dem Herbstnebel ausgesetzt, sie neigen daher stärker zur Botrytisbildung, was ebenfalls die Terroir-Ausprägung des Weins beeinflusst. Steht der Riesling in schattigen und kühlen Tälern, kann sich das Terroir wegen mangelnder Traubenreife nicht entfalten. Selbst die Bodenfarbe spielt eine Rolle, da dunkle Böden sich rascher erwärmen als helle. Inwieweit der Faktor Mensch, angefangen bei der Wahl der Rebsorte bis hin zu Entscheidungen im Keller, Teil des Terroir-Gedankens ist, ist wissenschaftlich umstritten.

TERROIR PHILOSOPHISCH

Der philosophische Ansatz beschränkt sich nicht nur auf die verschiedenen Bodenstrukturen, sondern geht über die messbare Dimension des Terroir hinaus. Danach ist Terroir ein ineinander verzahntes biologisches Netzwerk, das im wahrsten Sinne des Wortes die Grundlage der Natur bildet. Es ist das Lebensreservoir der Rebe, aus dem sie ihr Wachstum entwickelt und damit zum prägenden Moment für die Weinqualität wird.

Es gibt aber noch einen weiteren Aspekt: Was wäre der Wein ohne den Menschen, die Region und die damit verbundene Kultur und Geschichte? Welche Rolle spielt er in dem System? Diese Konzeption des Terroir-Gedankens umfasst deswegen neben den Umwelt- und biologischen Faktoren letztendlich auch die menschlichen Einflüsse wie Technik, Weinbau, Kellerwirtschaft, aber auch Geschichte und Wirtschaft. Die Wahl der Rebsorte kann dabei durchaus ein politisch motivierter Faktor oder von historisch-kulturellen Gesichtspunkten bestimmt sein.

SPRACHROHR WEIN

Das Terroir allein kann sich uns nicht vermitteln. Ohne Trauben, ohne Wein bleibt Terroir

Reinhard Löwenstein hat seine eigene Idee vom Terroir

»sprachlos«. Es bedarf der Rebe, um die verschiedenen Faktoren des Geburtsortes des Weins geschmacklich transparent, also eine gewisse Typizität erkennbar zu machen. Das heißt: Was hier wächst, hat typische und damit wiedererkennbare Charaktereigenschaften. Ist der Boden, auf dem der Riesling wächst, von Schiefer geprägt, wird sich diese Note auch in dem Wein wiederfinden und ihn charakterisieren. Diese geschmackliche Nachvollziehbarkeit ist vor allem bei hochwertigen Weinen gegeben, bei denen die Vini-

SYSTEM WEINBERG

»Der Begriff Terroir beschreibt das umfassende und komplexe ›System Weinberg‹: Hier reifen im schöpferischen Zusammenspiel von Boden, Klima, Rebsorte und Winzer großartige, individuelle Weine. Sie bilden den Gegenpol zu den technisch oft hervorragend gemachten Coca-Cola-Weinen, die heute im Rahmen der Globalisierung mit einem Geschmack irgendwo zwischen ›langweilig‹ und ›seelenlosem Monster‹ die Weltmärkte erobern. Terroir-Weine gehören in die Welt der Kultur. Sie sind nicht wissenschaftlich zu erfassen oder gar objektiv zu bewerten. Im Gegenteil: Sie sind subtil und voller Finessen, unkalkulierbar, veränderlich, hinterfragend, provozierend, alles in Frage stellend und erlauben daher eine emanzipatorische Reise in die spannende Welt des authentischen Geschmacks.«

*Reinhard Löwenstein,
Winzer, Winningen/Mosel*

VERTRAUEN IST GUT

Anhand des Potenzials von Boden, Lage und Klima muss der Winzer abwägen und entscheiden, welche Rebsorte am besten und am authentischsten diese natürlichen Vorgaben im Wein auszudrücken vermag. Insoweit bedeutet Terroir auch Kenntnis und Vertrauen in den bekannten Boden und das natürliche Umfeld. In dieser Konstellation – Boden, Klima, Rebsorte und Winzer – entsteht bei harmonischem Zusammenspiel der unverwechselbare Charakter eines Weins. Welche einzelnen Bodenbestandteile und Mineralien die sensorische Ausprägung der Weine primär und nachhaltig bestimmen, ist umstritten. Es wird die Ansicht vertreten, dass die besten körperreichen Weine auf kalkhaltigen Böden wachsen, wie sie zum Beispiel in der Toskana, dem Burgund, dem Bordelais und der Rioja zu finden sind. Für den Riesling greift dieses Terroir-Konzept nicht wirklich, denn es wachsen großartige Rieslinge auf so unterschiedlichen Böden wie Schiefer, Buntsandstein, Muschelkalk oder Urgestein. Der Riesling sorgt gerade auch deswegen für Furore, weil er auf nicht klassischen Terroirs, wie etwa kräftigen Lössböden, beeindruckende Qualitäten hervorbringen kann.

KONTROLLE IST BESSER

Was aber passiert, wenn der Mensch das Terroir beeinflusst? Zum Beispiel durch Bewässerung, die auf natürlichem Wege so nicht stattfinden würde? Gerade in trockenen Jahren ist die Wasserversorgung ein Risikofaktor, der in unzureichend versorgten Standorten zu einer Reifeverzögerung führen kann. In einigen Riesling-Regionen – wie etwa der Wachau oder in Übersee – gehört das Bewässern von Weinbergen längst zum Standard. In Deutschland wurden erstmals im heißen Jahrgang 2003 größere Rebflächen bewässert.

fizierung auf die individuellen Gegebenheiten des Terroir abgestellt ist. Gleichzeitig kann auch anhand eines einfachen Rieslings leicht die Herkunft Mosel von der Herkunft Pfalz unterschieden werden. Je höherwertig die Traubenqualität, desto genauer können auch eng definierte Terroirs unterschieden werden, die vielleicht nur 500 Meter voneinander entfernt liegen. Es gibt weltweit kaum eine Rebsorte, die so sensibel reagiert und eine so starke wiedererkennbare Typizität offenbart wie der Riesling. Treffen aber hohe Erträge, extensiver Weinbau und eine stark prägende Kellerwirtschaft zusammen, wird jeglicher Terroir-Gedanke, ja oftmals sogar das Erkennen der Rebsorte Riesling unmöglich gemacht.

PERSÖNLICHKEIT WEINBERG

»Jede Lage ist gleichzeitig die Grenze eines Weins, jedes einzelne Terroir bedeutet eine andere Welt, in der die Rebsorte nicht unbedingt erkennbar sein muss. Deswegen nennt man in Frankreich den Herkunftsort des Weins. Der Weinberg ist wie eine Persönlichkeit, ein Individuum mit einer eigenen Sprache. Terroir ist ein Stil, den man nicht mögen muss, aber auf Anhieb erkennen kann. In der Traube ist die Energie des Terroir, der Winzer muss erkennen, für welche Sorten das Terroir sich eignet, mit welchen Weinen die Lage sich am besten mitteilen kann. Eine einzige Rebsorte allein bringt zu wenig Differenzierung in die Terroir-Sprache, man kann auch nicht auf einem weißen Blatt die Welt mit einem Buchstaben erklären. Terroir ist die Idee, ›eins zu sein‹, wie alle Farben zusammen ein Bild ausmachen. Das Terroir und die Reben müssen genauso zusammenspielen wie Nase und Mund im Geschmack.«

Jean-Michel Deiss,
Winzer, Bergheim/Elsass

Prof. Hans Schultz von der Forschungsanstalt Geisenheim konnte anhand von Untersuchungen an Rheingauer Riesling-Weinbergen feststellen, dass gerade in den Spitzenlagen, wo die zunehmende Erwärmung in Zukunft häufiger zu einem nicht mehr vertretbaren Wassermangel führen wird, ein gezielter Einsatz der Bewässerung eher terroirfördernd sein kann. Denn akuter Wassermangel kann beim Riesling zu einer zu hohen Gerbstoffeinlagerung, zu niedrigen Säuren und unerwünschter Aromenbildung führen und die Haltbarkeit der Weine reduzieren.

GESAMTKUNSTWERK TERROIR-WEIN

So kann der Winzer über Bewässerung, Bodenbearbeitung, Pflanzenschutz, Ertragsregulierung, Gesunderhaltung der Trauben und eine späte Lese entscheidenden Einfluss auf die Traubenqualität nehmen. Wenn zehn Winzer im selben Weinberg produzieren würden, wären zehn unterschiedliche Weine das Endresultat. Letztendlich bleibt die Produktion von großen Weinen auch eine Sache des Fingerspitzengefühls. Die Intensität der Eingriffe in Weinberg und Vinifizierung bestimmt, inwieweit ein Terroir zur Geltung kommt oder nicht. Engagierte Winzer schaffen es, die Mineralität ihrer Weinbergböden harmonisch und passend in den Riesling einzubinden oder im Wein den Duft und die Würze kräftiger Böden einzufangen. Zu hohe Erträge, übermäßige Botrytis, eine stark eingreifende Kellerwirtschaft, aber auch Unerfahrenheit im Umgang mit dem Terroir können die Entwicklung des geschmacklichen Potenzials einer Lage verhindern. Ob – wie manche Winzer behaupten – der Einsatz von Reinzuchthefen das Terroir authentischer zum Vorschein bringt als die spontanen Hefen, bleibt eine spannende Diskussion. Am Ende ist Terroir das, was dem Wein seine ganz eigentümliche, charakteristische Landschaftsnote gibt, jenseits aller internationalen Moden oder Trends, dem Feind aller regionalen Individualität.

KAPITEL 4

GESCHMACKS-SACHE RIESLING

RIESLING-PERSÖNLICHKEITEN MIT STIL

SOLIDE BASIS

Preiswerte Weine für jeden Tag

Wein hat bis heute in vielen Ländern den Status eines Lebensmittels, das in das jeweilige Lebensumfeld mit entsprechender Esskultur integriert ist und damit ein alltägliches Basisprodukt darstellt. Wein ist also keine Ausnahme, sondern darf – in moderaten Mengen – die Regel sein. Wünschenswert sind dann natürlich Qualitäten, die einen täglichen Weingenuss zulassen, sowohl hinsichtlich der gesundheitlichen als auch der finanziellen Verträglichkeit. Der Brockhaus definiert Basis als »die Grundlage, auf die man sich stützen und auf der man aufbauen kann«.

Rieslinge, die einen einfachen, aber empfehlenswerten Trinkgenuss bieten, gibt es in allen Anbaugebieten, denn sie bilden für viele Weingüter, Winzergenossenschaften und Kellereien die wirtschaftliche Grundlage. Dieser Tatsache sollte man sich immer bewusst sein, auch wenn sich die Bewertungen der Weinführer und Magazine weit mehr auf die in relativ kleinen Mengen erzeugten Spitzenweine konzentrieren. Menge und Masse wird nach wie vor im unteren Preissegment produziert, denn Wein ist in erster Linie ein Handelsgut und damit wichtiger Wirtschaftsfaktor. Basisweine, die in großen Mengen hergestellt werden können, machen deshalb in allen Anbauregionen den Löwenanteil aus. Dass dabei die Qualitätsschere weit auseinander klafft und auch Weine angeboten werden, die nicht immer empfehlenswert sind, schadet leider auch dem Ansehen des Rieslings.

MASSE KONTRA QUALITÄT

Es gibt Supermärkte und Discounter, in denen Riesling bereits ab 1,50 Euro die Flasche angeboten wird. Rechnet man die Kosten für Flasche, Korken, Etikett, Kapsel, Personal und Transport ab, bleibt lediglich ein Minimum (kaum mehr als zehn Cent) für den Inhalt, und es muss eigentlich jedem klar sein, dass man in diesem Fall nicht einmal mehr von ordentlicher Qualität sprechen kann. Das angeschlagene Image von Genossenschaften und Kellereien, nur billige Massenware zu produzieren, ist deshalb sicherlich in manchen Fällen auch begründet. Gerade die deutsche Weinindustrie leidet immer noch unter dem Syndrom »Kellergeister«, jenem billigen prickelnden Weingetränk, mit dem das Ansehen des deutschen Rieslings seit Mitte der 1970er Jahre kontinuierlich demontiert worden ist.

ES GEHT AUCH ANDERS

Dennoch muss die Größe einen Betriebs oder seine wirtschaftliche Struktur noch kein Indiz für billige Massenware sein. Denn moderne Produktionsmethoden in Weinberg und Keller erlauben es, auch im großen Stil attraktive Riesling-Qualitäten auf die Flasche zu bringen. Auf diesem Weg produzieren viele Kellereien oder Winzergenossenschaften vorwiegend Weine für den Alltag, die ohne den Anspruch einer aufwendigen, handwerklich produzierten Riesling-Spezialität saubere

Qualität zu einem relativ niedrigen Preis bieten. Der Einsatz von Reinzuchthefen spielt dabei genauso eine Rolle wie die Möglichkeit der gekühlten, kontrollierten Vergärung. Der einflussreiche frische Wind aus der Neuen Weinwelt spiegelt sich in den neuen Qualitätskonzepten von Kellereien wie Reh-Kendermann, Peter Mertes und Zimmermann-Graeff & Müller mit ihrem Riesling-Steillagenkonzept wider.

Die Kehrseite der Medaille aber ist, dass eine auf Menge ausgerichtete Produktion leider auch die Gefahr einer gesichtslosen Standardisierung der Weinerzeugung birgt. Am Ende stehen austauschbare Rieslinge, die zwar geschmacklich alles von der Rebsorte und ihrem fruchtigen Geschmack, aber nichts von ihrer Heimat verraten.

Dagegen bieten viele Winzer solide Basisqualitäten als Guts-Rieslinge an, die zumindest die Handschrift eines Weinguts und einer Region tragen. Diese Weine sind in der Regel ein guter und aufschlussreicher Einstieg in das Gesamtsortiment.

Der Südpfälzer Winzer Boris Kranz kommt aus einem klassischen Familienbetrieb

ALLROUNDER FÜR JEDEN TAG

Solide Qualität zu einem vernünftigen Preis, das sollten diese meist unkomplizierten einfachen Typen bieten, die unter den Bezeichnungen Gutsweine, Alltagstropfen, Schoppen oder Brot-und-Butter-Riesling am Markt sind. Sie sind ebenso in gut sortierten Weinfachgeschäften wie natürlich beim Winzer und manchmal sogar in den Weinregalen der Supermärkte zu finden. Diese Weine, die von trocken bis fruchtig-süß angeboten werden, stellen keine Ansprüche an eine besondere Lagerung, sondern sind für den schnellen Konsum produziert und dürfen ruhig einige Tage neben allen anderen Lebensmitteln im Kühlschrank aufbewahrt werden – gut gekühlt, trinkbereit oder auch mal als Wein zum Kochen.

Solide Basis-Rieslinge zeigen geschmacklich vor allem die Rebsortentypizität, ohne auf Terroir oder etwaige Ausbauvarianten einzugehen. Sie erheben nicht den Anspruch auf Vielschichtigkeit und Tiefe oder gar Komplexität. Es sind Rieslinge, die in der Regel ohne Lagenbezeichnung abgefüllt werden. Im Geschmack überzeugt vor allem eine einfache, aber frische Riesling-Aromatik, die sich aus einem ausgewogenen Verhältnis von Frucht, Alkohol, Säure und Süße ergibt.

Boris Kranz

WEINGUT FAMILIE KRANZ

Das Weingut Kranz in Ilbesheim ist eine verschworene Gemeinschaft im besten Sinne des Wortes. Boris Kranz ist für Weinberg und Keller zuständig, sein Vater Robert kümmert sich um die Auslieferung und gelegentlich um das Schnapsbrennen, Mutter Lilos Hauptaufgabe ist der Verkauf im Weingut, und Boris' Frau Kerstin ist für Fachhandel und Marketing zuständig. »Wir sind ein richtiger Familienbetrieb«, sagt Mutter Lilo Kranz, und alle stimmen zu. Sie sind gern ein Familienbetrieb und halten ihrem »Weinmacher Boris« den Rücken frei, damit der sich auf seine Weine konzentrieren kann. Boris Kranz macht gute Rieslinge, solide Qualitäten zu vernünftigen Preisen:

»Der einfache Riesling-Literwein macht gut ein Zehntel unserer gesamten Produktion aus. Unsere Kunden erwarten gleich bleibende Qualität auf hohem Niveau. Jedes Jahr! Die Qualität muss sich wie ein roter Faden durch das gesamte Sortiment ziehen. Darauf achte ich bei den frischen, feinfruchtigen Literweinen genauso wie bei den hochwertigen Gewächsen.«

Auf den Etiketten sind eine große Zahl und ein kleines Äffchen eingedruckt. »In der Südpfalz hat jeder Ort einen Spitznamen, wir sind die Ilbesheimer Affen«, erklärt Kranz. Nebenbei hat der junge Winzer mit fünf Freunden die Südpfalz-Connection gegründet: »Die Zusammenarbeit gestaltet sich ausgesprochen positiv, weil wir nicht nur miteinander befreundet sind, sondern uns auch beruflich austauchen, gemeinsam probieren, im positiven Sinn Kritik üben und so oft wie möglich Weinreisen unternehmen.« Eine verschworene Gemeinschaft von Freunden mit dem gleichen Ziel: das Leben mit gutem Wein genießen.

Klaus R. Scherner

WEINGUT SCHERNER-KLEINHANSS

Klaus R. verkörpert schon die neunte Generation, die in Flörsheim-Dalsheim Weinbau betreibt. »Familientradition aus Leidenschaft«, sagt Scherner, »und mit Leidenschaft. Die kam aber erst im Lauf der Jahre.« Eigent-

Der weit gereiste Rheinhesse Klaus R. Scherner schwört auf deutschen Riesling

97

lich wollte Scherner nicht Winzer werden. »Nach dem Abitur schrieb ich mich zum Studium der Musikwissenschaften in Mainz ein. Doch es kam anders. In Südfrankreich hatte ich so etwas wie ein vinophiles Schlüsselerlebnis, kehrte zurück und begann prompt ein Studium zum Weinbauingenieur an der Fachhochschule Geisenheim.« Seine Diplomarbeit schrieb Scherner am Institut für Rebenzüchtung. »Danach wollte ich die Weinwelt kennen lernen, ging für einige Jahre nach Kanada und anschließend nach Brasilien.« Irgendwann zog es ihn wieder ins rheinhessische Flörsheim-Dalsheim, und er übernahm das elterliche Weingut. »Riesling ist nicht unsere Hauptrebsorte, wir bauen traditionell auch Burgundersorten und Silvaner an. Aber Riesling ist meine große Liebe«, sagt Klaus R. Scherner. Vorwiegend trocken baut er sie aus. Mit niedrigen Erträgen, selektiver Handlese und schonender Arbeitsweise im Keller wird er seiner persönlich angelegten Messlatte in puncto Qualität gerecht. Auch bei den so genannten einfachen Weinen.

»Die Qualität muss durchgängig stimmen. Wo kein solides Fundament ist, wackelt auch die Spitze. Gerade einfache Rieslinge müssen gut sein, damit ohne großes Degustationsgehabe der alltägliche Trinkspaß nicht zu kurz kommt. Ich möchte neben den höheren Prädikaten deswegen auch solide Basisqualitäten zu einem vernünftigen Preis bieten.«

Sebastian Schäfer
WEINGUT JOH. BAPT. SCHÄFER

»Ich versuche Weine herzustellen, die ich selber gerne trinke. Weine mit Charakter, wirkliche Individualisten!« So steht es in der Preisliste von Sebastian Schäfer. 2001 hat er den sechs Hektar großen Familienbetrieb übernommen und sich ganz dem Winzerhandwerk verschrieben. »Wein ist für mich alles, Wein ist mein Hobby, mein Leben!« Das Wort Wein könnte man getrost durch Riesling ersetzen. Sebastian Schäfer steckt voller Energie und Ehrgeiz, und er liebt den Riesling. Am liebsten würde er sofort ganz nach oben, dorthin, wo die Riesling-Elite der Nahe steht. Der junge Winzer ist auf einem guten Weg, und man sollte ihn im Auge behalten. Schäfers Kollektion zeigt seinen unbedingten Qualitätsanspruch an sich selbst und seine Weine. Seit

Sebastian Schäfer wird auch in Zukunft in Sachen Riesling immer für Überraschungen gut sein

dem Einstieg in den elterlichen Betrieb produziert er jährlich einen vorzeigbaren Classic-Riesling: ganz klar strukturiert und herrlich schmackhaft. Dazu kostet der Classic nicht viel, ist aber der ideale Einstiegswein in die Welt des Rieslings. Er hat nur eine Botschaft, und die heißt: einfach gut. Wenn alle Classic-Rieslinge einen solch qualitätsorientierten Hintergrund hätten, würde dieses Weinkonzept in Deutschland besser greifen und vieles vereinfachen. Denn wer gut startet, der wird auch das Ziel erreichen. Bei Sebastian Schäfer stehen die Zeichen gut.

Jochen Dreissigacker
Weingut Frieder Dreissigacker

In dem Bechtheimer Familienbetrieb tut sich einiges, und man darf gespannt sein, wie sich das Weingut in den kommenden Jahren entwickeln wird. Die Voraussetzungen dafür sind gut, denn hinter dem Betrieb steht eine engagierte Familie: Vater, Mutter und die beiden Söhne Christian und Jochen: »Meine Eltern haben aus dem klassischen landwirtschaftlichen Mischbetrieb ein Weingut gemacht, vom Fassweinverkauf auf Flaschen umgestellt, Gästezimmer eingerichtet und irgendwann die Straußwirtschaft eröffnet. Bei uns hat jeder eine Aufgabe, der Betrieb funktioniert wie ein schnurrendes Uhrwerk«, sagt Jochen Dreissigacker, der sein berufliches Glück zunächst in der Welt der Zahlen gesucht hat. Doch nach der grundsoliden Ausbildung zum Steuerfachgehilfen wurde er vom Weinvirus infiziert. Er kehrte dem Finanzamt den Rücken und wurde Winzer im elterlichen Unternehmen. Sein Bruder Christian ist im Weingut für den Keller verantwortlich. Mutter Ute ist mit Recht stolz auf diese Form der Familienzusammenführung mit beruflichem Hintergrund: »Unser aller Leben ist der Wein«, sagt sie. Von Mai bis Juni führt sie Regie in der gutseigenen Straußwirtschaft. Die Weine dazu liefern die Söhne: »Wir brauchen für unsere rustikale Küche einen soliden Riesling, einen sprichwörtlichen Brot-und-Butter-Riesling, den unsere Gäste lieben und natürlich am liebsten flaschenweise trinken, weil er einfach schmeckt und preisgünstig ist.« Das ist sicherlich nur der Anfang, denn Jochen Dreissigacker und seine Familie haben noch Potenzial. Natürlich in Sachen Riesling.

Cave Vinicole de Ribeauvillé

Das kleine Städtchen im Herzen des Elsass ist bei Touristen vor allem wegen seiner pittoresken Altstadt beliebt. Dass nur einen Steinwurf von der Hauptstraße entfernt hier auch die älteste Winzergenossenschaft Frankreichs ansässig ist, wissen nur wenige. Dabei ist das stattliche gelbe Gebäude nicht zu übersehen und das Weinangebot – zurückhaltend ausgedrückt – empfehlenswert.

In der riesigen Vinothek können alle Weine der in der Genossenschaft zusammengeschlossenen Winzer verkostet werden, ein geschmacklich äußerst interessanter Spaziergang durch die verschiedenen Rebsorten und Bodenstrukturen des Elsass. Immerhin zählen die sonnenbeschienenen Hügel rund um Ribeauvillé zu den besten Rebhängen der Region, die Cave Vinicole de Ribeauvillé bewirtschaftet allein zehn Grand-Cru-Lagen und ist bis weit über die Grenzen hinaus für solide Qualität bekannt. In den Weinführern wird die Genossenschaft somit genauso positiv bewertet wie manches angesehene Weingut.

Der Riesling spielt eine wichtige Rolle im Angebot, und er wird neben der einfachen Cuvée Prestige auch unter seinen einzelnen Lagennamen ausgebaut und angeboten. Die Riesling-Kollektion »Lieuts-Dits« umfasst Weine aus unterschiedlichen Terroirs wie etwa Steinacker, Pflänzer, Mühlforst und Silberberg. Die erfrischend trockenen, fruchtigen Rieslinge zeigen Kraft und Körper bei einer knackigen Säure und präsentieren sich in der nächsthöheren Qualitätsstufe »L'or du terroir« noch geschliffener und feiner. Rieslinge für jeden Tag, passend zu einer einfachen, rustikalen Küche.

Jürgen Hofmann
REH-KENDERMANN

Das Wort Weinkellerei hat in Deutschland einen schalen Beigeschmack. Immer wieder werden Kellereien als Buhmann vorgeführt, weil sie angeblich das Image des deutschen Weins im Ausland mit »Liebfrauenmilch« und Dumpingpreisen ramponiert haben. Das stimmt. Aber nicht immer. Denn allein die Größe eines Betriebs muss sich nicht zwangsläufig in minderer Weinqualität ausdrücken. Und umgekehrt.

Reh-Kendermann in Bingen ist eine der modernsten Weinkellereien im Land und führender Exporteur deutscher Weine. Das Unternehmen befindet sich im Privatbesitz von Carl und Andrea Reh und produziert heute pro Jahr über 70 Millionen Flaschen Wein, davon gut 10 % Riesling. Für die Herstellung von Markenweinen werden Trauben über langfristige Bewirtschaftungsverträge eingekauft. »Unser Team kontrolliert die Arbeit im Weinberg, den richtigen Lesezeitpunkt und die anschließende Vergärung. Trotz der Größe des Betriebs achten wir unnachgiebig auf Qualität, ansonsten gehen unsere Weinkonzepte nicht auf«, sagt Chefweinmacher Jürgen Hofmann. Mit dem Terroir-Konzept, das im Jahr 2002 zum ersten Mal umgesetzt wurde, hat Reh-Kendermann im eigenen Betrieb einen weiteren Qualitätsschwerpunkt gesetzt.

»Mittlerweile verfügen wir über eigene Weinberge an der Mosel, in der Pfalz und in Rheinhessen. Das ermöglicht uns den Ausbau des Rieslings mit dem jeweiligen eigenen Terroir-Charakter. Die Mosel steht für Schiefer und Mineralität. In der Pfalz bringt der Riesling auf kalkhaltigen Böden eher exotische Fruchtaromen hervor, und in Rheinhessen, im Speziellen im Roten Hang, offenbart er auf rotem Schiefer eher kräutrige, würzige Noten. Alle drei Weine wurden mit der gleichen Hefe gekühlt in Stahltanks vergoren.«

Das Resultat sind drei völlig verschiedene Rieslinge, die geschmacklich ganz deutlich die gebietstypischen Unterschiede aufweisen. Doch Jürgen Hofmann ist mit dem Erreichten noch nicht zufrieden.

»Im Lauf der Zeit haben wir unsere Weinberge viel besser kennen gelernt und können nun noch individueller auf die Qualität einwirken. Wir schneiden die Trauben nicht mehr so früh raus, sondern brechen zur Ertragsreduzierung einzelne Triebe aus. In diesem Jahr habe ich erstmals einzelne Partien mit spontaner Hefe vergären lassen und dann rückverschnitten, was den Weinen deutlich mehr Substanz verliehen hat.«

Und er lässt nicht locker: »Mein Traum sind Holzfässer, mit deren Einwirkung ich noch ein bisschen mehr Substanz in die Rieslinge bringen möchte.«

Die Angebote liegen bereits auf seinem Schreibtisch.

Schwester Andrea und Schwester Thekla

Klosterweingut
Abtei St. Hildegard

Von der aktiven klösterlichen Weinbaukultur ist nicht viel übrig geblieben, die meisten Abteien sind säkularisiert oder haben einen anderen Bestimmungszweck. Im Rheingau, dessen Weingeschichte über Jahrhunderte von der mächtigen Zisterzienserabtei Eberbach und dem Benediktinerkloster auf dem Johannisberg geprägt wurde, halten heute noch Benediktinerinnen diese Tradition aufrecht.

Die weinbauliche Tätigkeit des Ordens reicht bis in die Zeit der Gründeräbtissin, der heiligen Hildegard von Bingen, zurück. Heute wird das Klosterweingut von Schwester Andrea und Schwester Thekla geleitet, die beide eine Winzerausbildung absolviert haben. Die Benediktinerinnen haben erst im Kloster die Arbeit im Weingut kennen gelernt und, wie sie zugeben, auch das Weintrinken. Tradition muss sein. Rund 6,5 Hektar Rebfläche – vorwiegend in Rüdesheimer Lagen rings um die Abtei – werden von den Ordensfrauen zusammen mit Winzermeister Arnuf Steinheimer bearbeitet, mehr als 80 % davon sind mit Riesling bestockt. Die naturreinen Weine haben mit der kirchlichen Approbation die Lizenz zum Messwein, nach wie vor gilt für alle Weine des Klosters der Grundsatz, dass »die Materie nicht verändert werden darf«. Natürlich sind die Weine auch für den täglichen Genuss geeignet, das Klosterweingut bietet in seinem schicken Klosterladen gute Riesling-Qualitäten in allen Geschmacksrichtungen.

Rolf Münster

Winzergenossenschaft Mayschoss

In den steilen Schieferhängen des Ahrtals ist die Riesling-Rebe eher selten zu finden, weil die Winzer mehr Geld für ihre Rotweintrauben bekommen. Aber gerade Raritäten haben ihren Reiz, und deswegen liegt Rolf Münster – seit 1988 Kellermeister der Winzergenossenschaft Mayschoß – diese edle Rebsorte besonders am Herzen. Von rund 36 Hektar, die der Riesling an der Ahr einnimmt, verfügt die Winzervereinigung über mehr als die Hälfte. Die Riesling-Reben stehen vor allem auf besonders trockenen, steinigen Standorten, während der Spätburgunder, wenn er auf Schiefer wächst, eine etwas tiefgründigere Auflage benötigt, damit eine gleichmäßige Wasserversorgung gewährleistet ist.

»Dem Riesling macht der reine Schiefer gar nichts, er bohrt sich mit seinem Wurzelwerk einfach einen Weg nach unten, um an ausreichende Versorgung und Mineralstoffe zu gelangen. Manche der Reben sind 100 Jahre alt und noch wurzelecht. Sie bringen ganz kleine, lockerbeerige, aromatische Trauben hervor. Die besten Voraussetzungen für Riesling und entsprechende Lagen mit feingliedrigem Schieferanteil findet man von Rech aus aufwärts der Ahr entlang. Die Böden an der unteren Ahr sind in der Regel zu tiefgründig, um feinfruchtige, elegante Rieslinge mit Substanz hervorzubringen.«

Rund 70 % der Mayschosser Rieslinge liegen im Basissegment, die restlichen 30 % werden je nach Qualität und Mostgewicht als Spätlesen und Auslesen mit Lagebezeichnungen Mayschosser Laacherberg oder Mayschosser Mönchberg ausgebaut. Ein besonderes Steckenpferd der Genossen sind ihre exzellenten, facettenreichen Eisweine.

ZARTE FINESSE

Leichte Kabinettstückchen
mit viel Geschmack

Der Riesling ist kein zartes Pflänzchen, eher eine robuste Rebe, die kühles, gemäßigtes Klima den wärmeren Gefilden vorzieht. Denn ausschließlich hier ist die Sorte in der Lage, filigrane, leichte Weine hervorzubringen, die in ihrem Geschmack dennoch substanzreich und ausdrucksvoll sind.

Die Rieslinge dieser Kategorie sind wie eine flüchtige Berührung, die aber die Sensibilität aller Sinne anspricht. Zarte Rieslinge schlagen leise Töne an und stellen die dezenten, subtilen Seiten der Rebsorte in den Vordergrund. Sie legen ein feines Geschmacksbild in den Gaumen, wie ein Seidentuch, das im Wind luftig-leicht, scheinbar schwerelos einen Gegenstand umspielt.

Zarte Rieslinge treten unaufdringlich und anmutig auf, aber deswegen keineswegs ohne Geschmack. Sie offenbaren ihre Stärke bei relativ niedrigem Alkoholgehalt mit einer ausgeglichenen Struktur, die fein säuberlich Akzente setzt, ohne über eine bestimmte Intensität hinauszuwachsen. Es sind grazile Weine, die ohne ausladenden Schmelz auskommen, ausgewogene Weine, die in ihrer eleganten Leichtigkeit fast etwas Unbekümmertes haben. Diese zarte Finesse wird von einer Mineralität begleitet, die keine schweren erdigen Noten aufweist, vielmehr fein ziselierte mineralische Nuancen offenbart, die sich optimal mit den Fruchtaromen verbinden und zu einem facettenreichen Geschmacksbild ergänzen.

Es ist der Typ des klassischen Kabinettweins aus schieferreichen Weinbergen, wie er an Mosel, Saar, Ruwer, Mittelrhein, Nahe und im Rheingau Tradition hat. Kabinettweine, die in der Rangfolge unter den Spätlesen stehen, stellen vor allem dank ihres niedrigen Alkoholgehaltes (7,5 bis 10,5 % Vol.) eine einzigartige Kategorie natürlich-leichter Weine dar. Auch die Wachauer Weinkategorie Steinfeder mit ihren großartigen leichten, duftigen Rieslingen, die maximal 11 % Vol. Alkohol aufweisen dürfen, umfasst diesen Typus Riesling. Nur in nördlichen und kühlen Anbaugebieten können solche Weine entstehen, die auch ohne die Intensität des Geschmacksträgers Alkohol eine vielschichtige Fruchtaromatik und Finesse in einem intensiven Geschmack vereinen. Sie sind – wenn man so will – ein gesetzlich festgelegter Weintyp und in der internationalen Weinwelt nahezu konkurrenzlos. Zusätzlich kann dieser Weinstil durch einen Hauch Süße, der die Säure harmonisch einbindet und geschmacklich abrundet, erheblich an Format gewinnen. Diese ganz besonderen Kabinettstückchen bieten leichten Trinkspaß mit zarter Finesse und einer verspielten Säure.

Stefan Breuer
WEINGUT ALTENKIRCH

»Wein fasst man am besten in Gläser, nicht in Worte«, sagt Stefan Breuer. »Ohnehin gibt es keine endgültige Geschmackslösung, gerade Riesling bleibt in seiner einzigartigen Vielfalt immer etwas sehr Individuelles.«

Breuers Weinberge liegen im westlichen Zipfel des Rheingaus, dort, wo ein paar Meter weiter das Gebiet Mittelrhein beginnt.

»Viel Schiefer und Quarzit, dazu etwas kalkhaltiger Lösslehm. Da rockt der Berg und bringt einen kräftigen Schuss Mineralität in den Riesling. Das Terroir muss sich durchsetzen, das ist unser Potenzial und Kapital. In den Boden reinhören, ihn verstehen, seine Zeichen deuten: In einer ge-

wissen Weise ist der Winzer der Knecht seines Bodens und der Gehilfe der Rebsorte, die den Boden interpretieren soll. Ich suche diese Typizität, den originären Grundtyp, den mir der Boden mitteilen möchte. Deswegen sind meine Rieslinge schlank, fast zart, gleichzeitig erfrischend, fruchtig und werden von einer feinen, aber aromatischen Säure und ausgeprägter Mineralität begleitet. Diese Rieslinge machen nicht mit einem Glas satt, aber Appetit auf ein zweites.«

Matthias Müller
WEINGUT MATTHIAS MÜLLER

Romantisch und fast ein wenig verträumt präsentiert sich das enge Tal mit den hohen, steilen Felsen am Mittelrhein. Aber der Schein trügt. Auf den 120 Kilometern von Bingen bis Bonn stehen nicht nur hübsche Fachwerkhäuser und verwunschene Burgen. Hier engagieren sich auch Winzer für den Erhalt der einzigartigen Weinlandschaft. Einer von ihnen ist Matthias Müller in Spay. Er bewirtschaftet acht Hektar im Bopparder Hamm, der mit 85 Hektar größten zusammenhängenden Lage am Mittelrhein. Seit einigen Jahren arbeitet Müller wieder vermehrt mit spontanen, weinbergseigenen Hefen:

»Riesling, nur mit Reinzuchthefe ausgebaut, läuft immer Gefahr, gleichförmig und uniform zu schmecken. Meine Weine sollen den feinen mineralischen Geschmack des Schiefers und die Typizität des Mittelrheins widerspiegeln. Das muss nicht immer eine Spätlese sein, gerade Kabinettweine beherrschen das leichte Spiel mit Säure, Frucht und Mineralität.«

Stefan Breuer ist Riesling-Protagonist am westlichen Zipfel des Rheingaus

Aber Müller sieht auch, dass es in dieser Weinkategorie immer weniger Engagement seitens der Winzer gibt.

»Im direkten Vergleich des gesamten Weinsortiments verlieren die Kabinettweine beim Verbraucher immer mehr an Boden. Gegen die reiferen Spätlesen mit entsprechend mehr Schmelz hat es ein leichter Kabinett nicht einfach. Schade, aber der Kabinett scheint am Mittelrhein eine aussterbende Spezies zu sein. Dabei können Kabinettweine tolle Essensbegleiter sein, da sie alles an Charakter mitbringen, was ein Wein braucht, ohne sich in den Vordergrund zu spielen.«

Hoffentlich engagiert sich Matthias Müller noch lange für seine Kabinettweine!

Theo Haarts Kabinett-Rieslinge gehören zu den Spitzenweinen der Mosel

Theo Haart
Weingut Reinhold Haart

»Kabinett ist leider eine fast vergessene Geschichte. Früher füllten die Winzer unter dem Begriff Kabinett einen leichten Wein mit wenig Alkohol, zarter Frucht und feinen, mineralischen Noten in die Flaschen. Heute werden die Weine aufgrund der allgemeinen Ertragsreduzierung kräftiger, komplexer und bekommen damit auch mehr Alkohol.«

Theo Haart gehört eigentlich eher zu den ruhigen Vertretern der Zunft, seine Spät- und Auslesen sind über die Grenzen hinaus bekannt, aber für den Kabinettwein gerät er leidenschaftlich ins Schwärmen.

»Kabinett-Rieslinge im restsüßen Bereich benötigen sowohl Mineralität als auch entsprechende Komplexität, um die Süße abzupuffern, sie landen sonst schnell im Spätlesebereich. In den 1970er Jahren waren Kabinett-Rieslinge an der Mosel knapp unter 80° Oechsle angesiedelt, was wir heute eher als dünn und karg bezeichnen würden. Aufgrund der Klimaveränderung und der Er-
tragsreduzierung sind derzeit bis zu 85° Oechsle völlig normal, und ein Kabinett schmeckt trotzdem noch nach Kabinett. Dennoch gab und gibt es ständig Bestrebungen, den Begriff Kabinett zu streichen. Das ist schade, denn diese zart gewobenen, delikaten Rieslinge haben es verdient, neben den großen Weinen zu stehen. Wir müssen lernen, zwischen einem fülligen und einem filigranen Riesling zu unterscheiden. Erstrebenswertes Ziel ist ein gemeinsamer Stil.«

Sohn Johannes wird nach seinem Studium in Geisenheim erst einmal den Riesling *down under* in Australien suchen, um dann seinem Vater in den Piesporter und Wintricher Lagen tatkräftig unter die Arme zu greifen.

Annegret Reh-Gartner

WEINGUT
REICHSGRAF VON KESSELSTATT

Sie plaudert nett und charmant über ihre Weine, immer engagiert und kompetent, aber auch kritisch und suchend. Annegret Reh-Gartner ist eine Persönlichkeit, die einen für sich einnehmen kann. Bei aller geschäftlichen Umtriebigkeit, die das Weinbusiness mit sich bringt, kehrt immer wieder genüssliche Ruhe ein, für die schon ihr Mann Gerhard Gartner sorgt. Während der ausgezeichnete Koch dem Küchenkabinett vorsteht, schwärmt Annegret Reh-Gartner von zarten Kabinettstückchen: »Riesling steht hoch im Kurs, vor allem die leichteren Kabinettweine sind gefragter denn je. Wir Moselaner haben ein Gefühl für die zarten Töne.« Wer möchte ihr da widersprechen? »Ganz wichtig ist die Typizität der Rieslinge, und die sind an der Mosel eben nicht knochentrocken. Ein Touch Restsüße passt sogar zum Essen.« Ihr Mann widerspricht nicht, sondern nickt nur zustimmend. In Sachen kulinarischer Gaumenfreuden macht dem »alten Hasen« ohnehin niemand etwas vor.

»Diese betörende Leichtigkeit der Mosel-Rieslinge gewinnt durch die Restsüße deutlich an Format und an Charme. Wenn die Balance von Säure und Süße stimmt, präsentiert sich die Fruchtigkeit des Rieslings strahlend und klar. Die ganze Welt produziert trockene Weine, das soll sich auch nicht ändern. Aber wir an der Mosel haben die besten Voraussetzungen, den Riesling mit einer feinen Fruchtsüße klingen zu lassen und ihn gleichzeitig tänzerisch leicht auf die Zunge zu bringen.«

Annegret Reh-Gartner bietet dafür eine ganze Reihe aromatischer Beispiele aus besten Lagen an Mosel, Saar und Ruwer.

Clemens Busch
WEINGUT CLEMENS BUSCH

Vor rund 30 Jahren hat er seinen ersten eigenen Riesling-Wein gemacht. Eigentlich wollte er damals noch nicht das elterliche Weingut übernehmen. Es gab noch so viel zu entdecken, zu lernen und von der Welt zu sehen.

Für Annegret Reh-Gartner darf der Riesling ruhig etwas Restsüße haben

Clemens Busch hat sich schon vor Jahren für den ökologischen Weinbau entschieden

Von ihrem Fachwerkhaus aus dem 17. Jahrhundert am Moselufer von Pünderich können Rita und Clemens Busch direkt auf ihre Weinberge schauen, Steillagen in der Lage Pündericher Marienburg, nach Süden ausgerichtet und auf engstem Raum. Hier stehen in alten Parzellen die Riesling-Reben auf kargen, steinigen Böden, durchsetzt mit grauem, blauem und rotem Schiefer. Diese Kombination gibt es selten. »Die Felsterrasse ist unser Lieblingswingert, mit dieser Lage hat sich der Terroir-Gedanke in unseren Köpfen festgesetzt. Klein, steil, 75 Jahre alte Reben, die im grauen Schiefer wurzeln, fast nie Botrytis. Eine Steilvorlage für trockene Spitzenweine.« Überhaupt baut Busch rund zwei Drittel seiner Rieslinge trocken aus.

»Der trockene Kabinett ist ein Klassiker, der sich bei unseren Kunden uneingeschränkter Nachfrage erfreut, und das soll auch so bleiben. Ein solcher Wein verfügt über bemerkenswert viel Geschmack und entsprechende Finesse und bleibt trotzdem der leichteste Wein der Welt. Um das hinzubekommen, braucht man Geduld mit der Natur, damit nur wirklich reifes Lesegut zur Verfügung steht. Vor allem wollen wir nicht immer eingreifen, wir beobachten die Weine und lassen sie ihre eigene Entscheidung treffen. Wir können und wollen nicht jeden Geschmack treffen.« Wer Buschs Riesling-Persönlichkeiten kennen lernen möchte, der sollte sich auf den Weg nach Pünderich machen.

Aber familiäre Umstände ließen keine andere Entscheidung zu, der junge Clemens Busch stieg mit 17 Jahren in den Familienbetrieb ein und musste gleich richtig loslegen. Er würde es heute wieder so machen, daran gibt es für ihn keinen Zweifel. Denn Clemens Busch liebt diesen Kontakt mit der Natur, wie seine Frau Rita, die mit ihm gemeinsam das Weingut betreibt. Sie leben überzeugt umweltbewusst, ökologisch und haben ihr Weingut ganz auf Riesling ausgerichtet: »Wir trinken selbst zu gerne Riesling, um etwas anderes zu machen. Und an die Mosel passt ohnehin nur Riesling!«.

Rowald Hepp
WEINGUT SCHLOSS VOLLRADS

So stellt man sich ein echtes Weinschloss vor: abseits der Stadt in ruhiger Natur gelegen, eingebettet in eine sanfte Rebenlandschaft. Schloss Vollrads bietet beeindruckende Ein-

und Ausblicke, ein geschichtsträchtiger Ort, der seit Jahrhunderten dem Riesling verbunden ist. In all seinen Facetten und Qualitäten. »Die Kabinettweine sind unser Aushängeschild«, sagt Rowald Hepp, der seit Mitte 1999 den Traditionsbetrieb leitet.

»Der Begriff Kabinettwein taucht schon 1728 in den Annalen des Schlosses auf und drückt zum ersten Mal eine schmeckbare Qualität aus. Bis heute ist das Profil des Kabinettweins klar umrissen, und man kann ganz deutlich schmecken, was ein Kabinettwein darstellen soll: keinen leichten Wein, sondern einen leichten Riesling, der seine Hauptaussage nicht dem Alkohol verdankt. Im Gegenteil! Niedriger Alkohol, dabei voller Geschmack! Alles ohne Botrytis, damit die zarte Eleganz und der Nuancenreichtum nicht überdeckt werden. Dazu die Synergie zwischen Standortprägung und Rebsorte, die sich in einer deutlich schmeckbaren Mineralität ausdrückt. Das ist Kabinett.«

Hepp könnte ein, zwei Jahre auf die Spätlesen, aber nicht auf seine Kabinettweine verzichten. »Die Kabinettweine zeigen das Profil, den Schwerpunkt und das Können eines Betriebs. Hinter der Leichtigkeit dieser filigranen Rieslinge kann man nichts verstecken, es sind absolut ehrliche Weine.«

Die größte Dynamik sieht er derzeit im fruchtigen Bereich, restsüße Kabinett-Rieslinge sind gefragt wie nie zuvor. »Die feine Restsüße unterstützt das Spielerische dieser Weine, nur darf die Frucht sich nicht in den Vordergrund drängen. Die Mineralität ist ein wichtiges Geschmackselement, das gerade das Potenzial und die Fähigkeit des Rieslings zeigt, seine Heimat transparent zu machen.«

Johann Schmelz
WEINGUT SCHMELZ

»Unsere Weinberge sind über sieben Kilometer rund um Joching verstreut, das macht die Arbeit nicht leichter, aber man kommt in der Region herum«, sagt Johann Schmelz und muss dabei herzlich lachen. »Das bedeutet natürlich unterschiedliche Böden und ein sehr differenziertes Kleinklima. So gesehen lebt unser Weingut von der Vielfalt.« Alles ist eben relativ.

Der Kabinett-Riesling ist für Rowald Hepp das wichtige Aushängeschild des traditionsreichen Schlossweinguts

Johann Schmelz ist mit Leib und Seele Winzer, das färbt natürlich ab. Seine Frau Monika und die beiden Söhne Thomas und Florian arbeiten ebenfalls im Weingut mit, ein echter Familienbetrieb. »Es geht immer um die Frage: Wie kann die Rebsorte die Weinregion Wachau und den mit ihr verbundenen Winzer darstellen? Das ist meine Herausforderung«, sagt Johann Schmelz. Und er meistert sie nicht nur bei den cremigen Smaragd-Rieslingen. Auch die leichteren, zarten Federspiele zeigen Frucht, Finesse und Mineralität, brillieren mit einer sehr filigranen Säurestruktur. »Die Geschmacksfülle leidet keineswegs durch ihre Leichtigkeit. Im Gegenteil! Der Riesling kann hier seine Beweglichkeit ausspielen, dieses erfrischende, tänzerische Element, ohne hohe Alkoholgradation in den Wein zu bringen«, meint der Winzer.

Natürlich legen viele Wachauer Winzer ihren Produktionsfokus immer stärker auf die Smaragd-Qualitäten. Aber es wäre schade, wenn die Chance des Federspiels auf leichte, rassige und finessenreiche Weine dadurch in den Schatten gestellt würde. Also weiter so, Johann Schmelz!

Reiner Flick
WEINGUT JOACHIM FLICK

Wer vor rund zehn Jahren die Straßenmühle in Wicker besuchte, der fand dort nichts als heruntergekommene Gebäude und Bauschutt und inmitten der riesigen Baustelle einen jungen Winzer, der voller Elan seine Idee vom eigenen Weingut konsequent umsetzte. Heute strahlt die Straßenmühle in neuem Glanz. Reiner und Kirsten Flick haben dafür hart gearbeitet, das junge Winzerpaar hat seinen Betrieb zu einer der besten Weinadressen des Rheingaus gemacht. Natürlich mit Riesling. »Der kleine Weinort stand immer im Schatten von Hochheim. Wicker war in weiten Bereichen unbekanntes Terrain und damit auch unbekanntes Terroir.« Mittlerweile kennt die Weinwelt Wickerer Rieslinge, Reiner Flick ist so etwas wie ein Lokalpionier. »Das Potenzial der Wickerer Lagen war mir klar, und es war und ist eine Herausforderung, die Möglichkeiten des Terroirs vor allem im Riesling differenziert zu zeigen.« Aus dem Wickerer Stein holt Flick seine trockenen Kabinett-Rieslinge, filigrane und elegante Weine, die spritzig und leicht wirken, dennoch über eine präsente Säure verfügen:

»Es sind keine butterweichen Weine, sondern echte Riesling-Klassiker. Obwohl die Weine zart und leicht sind, stecken sie voller Substanz, verzeihen aber keinen noch so kleinen Fehler. Die fast feenartige Leichtigkeit kann nichts hinter Alkohol, dicker Süße oder einem wuchtigen Körper verstecken. Kabinett in seiner Filigranität ist einmalig im Weißweinbereich und zeigt sich immer ohne doppelten Boden. Die Weine sind gerade durch ihre Zartheit, die dennoch viel Geschmack beinhaltet, besonders animierend und niemals langweilig. Eigentlich ist Kabinett eine ideale Vorlage für den Riesling, der darin ganz viel von seiner Eleganz und Feinschichtigkeit ausspielen kann. Es wäre schade, wenn dieser Weintyp zwischen den einfachen Qualitäten und der im Prädikat höher eingestuften Spätlese zerrieben würde.«

FRUCHTIGE VIELFALT

Eine der schönsten Seiten des Rieslings

Riesling ist eine ausdrucksvolle Rebsorte, die nicht nur das Terroir, sondern auch Duft und Geschmack der Trauben optimal transportiert. Es ist beeindruckend, was sich in den kleinen Riesling-Beeren an aromatischem Potenzial verbirgt, welches sich letztendlich im Wein in einer erstaunlichen Fruchtigkeit entfalten kann.

Apfel, Zitrone, Aprikose, Pfirsich, Blüten und Mango sind dabei nur die auffälligsten und am leichtesten erkennbaren Fruchtaromen, die der Riesling vorzuweisen hat. Das ausbalancierte Verhältnis und das Zusammenspiel dieser Aromen, kombiniert mit delikater Säure und niedrigem Alkoholgehalt, prägen den Geschmack dieser vielschichtigen, fruchtigen Rieslinge. Sie wirken niemals schwer und sättigend, sind eher zart, verspielt, feinfruchtig und verführen geradezu zu einem weiteren Schluck. Wenn der Riesling eine solch grenzenlose Vielfalt in seiner Fruchtstruktur aufweist, dann schmecken die Aromen – eingebettet in eine feine, dezente Restsüße – saftig und delikat, und sie geben dem Wein Fülle und Tiefe. Es ist wie der beherzte Biss in eine reife, aber frische Frucht, deren Saft mit einer leichten, angenehmen Süße prall und dennoch spritzig den Gaumen füllt.

Die fruchtigen, facettenreichen Rieslinge sind zwar leicht an Körper und Alkohol, besitzen aber eine überwältigende Fülle an aromatischen und mineralischen Substanzen. Im besten Fall kommen sie einer Geschmacksexplosion gleich und verbinden konzentrierte feinfruchtige, wundervoll ausgeprägte Fruchtaromen mit einer subtilen, strahlenden Säure und den mineralischen Komponenten des Schieferbodens. Sie tanzen regelrecht über die Zunge und bringen eine klare Frische an den Gaumen.

In Deutschland hat dieser konservative Riesling-Stil alle Trends und Moden vom industriell produzierten Markenwein über die süßen, pappigen Billigspätlesen bis zum Kult von trockenen Weinen mit überzogener Säure überlebt und bildet heute eine der Grundlagen der Riesling-Renaissance in der ganzen Welt.

Winzer wie Joh. Jos. Prüm, Wilhelm Haag, Ernst Loosen und Reinhold Haart an der Mosel, Egon Müller an der Saar, Maximin Grünhaus an der Ruwer und Helmut Dönnhoff von der Nahe haben diesen Weintyp mit ihren feinfruchtigen, nuancenreichen Spätlesen geprägt und Maßstäbe gesetzt. Es sind Rieslinge mit wenig Alkohol, die trotz ihrer zarten Struktur die delikate Eleganz und das Spiel von Fruchtsüße und Säure zeigen, die den Riesling so ungeheuer faszinierend machen.

Vor allem Mosel- und Saar-Rieslinge stehen für die Kategorie »Vielfältige Frucht«, denn hier sind die Wachstumsbedingungen ideal. Aber auch an der Nahe, in einigen Lagen des Mittelrheins und im Rheingau können in idealen Jahren und auf entsprechenden Böden solche Weine entstehen. Die Flusstäler schüt-

zen vor kühlen Winden, und die meist nach Süden ausgerichteten Hänge eignen sich hervorragend für eine optimale Sonneneinstrahlung. Karger, steiniger Schieferboden bietet den idealen Untergrund, er speichert die Wärme der Sonne und bringt den Riesling dazu, seine Wurzeln tief einzugraben und die wichtigen Mineralstoffe aus dem Boden zu holen. Die Trauben können hier bis tief in den November am Stock hängen und damit ausreichend Fruchtaromen bilden.

Die lange Vegetationsperiode mit der entsprechenden Reifezeit ist Bedingung, damit ein solch zarter und trotzdem geschmacksexplosiver Riesling mit niedrigem Alkoholgehalt von 7 bis 10 % Vol. entstehen kann. Eine so vielfältige Fruchtentwicklung mit feiner subtiler Süße, delikater Säure und derart niedrigem Alkoholgehalt ist weltweit einzigartig.

»Ich pendele zwischen Mosel, Pfalz und Rheinhessen, und überall begegnet mir der Riesling in immer neuen Varianten. Für meine Mosel-Rieslinge bevorzuge ich die konventionelle Ausbaumethode, um der Ausprägung des Schieferbodens neben der klaren Frucht genügend Platz zu lassen. Mein Vater verstand die Welt nicht mehr, dabei wollte ich nur Mosel-Riesling machen, wie er früher war. Traditionell!«

Und es funktioniert. Die Rieslinge der jungen Weinbauingenieurin sind filigran und doch expressiv, die Frucht zeigt sich verpackt in einer herrlichen Frische, gespickt mit dieser typischen Schiefermineralität, wie man sie an der Mosel findet. »Riesling macht einfach Spaß, weil er so herzerfrischend unkompliziert kompliziert sein kann«, sagt Eva Clüsserath und nimmt es locker, dass ihr Lebensgefährte Philipp Wittmann aus Westhofen eher auf trockene Weine steht. Hauptsache Riesling.

Eva Clüsserath
WEINGUT ANSGAR CLÜSSERATH

Dass Eva Clüsserath letztendlich Winzerin geworden ist, hat mit Wasser zu tun. Genauer gesagt mit Mineralwasser. Denn ihr ursprüngliches Ziel, Getränketechnologie zu studieren, hängte sie nach dem Praktikum bei einem Getränkekonzern endgültig an den Nagel. Dann doch lieber Weinbau.

Verbunden ist sie dem Riesling gleich mehrfach. Nach dem Weinbaustudium übernahm sie die Geschäftsführung des VDP in der Pfalz und ist, wie sie selbst sagt, »Mädchen für alles«. Dazu kommt der elterliche Betrieb in Trittenheim, in dem sie ab dem Jahrgang 2001 immer mehr Verantwortung im Keller übernimmt. Und dann ist da noch die Liebe, die sie nach Westhofen in Rheinhessen verschlägt. Natürlich in ein Weingut.

Nik Weis

WEINGUT SANKT URBANS-HOF

Nik Weis ist eine der sympathischsten Erscheinungen, die es in der jungen Winzergeneration an der Mosel gibt. Und eine der erfolgreichsten dazu. Vor rund zehn Jahren hat er das elterliche Weingut in Leiwen übernommen und neuen Schwung in den knapp 40 Hektar großen Betrieb gebracht. Natürlich mit Rieslingen, die schon Vater und Großvater in besten Lagen an Saar und Mosel gepflanzt hatten.

»In guten Jahren kommen die besten Moselweine von der Saar. Schlank, elegant und rassig. Nicht zu vergessen die Frucht, die den Weinen ihren Körper gibt. Riesling-Winzer sind Aromensammler, je vielschichtiger und nuancenreicher sich die Frucht präsentiert, umso finessenreicher kann die Säure damit spielen. Das ist die Stärke der Rebsorte, und mein Ziel als Winzer ist es, diese Fähigkeit in den Weinen schmeckbar zu machen. Natürlich gibt es im Weingut Sankt Urbans-Hof auch trockene Gewächse, aber das ganz klare Ziel ist, frischfruchtige, animierende Rieslinge mit Restsüße und relativ wenig Alkohol zu erzeugen. Trockener Mosel-Riesling kann gut sein, aber Mosel-Riesling mit Restsüße ist immer gut. Zum Moselwein gehört einfach Fruchtsüße dazu. Es ist ein Stilelement wie die Blubberbläschen im Champagner. Mit ihren schlanken, fruchtigen Rieslingen ist die Mosel weltweit konkurrenzlos und damit konkurrenzfähig.«

Wenn es die natürlichen Bedingungen eines Jahrgangs hergeben, freut sich Nik Weis auch über edelsüße Trockenbeerenauslesen. Lieber

Schon in jungen Jahren eine feste Größe an der Mosel: Nik Weis

sind ihm aber süffige, vollmundige Rieslinge mit einer frischen Frucht, die mit Freude und Lust getrunken werden und die Landschaft ins Glas bringen, in der sie gewachsen sind. Das kann in seinem Fall durchaus auch ein Weinberg an der Saar sein.

Dr. Manfred Prüm

WEINGUT JOH. JOS. PRÜM

Wenn Dr. Manfred Prüm in der trutzigen Gründerzeitvilla direkt am Moselufer empfängt, wird selbstverständlich Riesling kre-

Eva Clüsserath steht für Riesling mit klarem Mosel-Profil

denzt. Aber nicht irgendeiner aus dem aktuellen Jahrgang. »Jungweine machen Spaß. Gereifte Weine sind vielschichtig und erzählen mehr«, sagt Prüm, während er vorsichtig einschenkt.

Den Jahrgang zu erraten, wie Dr. Prüm mit entspannter Miene erwartet, ist selbst für geübte Weintrinker schwer. Sehr schwer. Prüms Rieslinge sind »Dauerläufer« mit einem langen Atem, die auch nach Jahrzehnten nicht die Spur einer Müdigkeit oder Ermattung zeigen. »Rieslinge sind im gereiften Stadium lebendiger. Meine Weine sind darauf angelegt, in die Jahre zu kommen«, sagt Manfred Prüm, und es klingt wie eine gedankliche Brücke, um doch noch den Jahrgang bestimmen zu können. Zehn, fünfzehn oder zwanzig Jahre, wer möchte sich da festlegen? Ohnehin ist der Winzer für den großzügigen Griff in seine Schatzkammer bekannt.

»Mosel ist Eleganz! Die Vielfalt der fruchtigen Aromen, die wechselnden Nuancen, dazu das passende Säurespiel und ein Hauch eleganter Restsüße – einfach unwiderstehlich!«

Prüms Rieslinge sind hochfeine Kunstwerke, die sich zwar der Frucht verschrieben haben, aber auch nach Jahren niemals Gefahr laufen, in eine frucht- und körperlose Richtung zu tendieren oder gar eindimensional ihren betörenden Charme zu verspielen.

»Die Komposition des Weins sollte man der Natur überlassen, denn die kann es ohnehin besser als jede noch so moderne Kellertechnik. Alles, was verbessert ist, trinke ich nicht.«

Klare Worte, die »Manfred der Große« schon aus Tradition in seiner Weinphilosophie konsequent umsetzt. Zwar ist eine Kellerbesichtigung für Gäste tabu, aber Prüm versichert, dass es im Ausbau keine Geheimnisse gebe, man begleite die Vinifizierung sehr zurückhaltend.

Dieses kleine Tabu ist nur eines der Mosaiksteinchen, die den Mythos und die Faszination des traditionsreichen Weinguts ausmachen. Lebendig ist die Prüm'sche Weinidee in den gereiften Rieslingen, die ihre vielschichtigen Fruchtaromen wie ein erhobenes Haupt tragen und mit gezielten Akzenten den Wein zum Spitzengewächs adeln.

Florian Weingart
WEINGUT WEINGART

Vater Weingart hat seine Rieslinge noch spontan vergären lassen. Sein Sohn Florian war anderer Meinung:

Eines der hoffnungsvollen Winzertalente am Mittelrhein: Florian Weingart

Der steile, vom Schiefer geprägte Weinberg Bopparder Hamm garantiert mineralische Rieslinge

»Mich überzeugten die kühle Vergärung und der Einsatz von Reinzuchthefen, weil sie eine herrliche Frische und Fruchtigkeit in die Rieslinge brachten. Dass ich damit in das natürliche Gesamtgefüge eingreifen würde, war mir als junger Winzer nicht so bewusst. Heute glaube ich, dass spontane Hefen viel zur Komplexität und zum Entwicklungspotenzial eines Weins beitragen.« Florian Weingart ist selbstkritisch: »Vielleicht bin ich manchmal übers Ziel hinausgeschossen. Mich verfolgt die Idee des Naturweins, der Bezug zur Natur und das Verständnis für das Gesamtsystem. Das fängt bei der Wahl unserer Lebensmittel an und setzt sich in meiner Arbeit im Weinberg fort.«

Am Ziel ist er noch nicht, aber seine Rieslinge sind schon jetzt kleine Kunstwerke, die Frucht und Säure in ein spannendes Verhältnis setzen. Wie zum Beispiel seine Spätlesen aus den steinigen Schieferparzellen Feuerlay und Ohlenberg im legendären Bopparder Hamm.

»Riesling ist mein Wein. Er besitzt ein unglaublich breites Spektrum, das es einerseits kompliziert, aber andererseits auch interessant macht. Riesling in allen Geschmacksrichtungen ausbauen zu können ist eine echte Herausforderung.« Weingart nimmt sie Jahr für Jahr an. Bis zu 14 verschiedene Spätlesen mit Lagenbezeichnung produziert der junge Winzer.

»Das, was der Boden hergibt, ist wichtig. Erst ab einem bestimmten Reifegrad tritt die Herkunft in den Vordergrund. Bei gesundem, reifem Lesegut entsteht ein ganz spezieller Geschmack. Die Lese muss also möglichst spät stattfinden. Vom Potenzial fallen uns die halbtrockenen und süßen Weine am Mittelrhein leichter. Die knackige Säurestruktur macht es trockenen Weinen manchmal schwer, den Alkohol und die Frucht entsprechend einzubinden. Ich liebe die trockenen Rieslinge, denn sie sind für jeden Winzer eine große Herausforderung. Aber ich möchte auch die restsüßen Spätlesen nicht aus den Augen verlieren.«

Florian Weingart lässt sich nur ungern auf einen Stil festlegen, und das macht seine weitere Karriere so spannend. »Muss man Rieslinge überhaupt auf Typen festlegen? Ein Weintyp wächst und wird nicht gemacht«, sagt er voller Überzeugung.

Wilhelm, Thomas und Oliver Haag

WEINGUT
FRITZ HAAG – DUSEMONDER HOF
WEINGUT SCHLOSS LIESER

Dass sich Talente vererben können, erkennt man spätestens dann, wenn man Rieslinge aus den Weingütern Fritz Haag und Schloss Lieser probiert hat. Gehörten die Weine von Wilhelm Haag schon über Jahrzehnte zur nationalen und internationalen Oberliga, so sind die beiden Söhne Thomas und Oliver schnurstracks in die Fußstapfen des Moselaner Altmeisters getreten, ohne dabei den Boden unter den Füßen zu verlieren. Wilhelm Haag ist stolz auf seine beiden talentierten Junioren und weiß seine Weinphilosophie in guten Händen. Ist dies der Beginn einer erfolgreichen Mosel-Winzerdynastie?

Nur ein paar Kilometer vom heimatlichen Brauneberg entfernt hat Thomas Haag zusammen mit seiner Frau Ute das Weingut Schloss Lieser reaktiviert und in kürzester Zeit in die Qualitätsspitze der Mosel gebracht. Leichte, finessenreiche Rieslinge, ohne auf Geschmack zu verzichten, das liegt dem jungen Winzerpaar am Herzen. Und das machen sie auch: herrlich frische Rieslinge, die neben Mineralität eine beschwingte, delikate Fruchtvielfalt besitzen und dabei auch tiefgründige Eleganz andeuten, ohne mit Alkoholwerten zu protzen. »Der Kabinettstil ist ganz wichtig, darauf möchte ich nicht ver-

Die Spitzenlage Brauneberger Juffer Sonnenuhr bringt Jahr für Jahr feinfruchtige, delikate Rieslinge hervor

zichten«, sagt Thomas Haag. »Blitzblank, in Edelstahl vinifiziert und ohne viel Technik auf den Weg gebracht.«

Diese kristallklare Fruchtigkeit kennzeichnet auch seine Spätlesen. Vor allem die Rieslinge aus der von Schiefer geprägten Lage Brauneberger Juffer Sonnenuhr präsentieren sich noch deutlicher über die Frucht als die Weine aus den etwas erdreicheren Lieser Lagen. »Nur der Riesling kann diese feinen fruchtigen Unterschiede herausarbeiten«, sagt Haag.

Dieser Ansicht ist auch sein Bruder Oliver, der gerade ins elterliche Weingut in Brauneberg eingestiegen ist. Die graue Eminenz denkt deswegen noch lange nicht an den Ruhestand. Wilhelm Haag ist zu sehr Persönlichkeit, um sich als Zuschauer aufs Altenteil zurückzuziehen.

»Ich bin an allen Geschmacksmoden vorbeigegangen, denn der Boden liefert die Vorgaben für meinen Weinstil, und dem habe ich mich anzupassen. Brauneberg ist nicht für große trockene Weine geeignet. Das geht nicht.«

Muss auch nicht sein. Haags restsüße Rieslinge sind von solcher Strahlkraft und Brillanz, dass man fast vergessen könnte, dass es überhaupt trockene Weine gibt. »Konzentration von Frucht und Finesse, ohne breit und ausladend zu wirken, dagegen pure Leichtigkeit mit einem Schuss Mineralität. Diese restsüßen Rieslinge kann uns keiner nachmachen«, da sind sich Vater und Sohn einig. Für Oliver Haag sind deswegen die Moselklassiker »interessant genug, um das Weingut auf dem bewährten Kurs zu halten. Wir bleiben leicht und filigran.«

Das wäre dann tatsächlich der Beginn einer erfolgreichen Winzerdynastie, und die Zeichen stehen gut. Denn auf die außergewöhnlich konstante Qualität der Haagschen Weine war bislang immer Verlass.

Andreas Spreitzer führte den Rheingauer Familienbetrieb zu neuen Meriten

Andreas Spreitzer
Weingut Josef Spreitzer

Natürlich kennt man das Weingut Spreitzer, denn jeder, der auf der Straße zwischen Oestrich und Winkel fährt, schaut unwillkürlich auf die beiden markanten Häuser. Auch die Weine des Rheingauer Familienbetriebs kennt man, spätestens seit Ende der 1990er Jahre. Damals nämlich hat Andreas Spreitzer mit seinen Rieslingen für Aufmerksamkeit gesorgt und sich langsam, aber sicher in die Spitzengruppe der Rheingauer Winzer geschoben. Ein talentierter und erfolgreicher junger

Winzer, der gemeinsam mit seinem Bruder das väterliche Weingut aufpoliert hat. Gute Weine gab es bei den Spreitzers schon immer, aber jetzt haben die Brüder kräftig zugelegt.

»Rheingauer müssen nicht immer trocken sein, ein bisschen Restsüße steht auch dem Riesling aus unseren Breiten gut. Letztendlich hängt es vom Boden ab, wie die Trauben schmecken. Man muss den Weinberg sehr genau beobachten und am besten akribisch Buch über seine Besonderheiten und das Wachstum in jeder Parzelle führen. Erst wenn ich verstehe, was dort passiert, entscheide ich über den Ausbau der Weine. Aufgrund der Eisenanteile und der Kieselsteinchen, die für ein hohes Maß an Mineralität sorgen, entsteht im Eiserberg ein besonders feiner restsüßer Riesling.«

Den nennt Andreas Spreitzer »303«, angelehnt an ein legendäres Mostgewicht, das sein Großvater in diesem Weinberg erreichte. Das war 1920, und von dem edelsüßen Wein gab es damals rund 600 Liter. Seit dem Jahr 2000 heißt die facettenreiche, restsüße Spätlese aus der alten Weinbergslage Eiserberg, die schon 1867 in der preußischen Gütekarte verzeichnet war, »303«. Den Namen Eiserberg darf Spreitzer nicht verwenden, weil mit der Flurbereinigung alle Parzellen im Oestricher Lenchen zusammengefasst wurden.

»303« ist ein geniales Zusammenspiel von Süße, Säure und Frucht, spontan vergoren, erfrischend am Gaumen und lässt ein bisschen den finessenreichen Moselstil anklingen. »Aber Hauptsache Riesling, denn er zeigt in allen Gebieten und Regionen der Welt seine erstklassigen Fähigkeiten in vielen Varianten, und dennoch weiß jeder, was ihn erwartet. Eben Riesling.«

Daniel und Martha Gantenbein

WEINGUT GANTENBEIN

Martha und Daniel Gantenbein sind in der internationalen Weinszene bekannt wie der sprichwörtliche bunte Hund. Das liegt aber nicht nur am unverkennbaren Schweizer Akzent, der in diesen Kreisen nur selten zu hören ist. Die außerordentlichen Pinots noirs des Winzerpaares sind gesucht und erfreuen sich weltweit großer Beliebtheit. Die Ganten-

Schweizer Urgestein und überzeugter Riesling-Fan: Daniel Gantenbein

beins sind dazu als echte Genussmenschen und absolute Qualitätsfanatiker bekannt und nebenbei als überzeugte Riesling-Freaks. Nicht nur, dass sie Riesling für ihr Leben gern trinken, sie bauen die Rebsorte auch selbst an. Das macht sie zu Exoten, denn das kleine Dorf Fläsch, die nördlichste Gemeinde im Kanton Graubünden, gilt nicht unbedingt als Riesling-Hochburg. Schon gar nicht für Rieslinge im restsüßen Moselstil. »Mit dem Weintrinken haben wir irgendwann natürlich auch Riesling entdeckt, und zwar Mosel-Rieslinge«, sagt Martha Gantenbein. Sie erinnert sich noch genau an das Schlüsselerlebnis. »Es war eine 1983er Maximin Grünhäuser Abtsberg Riesling-Auslese.« Ein Geschmackserlebnis mit Folgen. »Wir fragten uns, ob so ein Wein auch bei uns möglich wäre«, sagt Daniel Gantenbein. »Keine Kopie, aber ein leichter, eleganter Riesling mit Restsüße im Stil der Mosel. Wir kauften uns Riesling-Reben an der Mosel und pflanzten sie in der Lage Wiesli, ein Wingert mit spartanischem Schieferboden, ohne Humus, in einer Höhe von 550 Meter. Natürlich stand am Anfang die bange Frage: Was kommt aus diesem Boden? Die Antwort kam 1997 mit dem ersten Riesling. Mineralreiche, fruchtige Weine mit feinen Schiefernoten. Die Restsüße bestimmen wir rein degustativ, also ohne Analysewertbestimmung.« Gantenbeins restsüße Rieslinge gibt es nur in Spätlese- oder Auslesequalität.

»Wir möchten uns mit Riesling als Schweizer Winzer ein Stück selbst verwirklichen, und natürlich ist es eine Hommage an eine ganz besondere Rebsorte. Unser Traum ist es, einmal eine Beerenauslese machen zu können, aber wir bekommen in unserem Klima kaum Botrytis. Aber Riesling ist eigentlich in allen Qualitätsstufen gut, er kann relativ einfach sein und trotzdem Spiel und Finesse zeigen. Er muss uns einfach schmecken, dann ist es für uns ein guter Wein.«

Hermann J. Wiemer

HERMANN J. WIEMER VINEYARD

Seine Wurzeln kann Hermann Wiemer fürwahr nicht verleugnen. Der gebürtige Moselaner wanderte 1968 in die USA aus und gründete ein paar Jahre später ein Weingut und eine Rebenzucht an der Westseite des Seneca Lake. Kein Wunder, dass Rieslinge in seinem Betrieb eine Rolle spielen, immerhin ist Wiemer in Bernkastel aufgewachsen. Rund 18 Hektar Weinberge bewirtschaftet Wiemer heute, aus denen die ersten trockenen Rieslinge der Region Finger Lakes kamen. »Weine in europäischer Tradition«, nennt er ganz selbstbewusst seine Gewächse, nach denen die Riesling-Fans jenseits des Ozeans schon mal Schlange stehen.

Wiemer ist trotz der Popularität seiner Weine und Auszeichnungen wie »Winery of the Year 2003« bodenständig geblieben. Einen Großteil der Arbeiten erledigt er selbst, und auch bei der Lese packt Wiemer tatkräftig mit an.

Kein Weingutsmanager im Businessanzug, eher doch der Winzer von der Mosel mit direktem Bezug zum Produkt. Unter dem Namen Johannisberg-Riesling erzeugt Wiemer trockene und halbtrockene Qualitäten, dazu saftige Spätlesen und, wenn es die Natur hergibt, auch Eisweine.

Von einem importierten Moselstil zu sprechen, wäre sicher etwas übertrieben. Aber die Fruchtigkeit der Rieslinge, teils aus Botrytistrauben, lässt schon erkennen, dass hier einer eine neue Heimat gefunden hat, ohne zu verstecken, dass er aus dem klassischen Riesling-Land kommt.

KOMPLEXE ELEGANZ

Die großen trockenen Rieslinge

Immer wieder tauchen in Weinbeschreibungen die Begriffe »komplex« und »elegant« auf. Beide Attribute auf einen Riesling übertragen, ergeben in der Regel einen großen, extraktreichen Wein mit Tiefgründigkeit und Charakter, der sicherlich zu den gefragtesten, aber auch zu den schwierigsten gehört.

Reduzierte Ernteerträge und eine strenge Selektion während der Lese sind Bedingung. Denn die Geschmacksdichte der reifen Trauben und damit des Fruchtkörpers zählt mehr als gesetzlich vorgeschriebene Mostgewichte. Gesunde Trauben ohne Fäulnis garantieren die strahlende Eleganz und sind Voraussetzung für Rieslinge dieses Typs: Sie sind eine Synthese aus Frucht, Kraft, Komplexität und Eleganz.

Oft zeigen sich diese Weine in ihrer Jugend noch verschlossen und deuten lediglich eine verborgene Idee ihrer Vielschichtigkeit an. Die Nase bekommt zunächst einen dezenten Eindruck von den reichhaltigen, oftmals noch zurückhaltenden Dufteindrücken und den facettenreichen Aromendimensionen, die sich schon im Bukett verbergen. Ein solcher Riesling vermittelt einen ganzen Strauß an unterschiedlichen Düften, die fein geschichtet übereinander liegen und sich ergänzen, ohne auf die Riechnerven schwerfällig oder gar überladen zu wirken.

Der Geschmackssinn möchte diese Vielfalt unweigerlich erfassen und zuordnen, jedem einzelnen Aroma auf die Spur kommen und es benennen. Man versucht unweigerlich, das vielschichtige, komplexe Bukett im eigenen Schubladensystem der Gerüche und Aromen einzuordnen, um den Wein entsprechend verstehen zu können.

Die Komplexität liegt in der perfekten Integration der unterschiedlichen Elemente und in der Verknüpfung von verschiedenen Teilen zu einem Ganzen, zu einem Frucht- und Aromencocktail eben, der enorm vielschichtig aufgebaut ist. Dabei ist Rückgrat gefragt, eine feste Säurestruktur, die das Filigrane, das Brillante und das Tiefgründige des Rieslings unterstreicht und in einer festen, komplexen Struktur zusammenhält.

ELEGANZ UND CONTENANCE

Die Eleganz, die dieser Komplexität die selbstbewusste Zurückhaltung verleiht, ist die zweite wichtige Komponente dieser Kategorie. Wie nehmen Nase und Gaumen die Aromen auf, in welcher Intensität präsentiert sich der Riesling? Mit einer gewissen Contenance, ohne dabei an aromatischer Aufmerksamkeit einzubüßen! Denn die klaren Fruchtaromen werden vom Geschmacksträger Alkohol gestützt, der weder massiv noch drückend auf die Struktur des Weins wirkt, sondern in moderaten Volumenprozenten eine geschmackliche Dynamik und ein ausgeprägtes Geschmacksgefühl, das man unweigerlich mit dem Wort Eleganz assoziiert, in den Riesling einbringt.

GEDULD IST ALLES

Komplexe und elegante Rieslinge verlangen vom Winzer Leidenschaft und Geduld. Die lange Vegetationsperiode, die der Riesling in den nördlichen Anbaugebieten findet, bietet die Chance, die physiologische Reife der Trauben auszureizen, ohne dass dabei die Zuckergrade in die Höhe schnellen und damit unter dem Einfluss der Gärung einen hohen Alkoholanteil zur Folge hätten. Je später der Erntezeitpunkt, je näher die Beeren an die Vollreife kommen, umso ausgeprägter und intensiver entwickeln sich die Aromastoffe, die diesem Weinstil die gewünschte Eleganz und die außerordentliche geschmackliche Vielschichtigkeit verleihen.

Es ist ein langsames, aber beständiges Reifen, das – je näher das Ende der milden Herbstwitterung rückt – auch immer die Gefahr eines plötzlichen Fäulnisbefalls in sich birgt. Deshalb werden diese großen Rieslinge sehr oft an der Grenze des Machbaren erzielt, im Ausreizen des Maximalen.

Für den Winzer geht es ums Ganze, denn in diesen alles entscheidenden Wochen kann auch alles verloren gehen. Es ist eine ununterbrochene Gratwanderung, und nicht umsonst haben sich Winzer genau diesem Riesling-Stil verschrieben, weil sie diese ständige Herausforderung lieben. Und sie schaffen es Jahr für Jahr aufs Neue, trotz wechselnder Klimabedingungen und anderer Unwägbarkeiten elegante, komplexe Weinpersönlichkeiten zu erzeugen.

Diese eleganten, kraftvollen – in der Regel trockenen – Weine besitzen Lebensdauer und passen zudem hervorragend zum Essen. Denn der gut akzentuierte Alkohol, die delikate Säurestruktur und die Komplexität und Vielschichtigkeit der Aromen bieten ein geschmacklich selbstbewusstes Gegengewicht zu vielen Speisen.

Philipp Wittmann
WEINGUT WITTMANN

Philipp Wittmann macht einen sympathischen Eindruck. Ein gut aussehender junger Mann mit Format und Stil. Jemand, dem man die mühselige Arbeit im Weinberg nicht ansieht, nicht den Winzer in ihm vermutet. Man muss zuallererst Wittmanns Weine probieren, um den Winzer Wittmann kennen zu lernen und um seine Ideen über Gott und die Welt und seine Gefühle gegenüber dem Weinberg und seiner Heimat verstehen zu können: Rheinhessen. Wittmann lacht, wenn man ihm den Gebietsnamen fast vorwurfsvoll entgegenhält. »Heimat ist die Herausforderung, aus dem Traditionellen etwas Neues zu machen«, sagt Wittmann, und es klingt rundum

überzeugend. Denn der junge Winzer hat aus dem alteingesessenen Familienbetrieb am Ortsrand von Westhofen eine der besten Riesling-Adressen in Rheinhessen, ja in ganz Deutschland gemacht. Die Basis für den Erfolg des Juniors, der 1999 seinen ersten Wein auf die Flasche brachte, haben jedoch Vater und Großvater gelegt. Ihre Weine liegen heute fein säuberlich aufgereiht in der Schatzkammer im alten Kellergewölbe. »Als Winzer kann ich mich austoben«, sagt Philipp Wittmann, »das bietet mir eine unglaubliche Flexibilität und die Möglichkeit, meine Ideen auf engstem Raum umzusetzen.« Die Hälfte seiner Rebfläche ist mit Riesling bestockt, die Wittmann nach strengen biodynamischen Gesichtspunkten pflegt.

»*Trockene Weine können unser Terroir besser dokumentieren, weil der Riesling in diesem Stil die richtigen Worte findet und von seiner Herkunft erzählt. Meine Aufgabe als Winzer sehe ich in der Geduld, die Rieslinge einfach werden zu lassen, damit sie etwas von ihrer Herkunft erzählen. Und damit auch mehr von mir.*«

Es sind diese eleganten, komplexen Rieslinge aus der Lage Westhofener Morstein, die Wittmann als Sprachrohr seines Talents nutzt. Weine, die kompakt erscheinen, die zupacken, die mitnehmen. Weine, die ihre Struktur gleichmäßig über eine feine Mineralität, eine ausgereifte Frucht und eine ansprechende Säure verteilen. »In 25 Jahren weiß ich, ob ich mit meinen Rieslingen auf dem richtigen Weg war«, sagt Wittmann, obwohl er ganz genau weiß, dass sein Riesling geradezu süchtig macht. Bescheidenes Understatement. Typisch für Rheinhessen. Hier tut sich wirklich eine ganze Menge in Sachen Riesling.

Qualitäts-Schrittmacher in Rheinhessen: Philipp Wittmann

Hansjörg Rebholz hat in der Südpfalz neue Akzente gesetzt

Hansjörg Rebholz
Weingut Ökonomierat Rebholz

»*Die Südpfalz liegt näher am Elsass als am Rheingau. Vielleicht verkörpern wir einfach einen Geschmacksstil dazwischen: kraftvoll, dicht, dabei komplex und elegant. Rieslinge lassen sich nicht einfach in ein regionales Schema pressen, sie sind vielmehr ein Spiegelbild verschiedener Faktoren. Mit Riesling kann ich die gesamten Komponenten eines Weinbergs, also Boden, Klima, Topographie und geografische Lage, so herausarbeiten, dass man die Herkunft riechen und schmecken kann. Ich bin davon überzeugt, dass*

123

vor allem die Lage, also der Ort, wo die Rebe im wahrsten Sinne des Wortes ihre Wurzeln hat, den Wein prägt. Klar gehört auch das dazu, was rund um den Boden passiert: Wie läuft das Wasser durch den Boden, wie fallen die Winde ein, und wie machen sich die Wettereinflüsse bemerkbar? Dazu hängt es vom handwerklichen Geschick des Winzers ab, wie er mit diesen Vorgaben umgeht, wie er das interpretiert, was die Natur ihm vorgibt. Obwohl diese Einwirkungen von Jahr zu Jahr unterschiedlich ausfallen, sollte die Charakteristik der Lage unbedingt schmeckbar sein. Es geht um die Wiedererkennbarkeit. Ich finde es faszinierend, wenn man den Kastanienbusch schmecken und als Weinbergslage benennen kann. Beim Riesling ist mir eigentlich erst in den letzten Jahren klar geworden, wie wichtig die Unterschiede sind. Ich versuche mehr und mehr, dem Riesling eine mineralische Note mit auf den Weg zu geben, weil ich damit am besten seine Herkunft herausarbeiten kann. Ich habe bei meinen Weinen schon immer auf Langlebigkeit gesetzt. Es gibt viele Beweise, wie fantastisch Weine al-

tern, die auf diese Weise hergestellt worden sind. Ich mache heute eigentlich nichts anders als mein Vater und Großvater. In einigen Punkten versuche ich allerdings, meine Arbeit zu perfektionieren. Die Voraussetzung ist kompromisslos sauberes Lesegut. Und dafür verwenden wir viel Zeit und Arbeit im Weinberg. Erst dann können Weine entstehen, die langlebig sind und sich im Alter weiterentwickeln. Das Aroma meiner Rieslinge muss nachvollziehbar sein, es muss den Charakter des Weins ausmachen und die Spannung erzeugen, die Lust auf den zweiten und dritten Schluck macht. Auch noch nach Jahren.«

Werner Schönleber
WEINGUT EMRICH-SCHÖNLEBER

Er ist ein alter Hase in Sachen Riesling und hat fast alles erreicht, was man in einem Winzerleben erreichen kann. Werner Schönleber ist einer der nachdenklichen deutschen Spitzenwinzer, die ihre Arbeit ständig hinterfragen, obwohl gerade ihre Rieslinge von solch überwältigender Klarheit und Eleganz sind, dass man am liebsten alles um sich herum vergessen möchte. »Trinkspaß«, nennt das Schönleber, »schon Goethe hat an den Monzinger Rieslingen Gefallen gefunden. Meine Weine sind nie breit und ausladend, sie fließen schlank über die Zunge, animieren im Mittelteil und verabschieden sich mit einem mineralischen Abgang. Alles zusammen soll zum Trinken anregen, denn dafür wird Wein gemacht.«

Werner Schönleber: Garant für komplexe, elegante Rieslinge mit hervorragendem Potenzial

Seinen ersten Jahrgang brachte Schönleber im Jahr 1971 auf die Flasche, da war er gerade erst 19 Jahre alt. Seitdem hat er sich permanent gesteigert, gehört heute zu den Besten seiner Zunft. Jahr für Jahr serviert er der Weinwelt Spitzenkollektionen, vom einfachen Gutsriesling über elegante Große Gewächse bis hin zu finessenreichen Edelsüßen.

»Monzingen war immer für Riesling bekannt, mal mehr, mal weniger. Ich bin hier mit Riesling groß geworden und habe gesehen, dass an den steilen trockenen Hängen nichts anderes als Riesling wachsen kann. Der Hungerkünstler Riesling ist genügsam, zeigt dennoch im Glas seine nuancenreiche Vielfalt: pure Mineralität, eine pikante, geschliffene, fast polierte Säure, dazu feinfruchtige, ungeheuer vielschichtige Aromen mit komplexer Eleganz.«

Wer einige Jahre warten kann, wird erleben, dass gerade bei Schönlebers gereiften, großen trockenen Rieslingen die Freude am Trinken besonders groß ist.

Heinrich Breuer führt eines der bekanntesten deutschen Weingüter

Heinrich Breuer
WEINGUT GEORG BREUER

Burgund, Montpellier, Kanada, USA: Die Brüder Heinrich und Bernhard Breuer waren schon in den frühen 1960er Jahren in Sachen Wein unterwegs. »Damals konnten wir zwar nicht alles verstehen, vieles war neu, und manche Dinge hatten wir vorher noch nie im elterlichen Weingut gesehen. Doch die Zeit im Ausland hat unseren Weinweg geprägt.« Dazu gehört sicher auch die Idee der »Cru-Weinberge«, zu denen die Rüdesheimer Spitzenlagen Rottland, Roseneck und Schlossberg zählen. Nicht zu vergessen der Nonnenberg in Rauenthal, ein Weinberg, dessen Geschichte bis ins 12. Jahrhundert zurückgeht.

»Alle Riesling-Crus werden im traditionellen Holz ausgebaut. Der mögliche Sauerstoffaustausch gegenüber Stahltanks macht die Rieslinge komplexer in der Frucht, stabiler in der Struktur und lässt sie besser reifen. Haben wir allerdings das Gefühl, dass der Holzeinfluss für den Riesling zu groß geworden ist, wird der Wein auch schon mal kurzfristig in Stahl ausgelagert. Riesling reagiert sofort auf die kleinsten Veränderungen. Der Winzer muss dem Riesling optimale Bedingungen schaffen, damit er sich entfalten kann. Dann zeigt er eine großartige geschmackliche Vielfalt und man kann deutlich die Unterschiede zwischen den einzelnen Lagen feststellen. Manchmal geht es nur um 100 Meter Distanz. Man kann es sogar kurz vor der Lese an den Trauben schmecken. Wenn man ihn lässt, behält der Riesling immer den Charakter aus seinem Weinberg. So ge-

sehen ist er eine treue Seele, die nie verleugnet, woher sie kommt. Mein Favorit ist der Rüdesheimer Berg Schlossberg, vielleicht auch, weil er die schwierigste Lage ist, die wir besitzen. Der Nonnenberg reagiert dagegen eher unproblematisch. Man muss viel Arbeit, Mühe, aber auch Gedankengut in den Schlossberg investieren, um zur Erntezeit belohnt zu werden. Wahre Meisterstücke eines Berges, der den Riesling nutzt, um sein Terroir im Wein auszudrücken. Seit 1980 werden die Schlossberg-Rieslinge mit Künstleretiketten ausgestattet. Das war die Idee meines Bruders, und an dieser Tradition werden wir auch in Zukunft festhalten. Der Rüdesheimer Berg Schlossberg 2002 war auch der letzte Wein, den er vor seinem plötzlichen Tod vinifiziert hat.«

Eines der vielen vinologischen Glanzstücke, die an den großen Riesling-Winzer Bernhard Breuer erinnern.

Andreas Laible
Weingut Andreas Laible

Baden gilt unter den deutschen Anbauregionen nicht gerade als Riesling-Hochburg, aber das Weindorf Durbach und der Riesling sind traditionell eng verbunden. Früher hieß die Rebe hier Klingelberger, und die Weine wurden klassisch mit einer leichten Süße ausgebaut. »Die Rieslinge waren dadurch einfach mundgerechter«, erzählt Andreas Christian, der nach seinem Abschluss als Weinbautechniker eine Lehrzeit bei Willi Bründlmayer im Kamptal absolvierte, bevor er in den elterlichen Betrieb einstieg. »Bedingt durch die zunehmende Vorliebe für trockene Weine in den 1990er Jahre änderte auch mein Vater seinen Riesling-Stil. Wir entdeckten, dass ein trockener, von der überdeckenden Süße befreiter Riesling seine herrlich intensive Mine-

ralität viel besser zum Ausdruck bringen kann.«

Nach diesen Erfahrungen verschrieb sich Andreas Laible ganz dem trockenen Riesling und entwickelte sich in den vergangenen Jahren zum Riesling-Star in Baden. »Ich suche nach brillanten, lupenreinen Rieslingen, die völlig unverfälscht sind.« Daran arbeitet er akribisch. Nach und nach wurden die Holzfässer aus dem Keller entfernt und durch Stahltanks ersetzt. »Wir verfügen über viele unterschiedliche Gebindegrößen, um jede Parzelle individuell ausbauen zu können.« Bei sieben Hektar ein immens hoher Arbeitsaufwand in der felsenreichen Steillage Plauelrain.

»Wichtig ist uns die Vielfalt, die Riesling bieten kann. Deshalb haben wir entsprechende Klone aus anderen Gebieten gepflanzt, die uns die gewünschte Feingliedrigkeit in den Riesling zaubern. Der heiße Sommer 2003 war im Plauelrain zum Beispiel ein Moseljahr, die Reben brachten von sich aus mehr Säure mit, was sich geschmacklich herrlich lebhaft auswirkte. Wir wollen weg vom Schema F, sind eher auf der Suche nach etwas Neuem, etwas, was eben nicht jeder macht.«

Toni Bodenstein
Weingut Prager

Für Toni Bodenstein könnte es keinen passenderen Namen geben. Er ist ein wandelndes Lexikon zum Thema Geologie, Terroir, Geschichte und Kultur. Und ein ständiger Mahner, wenn es um eine genetische Verarmung durch neue Klone geht. »Die alten Reben verstehen den Boden in all seiner Unterschiedlichkeit«, sagt Bodenstein. Seine eleganten Rieslinge aus den Rieden Steinriegl, Kaiserberg, Achleiten und Klaus sind sehr differenzierte, fruchtkomplexe Meisterwerke mit ei-

Die Wachau ist nicht nur Weltkulturerbe, sondern auch Weltweinregion mit eigener Identität

ner feinen Mineralität. Schmeckbare Botschafter aus der Tiefe des Vulkanbodens. Eben echte Bodensteiner.

»Ich möchte das Gesicht des Rieslings in die Flasche bringen, Eleganz und Finesse herausarbeiten, gerade bei einem armen Boden mit geringer Auflage. Unsere sieben verschiedenen Smaragde sind deshalb ein Abbild der jeweiligen Lagen. Sie sollen zeigen, wie unterschiedlich die Bodenformationen und das subtile Mikroklima den Riesling ohne Schminke prägen.«

Das sind im traditionsreichen Weingut Prager nicht immer trockene Qualitäten. Bodenstein hat vor rund zehn Jahren die erste Trockenbeerenauslese der Wachau produziert.

»Es ist wichtig, dass wir dem Riesling eine Chance geben, Maximales aus seinem Repertoire zu zeigen. Wenn man sich als bedeutende Riesling-Region weltweit platzieren möchte, muss man

auch Extreme erarbeiten und edelsüße Spitze zeigen können. Die Spannung der Rebsorte liegt doch gerade darin, wie unterschiedlich sie in den verschiedenen Regionen Europas im Gegensatz zur Neuen Welt wächst. Die alten Regionen haben eine Eigenständigkeit, die sie bewahren müssen. In unseren Steillagen triumphiert die Individualität, hier sind Rebe und Winzer gefordert, den schwierigen Bedingungen einen Wein abzutrotzen, der das mitteilt, was die Wachau ausmacht. Der Riesling will ein bisschen Pein haben, er mag keinen Luxus. Der intelligente Winzer zeigt Risikobereitschaft und überlässt der Natur das, was andere im Keller hinzufügen.«

Die Wachau ist Weltkulturerbe und damit mehr als ein Ausflugsziel für Touristen. Sie ist, wie Bodenstein sagt, »eine Weltweinregion, die ihre Identität nicht nur ausleben darf, sondern sie entsprechend weitergeben muss.«

127

Martin Nigl
WEINGUT MARTIN NIGL

Vor einigen Jahren gab es bei einer Blindverkostung einen Überraschungssieger, der in Deutschland noch relativ unbekannt war. Das Weingut Nigl aus dem kleinen Ort Priel im österreichischen Kremstal ließ die Konkurrenz blass aussehen und überzeugte die hochkarätig besetzte Jury. Das war nicht das erste Mal, dass Martin Nigl still und leise seine hoch eingeschätzten Kollegen aus dem Feld schlug. Seit Jahren produziert dieses Weingut mit beeindruckender Kontinuität Rieslinge von herausragender Qualität, die erst mit der Zeit ihre großartige Form entwickeln.

»Fruchtbetonte, geschliffene, mineralische Rieslinge, die nicht zu opulent sind. Das entspricht meiner Weinvision. Die Weine müssen von ihrer zarten Frucht und komplexen Eleganz leben.«

Martin Nigl hat ideale Voraussetzungen, seine Vision in die Tat umzusetzen. Wenige Kilometer nördlich von Krems schmiegen sich seine terrassierten Weinbergslagen an die geschwungenen Hänge.

»Die Urgesteinsböden sorgen für ausreichende Mineralität. Die Stärke des Rieslings ist – neben der präsenten Mineralität – seine markante Frucht, die er im besten Fall glockenklar und messerscharf präsentiert. Weil wir das herausstellen wollen, werden unsere Rieslinge reduktiv im Stahltank ausgebaut.«

Die Nigls sind ein echter Familienbetrieb. Sohn Josef ist für die Bewirtschaftung und Pflege der Weinberge zuständig, Ehefrau Christine sorgt gemeinsam mit ihrem Mann für die entsprechende Vermarktung der Weine. Die Eltern Josef und Gisela haben einst den Grundstein für den Erfolg gelegt und helfen noch immer, wo Not am Mann ist.

»Für unsere Rieslinge wünschen wir uns tendenziell eine trockene Ausrichtung, obwohl sie sicherlich zarter und feingliedriger sind als die opulenten Wachauer Pendants. Trotz der hohen Lagerfähigkeit verschließen sich auch diese Rieslinge irgendwann und legen sich für einige Jahre zur Ruhe. Eines aber ist sicher: Sie wachen wieder auf und belohnen den Geduldigen!«

Jeffrey Grosset
GROSSET WINES

Als Jeffrey Grosset Anfang der 1980er Jahre sein Weingut gründete, hatte er eines klar im Visier: Spitzenqualität. Für einen australischen *winemaker* zunächst kein abwegiges Ansinnen, aber Grosset wollte einen Wein erzeugen, dessen Charakter deutlich von dem Zusammenspiel Rebsorte und Terroir geprägt sein sollte. Warum also keinen Riesling?

Heute produziert Grosset die feinsten trockenen Rieslinge auf dem fünften Kontinent, natürlich in entsprechendem Klima und auf entsprechenden Böden. »Auch wenn die Weinwelt damals von australischem Riesling kaum Notiz nahm, gehört er heute unbedingt in die weltweite Riesling-Szene, und das Potenzial ist noch lange nicht ausgeschöpft.« Man darf also von Australien in Sachen Riesling noch einiges erwarten.

Was Grosset bisher umgesetzt hat, ist wirklich beeindruckend. Sein Riesling Polish Hill ist ein durchaus kräftiger Wein, dessen gradlinige Struktur die feinfruchtigen klassischen Aromen der australischen Rieslinge elegant einbindet. Er wächst auf steinigen, mit Quarzit-, Kalk- und Lehm durchsetzten Schieferböden. »Da steckt Reifepotenzial drin. Auch nach Jahren spielt der Riesling seine Stärke aus und glänzt mit gereifter Frucht, Honig und dem typischen Limonenaroma.« Nur handverlesene reife Trauben aus einer späten Ernte kommen in die Weine. In manchen Jahren entwickelt sich in den Weinbergen Botrytis, und die Rieslinge zeigen eine feine Restsüße. Um Fruchtigkeit und Eleganz zu wahren, baut Grosset seine Rieslinge ausschließlich im Stahltank aus. Alle Weine kommen mit Schraubverschlüssen auf den Markt. Er ist der Meinung, dass gerade die zarten, feinfruchtigen Rebsorten wie Riesling und Sauvignon blanc mit niedrigen Extraktstoffen ausgesprochen anfällig für Korkprobleme sind. Das ist ein Stück einfache, vielleicht auch unorthodoxe Modernität in der Weinentwicklung, mit der man im traditionellen Europa erst noch lernen muss, gelassen umzugehen.

Pierre Trimbach produziert den legendären Clos Ste Hune

Pierre Trimbach
WEINGUT F. E. TRIMBACH

Clos Ste Hune ist Elsässer und einer der berühmtesten Rieslinge der Welt. Eigentlich müsste er Grand Cru Rosacker heißen, benannt nach seinem Herkunftsort nördlich von Hunawihr, einem kleinen Dorf zwischen Ribeauvillé und Riquewihr. Seit 1919 werden die Rieslinge aus dieser nur knapp über einen Hektar großen Parzelle unter dem Namen Clos Ste Hune vermarktet, obwohl der Weinberg kein offizielles »Clos« im burgundischen Sinne ist. Aber er ist durch eine kleine Mauer abgegrenzt, und der Wein ist unter diesem Namen zu einer weltbekannten Marke geworden. Ein diffiziler, eleganter Riesling, der ungefragt seine Herkunft mitteilt und schier endloses Reifevermögen besitzt – sogar in scheinbar schlechten Jahren. Die Reben stehen auf Muschelkalk und Lettenkeuper, was dem Wein ein leicht würziges Pfefferbukett mitgibt. Pierre Trimbach ist es wichtig, auf die Reifezeit hinzuweisen:

»Mit zunehmendem Alter rundet sich das Aroma und bringt elegante, vielschichtige und vor allem mineralische Noten zum Ausdruck. Leider gibt es zu wenig Clos Ste Hune, um die weltweite Nachfrage zu befriedigen. Die Erntemenge schwankt je nach Jahrgang. Konstant ist allerdings das außergewöhnliche Potenzial, das der Riesling aus dem Terroir zieht. Clos Ste Hune ist ein großer trockener, sehr eleganter Wein. Seine wahre Größe zeigt der Clos Ste Hune erst nach einigen Jahren der Lagerung. Wir verkaufen ihn rund vier Jahre nach der Ernte. Wer dann noch ein paar Jahre warten kann, dem zeigt sich eine einzigartige komplexe und elegante Frucht, dazu eine fein geschliffene Säure, die der Riesling aus diesem kleinen Stückchen Erde ziehen kann.

BAROCKE
MONUMENTE

Verspielte Wucht und Kraft

Wenn Rieslinge als »barocke Monumente« bezeichnet werden, dann schwingt etwas Ehrfürchtiges in dieser Beschreibung mit. Denn Monumente sind in der Regel gewaltige Denkmäler und herausragende Erinnerungszeichen mit Symbolcharakter. Monumente wirken prägend auf einen Ort und scheinen für die Ewigkeit gemacht. Kommen dazu die Stilelemente des Barock, wird die Aufmerksamkeit des Betrachters mit üppigen, verschnörkelten Ausstattungen und Ornamenten in geschwungenen, ausladenden Formen angesprochen. Diese fast überschäumende Detailversessenheit löst sich jedoch meist in einer beeindruckend klaren Gesamtdarstellung auf.

Es gibt Rieslinge, die einen Resonanzboden besitzen, um all diesen Schwingungen entsprechend Raum zu lassen. Üppige Rieslinge, die gleichermaßen Größe, Wucht und Verspieltheit aufweisen und in der Erinnerung Akzente setzen, weil sie nur langsam und behutsam ihre faszinierende Strahlkraft entfalten. Es ist die Tiefe des Weins, die den monumentalen Charakter prägt, eine Tiefe, die anfangs etwas unbeweglich, ja sogar überladen, fast behäbig wirken kann, aber mit zunehmender Flaschenreife an Frische gewinnt.

Barocke Riesling-Monumente versprechen keinen unkomplizierten und leichten Trinkgenuss. Diese Rieslinge besitzen opulente Schwingungen, ihre Kraft ist gebündelt in wohlproportionierter Üppigkeit, die sie deutlich in den Vordergrund stellen. Nicht mit verspielten Aromen und ziselierter Säure, sondern mit immenser Fruchtausprägung und pompösem Gehabe. Vollmundig und gaumenfüllend. Wer ihre wahre Größe erschließen möchte, muss sich dem bemächtigenden Einfluss dieser Weine ergeben, den Alkohol zulassen und den saftigen Schmelz genießen, der die Zunge umwickelt.

Dass diese Rieslinge nicht aus leichten Böden stammen, versteht sich fast von selbst. Der kräftige Charakter der Weine setzt geologische Bodenstrukturen voraus, die über genügend Substanz und vor allem Mineralstoffe verfügen. Urgestein, Gneis, Granit, Löss und Lehm sind deshalb perfekt in der Lage, diesen barocken Rieslingen das notwendige Rückgrat zu verleihen. Hinzu kommen die Handschrift und das Talent des Winzers, den Riesling und damit das Terroir entsprechend auszudrücken.

Oft sind es Winzer, die ihre Lebensart in ihren Weinen widerspiegeln und ein Stück von sich selbst in den Riesling einbringen. Dies kann sich in verschiedenen Stilen darstellen – sowohl altmodisch-klassisch wie der »Saumagen« von Bernd Philippi als auch mineralisch, fruchtig, dicht wie der »Idig« von Steffen Christmann oder sogar deutlich botrytisbeladen und damit eher an Mineralität einbüßend wie die »Vinothekenfüllung« von Emmerich Knoll oder der »Unendlich« von F. X. Pichler aus der Wachau.

In jedem Fall sind die Rieslinge dieser Kategorie langlebig, denn sie verfügen meist über ausreichend substanzielle Kondition, um Generationen von belanglosen Modeweinen zu überleben. Das heißt aber auch, dass sie nicht im ersten Jahr und schon gar nicht beim ersten Schluck ihre wahre Größe zeigen müssen. Geduld ist angesagt, Leidenschaft für Weine, die lange in Erinnerung bleiben werden. Mit Monumenten muss man sich beschäftigen, um die Idee und die Handschrift des Winzers zu verstehen. Man muss ihnen Zeit lassen, damit sie sich entwickeln können. Oft schmecken sie in der Jugend richtig ansprechend und versinken dann in einer Ruhephase, um danach wieder strahlend aus ihrem Dornröschenschlaf zu erwachen.

Steffen Christmann
Weingut A. Christmann

Seit neuestem auch Anwalt in Sachen Biodynamik: Steffen Christmann

»Man kann keine besonderen Weine machen, wenn man einfach so vor sich hin produziert. Wein muss mit dem Leben konform gehen, beides muss in sich stimmig sein. Der persönliche Geschmack sollte dabei mit Tradition in Einklang gebracht werden«, sagt Steffen Christmann und meint damit vor allen anderen Rebsorten Riesling. »Es ist einfach großartig, in welchen Facetten der Riesling tänzerisch-elegante Weine hervorbringen kann. Und dies trotz der Kraft und Opulenz, die der Pfälzer Riesling von Natur aus in sich birgt. Riesling wirkt nie ermüdend, wenn man ihn richtig versteht und zulässt.«
Für Christmann kommt die Sprache des Rieslings aus dem Terroir. »Wenn die Rebe gefordert wird, kann ein Weinberg seine eigene Ausprägung sehr individuell mitteilen.« Um dieses Ziel zu erreichen, arbeitet Christmann nach biodynamischen Grundsätzen.
»Man muss in den Weinberg hineinhören, ihn positiv natürlich aktivieren, denn erst dann werden die verschiedenen, authentischen Einflüsse spürbar. Wenn die Chemie wegfällt, verändert sich die Pflanze. Zu Beginn lässt sie buchstäblich die Flügel hängen, aber nach der Umstellung erholt sich der Rebstock, wird kräftiger und nimmt sich die Mineralien aus dem Boden, die er benötigt. Natürlich muss man die Weinberge viel genauer im Auge behalten, was zweifellos einen deutlich höheren Personalaufwand bedeutet. Kompromissbereitschaft ist letztendlich eine Form von Bequemlichkeit. Und genau das macht es für mich aus: der Unterschied zwischen gut und sehr gut.«

Christmanns Weinberge liegen rund um Gimmeldingen, eine seiner besten Lagen ist der Königsbacher Idig. »Der Riesling lässt hier einen Einblick in die vielschichtige Struktur seiner dichten, gewaltigen Fruchtaromen zu. Der Wein zeigt Muskeln, wirkt fast ein wenig barock, aber die Kraft ist perfekt integriert und wird von bestechender Mineralität unterstützt.« Ein Paradebeispiel, wie Dinge ineinander greifen, um zusammenzupassen. Dass die Rieslinge dazu ausreichend Potenzial für Jahre haben, macht sie groß. Es sind genau die Weine, hinter denen immer ein visionärer Winzer steht. Zum Beispiel ein Steffen Christmann.

Gunter Künstler
Weingut Franz Künstler

»Es gibt so viel Chardonnay auf der Welt, aber so wenig Riesling.« Gunter Künstler sagt dies in einem bedauernden Ton, und er arbeitet fleißig daran, dass die Welt zumindest über erstklassige Rieslinge spricht. Seit seinem ersten Jahrgang 1988 auch über Rieslinge von Gunter Künstler. »Mir geht es vor allem um Lagerfähigkeit. Große Weine müssen sich auf der Langstrecke bewähren, und das nicht nur im edelsüßen Segment. Auch trockene Rieslinge sollen langfristig Spaß machen und Genuss bieten.« Künstler hat nicht nur das Talent, sondern auch die passenden Böden, um wahre Riesling-Monumente zu produzieren. Ganz im Osten des Rheingaus, rund um Hochheim, sind die Böden tiefgründig. Neben sandig-kiesigen Formationen sind es vor allem die schweren tertiären Mergelböden, die gehaltvolle, wuchtige Weine mit Rasse und Eleganz hervorbringen.

»Die Rieslinge aus der Hochheimer Hölle tragen immer etwas Monumentales in sich. Sie brauchen eine gewisse Anlaufzeit zur Reife, präsentieren sich dann aber vielschichtig, aussagekräftig und vor allem nachhaltig. Auch die Rieslinge aus der Lage Domdechaney erwarten diese Geduld, denn sie sind anfangs uncharmant und kompliziert. Aber sie werden nach ein paar Jahren beeindruckend groß, das Potenzial steckt in ihnen. Ich muss als Winzer nur die Bühne vorbereiten, damit der Wein aufspielen und seine Stärke zeigen kann. Dazu gehört viel Bauchgefühl und natürlich auch der Hände Arbeit. Wir Winzer sind die Maßschneider des Rieslings, damit am Ende alles zusammenpasst. Wenn uns das gelingt, dann ist der Hochheimer Riesling in seiner eleganten Wucht, Verspieltheit und monumenta-

Gunter Künstler gehört seit Jahren zur internationalen Riesling-Spitze

len Geschmacksnachhaltigkeit unschlagbar und nicht kopierbar. Er ist wie ein Regenbogen, der in vielen Farben schillert, dennoch ein beeindruckendes geschlossenes Bild abgibt und vor allem nachhaltig im Gedächtnis bleibt. Schade eigentlich, dass es so selten Regenbögen und so wenig Riesling gibt.«

Die kraftstrotzenden Rieslinge erreichen erst nach fünf, sechs Jahren ihren Höhepunkt. Dann stehen sie tatsächlich wie Monumente im Glas, grandios ausbalanciert, kraftvoll, üppig gebündelt und meisterlich mit einer geschliffenen, proportionierten Säure ausgestattet.

Bernd Philippi
Weingut Koehler-Ruprecht

Bernd Philippi ist einer der außergewöhnlichsten Protagonisten der deutschen Winzerszene. Einerseits als gefragter *flying winemaker* und Berater weltweit unterwegs, andererseits das Idealbild eines bodenständigen Pfälzer Winzers. Urgestein sozusagen, mit sichtbarem Hang zum Genuss und ausgestattet mit einer gehörigen Portion Gelassenheit, obwohl er oft genug unter Zeitdruck steht. Aber für seine Freunde hat er immer Zeit, und er genießt diese Momente ausgiebig.

»Ich bin Winzer, der die Faszination Wein möglichst authentisch in die Flasche bringen möchte. Dazu bedarf es Geduld und Hingabe. Die Natur ist wahrlich kein Warenhaus, in dem man etwas bestellt, dies dann geliefert bekommt und bei Nichtgefallen umtauschen kann. Passion und Demut sind die Voraussetzung für das Winzerhandwerk. Wer Hektik an den Tag legt und partout nicht warten kann, der hat schon verloren.« Das sind keine Lippenbekenntnisse. Bernd Philippi gesteht auch seinen Rieslingen ausreichend Zeit zu. Vor allem die trocken ausgebauten Spätlesen und Auslesen aus seiner kalkdurchsetzten Spitzenlage Kallstadter Saumagen tragen etwas von der Gelassenheit des sympathischen Winzers in sich. »Wie der Mensch, so der Wein«, sagt Philippi, »alle Hast kommt vom Teufel.«

Hans-Josef Becker
Weingut J. B. Becker

Seit dem Jahrgang 2003 gibt es im Weingut von Hans-Josef Becker in Walluf keinen Kork mehr, seine Weine werden ausnahmslos mit Glastopfen verschlossen. Ansonsten ist der Winzer mit dem markanten Kaiser-Wilhelm-Schnurrbart weniger an modernen Methoden interessiert. Im Gegenteil. Becker ist Traditionalist im besten Sinne des Wortes.

»Seit 1000 Jahren wird im Rheingau Wein gemacht, da muss nicht ständig an Bewährtem herumgedoktert werden. Ich mache vornehmlich trockene Rheingauer Rieslinge im traditionellen Stil und arbeite heute viel konservativer als mein Vater. Keine Schönung oder Korrektur, keine Filtration. Das kostet nur Kraft und Aromen. In meinem Keller gibt es nur Holzfässer, die Rieslinge liegen lange auf der Feinhefe, das macht sie stabil und gibt ihnen eine kräftige Textur. Bei mir gilt das Motto: einfach liegen lassen und abwarten. Ich habe nie etwas anderes gemacht.«

In den Verkauf bringt Becker seine körperreichen Rieslinge aus den schweren Böden des Wallufer Walkenbergs meist erst nach entsprechend langer Lagerzeit. »Es gibt Weine, die wir bewusst zurückhalten, und andere, von denen so viele Flaschen abgefüllt werden, dass wir sie nicht sofort verkaufen können. So

**Ganz dem traditionellen Stil verhaftet:
Hans-Josef Becker**

Robert Haller
WEINGUT FÜRST LÖWENSTEIN

Der Homburger Kallmuth ist ein imposantes Naturdenkmal. Ein Weinberg, der unter Denkmalschutz steht. Gletscher haben sich rechts und links ihren Weg gebahnt, dazwischen ist der Kallmuth in einer Biegung des Mains wie ein Amphitheater stehen geblieben. Im hohlspiegelförmig gewölbten Steilhang wird seit rund 900 Jahren Wein angebaut. »Hier herrscht an Sonnentagen ein submediterranes Klima mit Backofentemperaturen von 50 bis 60 Grad«, erklärt Robert Haller, Betriebsleiter und Kellermeister im Weingut des Fürsten Löwenstein.

Seit 1872 ist der Homburger Kallmuth im Alleinbesitz des Fürstenhauses. Jedes Jahr müssen rund 300 000 Euro in den Erhalt der Trockensteinmauern investiert werden – eine enorme Investition für einen besonderen Weinberg. »Es ist eine einzigartige Lage, wuchtig und beeindruckend, vor allem aber einnehmend. Man ist gefangen, wie von einem Schauspiel, und möchte sich gar nicht satt sehen.« Der Boden ist durchsetzt mit Buntsandstein und aufliegendem Muschelkalk. »Alles zusammen ergibt eine einzigartige Basis für kräftige, erdbetonte Weine von hoher Mineralität. Wer an heißen oder feuchten Tagen dieses Gestein geschnuppert hat, der wird diesen Duft auch im Wein wiederfinden.« Das ist meist der Beginn einer Freundschaft mit den Weinen des Denkmals Kallmuth.

»Man muss verrückt sein und diesen Weinberg irrsinnig lieben, er frisst so viel Energie und Arbeitszeit, aber dann gibt er uns so viel zurück.«

Rieslinge von wuchtiger Größe, mit individueller Charakterausprägung. So eindrucksvoll wie der Berg, aus dem sie stammen.

erklären sich auch die alten Jahrgänge in der Preisliste. Wir haben bereits ein riesiges Lager von unserem Vater übernommen. Ein Schatz, der wirtschaftliche Absicherung bedeutet«, sagt Schwester Maria. Fragt man nach dem aktuellen Jahrgang, erntet man ein müdes Lächeln. Wer Hans-Josef Becker kennt, weiß, dass die aktuellen Weine noch im Keller liegen. Dagegen findet man viele Rieslinge aus den 1990er Jahren, noch ältere Schätze gibt es auf Nachfrage. »Ich würde hier im Rheingau nie etwas anderes anpflanzen als Riesling und Spätburgunder. Welche Rebsorte hat so viele Gesichter wie der Riesling? Ein Glück, dass man den Riesling jetzt wieder entdeckt«, sagt der Winzer.

Franz Hirtzberger

WEINGUT FRANZ HIRTZBERGER

»In den Rieslingen steckt der kühle Duft aus Spitz«, sagt Franz Hirtzberger, und seine Augen blitzen dabei noch listiger als sonst. Keine Frage: Die Rieslinge vom Singerriedel sind kraftvoll und dennoch sehr fein, stecken voller Mineralität und lassen etwas von dem kühlen Klima erahnen, das hier schon mal über die sehenswerte Flusslandschaft der Wachau fegt. »Einfach macht es die Wachau dem Winzer nicht, aber der Mensch wächst an seinen Aufgaben«, meint Hirtzberger. »Die beste Lage beginnt direkt hinter dem Haus, unser Flaggschiff Singerriedel. Ein hochmineralischer Boden mit Gneis und Schiefer, stellenweise

eisenhaltig. Einige Parzellen des Weinbergs wurden seit Jahrzehnten nicht mehr bewirtschaftet, trotz des enormen Potenzials.« Die Hirtzbergers erkannten die Möglichkeiten und erweckten den Berg zu neuem Leben.

»Unsere Rieslinge aus dem Singerriedel werden nur in Smaragd-Qualität ausgebaut. Das bedingt eine hohe Reife, die Botrytistrauben werden selektiv gelesen, separat verarbeitet und später wieder in der Menge dem Wein zugeführt, die im Weinberg war.«

Franz Hirtzberger geht mit seinen Weinen sehr sorgsam um: »Keine Schönung, keine Hilfsstoffe. Wir möchten den Wein nur begleiten und ihn nicht in eine Richtung zwingen«, sagt Franz Hirtzberger, der mittlerweile von seinem Sohn Franz unterstützt wird.

Die Rieslinge der Hirtzbergers bestechen mit kraftvoller Frucht und faszinierendem Schmelz, was man so gut ausbalanciert nur selten beim Riesling antrifft.

F. X. Pichler

WEINGUT F. X. PICHLER

Franz Xaver Pichler ist eine beeindruckende Persönlichkeit, ein Winzer, der Kultstatus hat, der aber um sich und seine Weine am liebsten keine großen Worte macht. »Bei uns im Betrieb gab es immer Riesling und Grünen Veltliner, daran habe ich nichts geändert.«

Pichler schätzt besonders das Potenzial und die Fähigkeit der alten Rebstöcke, aus den kargen Böden der steilen Terrassen im Dürnsteiner Kellerberg und Loibner Berg die Basis für große Weine herauszuholen.

Zwei Generationen Franz Hirtzberger, aber immer erstklassige Qualität

Einer der stillen Riesling-Weltstars: F.X. Pichler

»*Das gelingt nur, wenn der Wein vorher im Kopf entsteht. Weniger als Traum, vielmehr als konkrete Idee, wie die Reifezeit der Trauben maximal auszunutzen ist, um Kraft und aromatische Komplexität in den Wein zu bringen. Eine gesunde Botrytis, die dem Wein Fülle und Tiefe mitgeben kann, ist dabei kein Problem, sondern Voraussetzung*«.

Legendär ist Pichlers 1990er Kellerberg-Riesling, der auf Verkostungen in Paris, London und New York die erfolgsverwöhnte Konkurrenz aus dem Feld schlug. Aber die Krönung seiner Karriere kam 1998 mit einem außergewöhnlichen Riesling. »Den musste ich machen, weil es vielleicht nie mehr passiert«, sagt Pichler. Seinen Lieblingswein nannte er »Unendlich« und verpasste ihm als Etikett das Bild der legendären Bühnenkulisse von 1815 für den Auftritt der Königin der Nacht in

Mozarts »Zauberflöte«. Ein Wein, den in dieser komplexen Perfektion vielleicht nur noch Mozart hätte kreieren können, wäre er Winzer gewesen. 1999 hat Junior Lukas vom Vater den Keller »geerbt«, Franz Xaver konzentriert sich auf die Weinberge. Hier entstehen in seinem Kopf jene Weinideen, die der talentierte Filius im Keller konsequent umsetzt.

Willi Bründlmayer
Weingut Bründlmayer

Der Kamptaler Winzer Willi Bründlmayer ist nicht nur ein Aushängeschild für die beschauliche Region, sondern längst ein internationaler Botschafter, wenn es um Weine aus Österreich geht. Das muss nicht immer Grüner Veltliner sein. Bründlmayers Rieslinge werden weltweit ebenso geschätzt, vor allem die Gewächse aus dem Zöbinger Heiligenstein, der geologisch ältesten und sicher auch interessantesten Lage im Weingut. Bekannt war der Berg schon lange, aber erst die Bründlmayers haben ihn berühmt gemacht. Heute ist der Heiligenstein – neben den Wachauer Weinbergen – die berühmteste Riesling-Lage Österreichs. Und für Bründlmayer immer wieder eine besondere Herausforderung:

»*Die Riesling-Reben auf unseren Terrassen sind bis zu 70 Jahre alt und hängen an einem tiefen und weit verzweigten Wurzelsystem. Aus diesem Grund entstehen hier besonders konzentrierte Weine mit einer hohen Dichte. Außerdem steht rund ein Drittel unserer Anlagen in der so genannten Lyra-Erziehung, die die Reben so teilt, dass sie sich wie zwei sonnenanbetende Arme zum Himmel strecken. Dadurch wird die belichtete und belüftete Blattoberfläche quasi verdop-*

pelt und die Qualität der Trauben verbessert. Dazu kommt die Qualität von unten, die Heiligensteiner Rieslinge ziehen ihre Kraft aus dem Sandsteinboden mit vulkanischen Bestandteilen.«

Die Riesling-Auslesen aus vollreifen und überreifen Trauben sind wuchtig, körperreich, sehr konzentriert und tiefgründig. Und immer mit einem enormen Potenzial an Mineralität ausgestattet.

Emmerich Knoll
WEINGUT EMMERICH KNOLL

»Wachauer Rieslinge sind Klassiker, aber nicht auf einen gemeinsamen Nenner zu bringen. Große Weine sind Individualisten, genauso wie die Winzer, die sich auf diese Weine einlassen.« Das tut Emmerich Knoll schon rund 30 Jahre und hat in dieser Zeit mit seinen barocken, üppigen Weinen Akzente in der Weinlandschaft an der Donau gesetzt:
»Meine Rieslinge bringen Dichte, Kraft und die entsprechende Eleganz ins Glas. In diesem Zusammenspiel müssen sowohl das Terroir als auch die Handschrift des Betriebs erkennbar sein. Weine sollen grundsätzlich über ihre Herkunft eine schmeckbare Aussage machen und auch über ihr Geburtsjahr erzählen.«
Im Weingut Knoll ist mittlerweile auch der Sohn namens Emmerich am Werk, der wiederum alle Schritte in Weinberg und Keller mit dem Vater abstimmt. »Letzte Instanz ist der Vater, er ist der Chef«, sagt der junge Winzer, der im Übrigen mit seinem Vater konform geht und den gleichen Weinstil bevorzugt.
»Ausladend im positiven Sinne, das heißt Figur zeigen in einer Form, die nicht ausufert. Die Rieslinge sollen durchaus Fülle mitbringen, aber im Rahmen entsprechender Eleganz. Das kann mit Botrytistrauben unterstützt werden, wenn es die Natur hergibt. Botrytis gibt unseren Rieslingen eine zusätzliche Dimension mit, nämlich Tiefe und Komplexität, und macht sie interessant sowie vor allem haltbar. In besonderen Jahren bringen wir sogar eine üppige botrytisausladende ›Vinothekenfüllung‹ in die Flasche, die zwar das Terroir ein wenig vernachlässigt, aber dafür einen unglaublichen Schmelz mit vielschichtiger Aromatik offenbart und lange Lagerfähigkeit garantiert. Diese Opulenz darf jedoch niemals zu Lasten der Eleganz gehen. Denn auch große Weine müssen Trinkvergnügen bereiten.«
Individualisten sind sie ja ohnehin, Vater, Sohn und Wein. Das auffällige Knoll'sche Etikett ist ebenso unverwechselbar wie die Rieslinge. Klassiker!

Laurence Faller
DOMAINE WEINBACH

Kurz vor Kaysersberg im Elsass: Am Fuße der berühmten Grand-Cru-Lage Schlossberg liegt umgeben von einer Mauer die Domaine Weinbach inmitten von Weinbergen. Ein stattliches Anwesen, von Kapuzinermönchen gegründet und über Jahrhunderte hinweg dem Wein verbunden. Es scheint, als sei hier die gute alte Zeit stehen geblieben. Im holzgetäfelten Zimmer mit altem Kachelofen und rotem Samtkanapee hängen Porträts mehrerer Generationen. Sie gehören alle zur Familie Faller, die seit über 100 Jahren die Domaine bewirtschaftet. Heute haben im Weingut drei Frauen das Sagen: Colette Faller und ihre beiden Töchter Catherine und Laurence. Laurence ist die Jüngste, eine attraktive junge Frau, selbstbewusste Elsässerin, mehrsprachige Französin und ausgebildete Önologin mit Auslandserfahrung. Laurence ist für Weinberg und Keller zuständig.

Die Knolls setzen bei ihren Weinen auf den konventionellen Holzfassausbau

»Man braucht viele stimmige Faktoren für einen großen Riesling, aber ein gutes Terroir ist Voraussetzung, denn Riesling ist in der Lage, jede einzelne Nuance des Bodens auszudrücken. Und das auf differenzierte Art und Weise. Riesling ist eine Persönlichkeit, subtil, aber auch traditionell und immer elegant.«

Laurence Faller sagt das mit der Selbstverständlichkeit einer Frau, die weiß, was wahre Eleganz bedeutet. »Es ist die Schiene, auf der die Kraft gleitet, die in meinen Rieslingen steckt, ohne ihre körperreiche Struktur zu leugnen oder schwerfällig zu wirken. Eher barock-verspielt.« Dafür nimmt die junge Önologin auch gerne Botrytis in Kauf: »Ich liebe ein wenig Botrytis im Riesling. Das gibt ihm diese unnachahmliche Tiefe in der Aromatik. Das kann keine andere Rebsorte der Welt.«

Laurence Faller setzt dazu auf biodynamische Bewirtschaftung, den Einsatz spontaner Hefen und großer, alter Holzfässer. Ihre verschiedenen Rieslinge aus den Parzellen der granitfelsigen Grand-Cru-Lage Schlossberg erntet sie so spät wie möglich, damit sich die aromatische Kraft in den Trauben bündelt und sich später im Glas das ausdrückt, was die Fallers weit über die Grenzen des beschaulichen Elsass hinaus bekannt gemacht hat: ausdrucksvolle Rieslinge mit Format, Finesse, Kraft und Eleganz, die über Jahre Bestand haben und traditionelle Monumente elsässischer Riesling-Kultur verkörpern.

EDLE SÜSSE

Die Krönung des Rieslings

Süße, die meist mit Zucker gleichgesetzt wird, ist mit dem Image von Schwere, Trägheit und Dickmacher belastet. Bis heute werden diese Attribute auch auf Riesling übertragen, denn leider kaschierten Winzer immer wieder geschmackliche Schwächen des Weins mit entsprechender Restsüße. Durch die Welle von einfachen, billigen, süßen Weinen verlor der Riesling – vor allem in Deutschland und Österreich – in den 1970er und 1980er Jahren seinen Weltruf und der edelsüße Riesling sein Renommee eines einzigartigen Geschmackserlebnisses.

In dieser Kategorie geht es aber um süße Rieslinge, die mit dem Zusatz »edel« den wahren Ritterschlag erhalten haben. Rieslinge, deren eigentliche Idee die Süße ist. Die eindeutigen Stärken dieser in der Regel sehr langsam vergorenen Weine ergeben sich aus dem enormen Spannungsbogen, der von stark komprimierter Süße und köstlichen Fruchtaromen in Verbindung mit einer quicklebendigen Säure gebildet wird. Im Vergleich zu den meisten anderen Süßweinen der Welt kommen edelsüße Rieslinge mit sehr niedrigen Alkoholgraden, manchmal nur 6,5 % Vol. und ohne Barriqueausbau aus. Schon im Bukett ist ein zarter, honigartiger Geruch wahrzunehmen, der weniger an Zucker, dafür mehr an sehr reife und konzentrierte Fruchtaromen wie Aprikose, Apfel, Mango und Ananas erinnert. Durch ihre hohe Viskosität wirken die Weine am Gaumen sehr dicht und manchmal ein we-

nig zähflüssig, ohne jedoch dabei ihren verführerischen fruchtsüßen Schmelz zu verlieren, der die honigartigen und exotisch vielschichtigen Fruchtaromen zusammenhält.

In vielen Anbaugebieten der Welt wird versucht, edelsüße Rieslinge zu erzeugen. Aber die eigentlichen Klassiker bringt der Riesling nur in Deutschland hervor. Sie sind in dieser Fruchtkonzentration eindeutig die Spezialität der nördlichen Anbauregionen und somit eine Inkarnation dessen, was Riesling-Trauben an geschmacklicher Intensität bieten können. Edelsüße Rieslinge sind wahre Kostbarkeiten der Weinkultur und zählen zu den langlebigsten Weinen überhaupt.

KONZENTRATION AUF DAS WESENTLICHE

Edelsüße Rieslinge werden aus natürlich am Stock geschrumpften überreifen Beeren gewonnen. Der Schrittmacher dieses Phänomens ist der Pilz *Botrytis cinerea*. Er durchlöchert die Beerenhaut, die Flüssigkeit verdunstet, die Beeren rosinieren und schrumpfen mehr und mehr ein. Durch den damit verbundenen Flüssigkeitsverlust kommt es in der Traube zu der gewünschten Konzentration von Zucker und Säure. Für den Winzer eine sehr heikle Gratwanderung zwischen erwünschter, positiver Edelfäule und der negativen Graufäule, bei der sofort unangenehme Aromen freigesetzt werden. Die dadurch notwendige Traubenselektion bis zum Auslesen einzelner Beeren erfordert einen enormen Aufwand an Handarbeit; deshalb können auch nur geringe Mengen erzeugt werden. Hinzu kommt das Wetterrisiko: Durch anhaltenden Regen oder frühen Frost kann der Fäulnisprozess negativ beeinflusst werden.

QUALITATIVE SÜSSE

Je höher die Süße im Riesling, desto höher ist auch die Qualitätsstufe des edelsüßen Weins, der in Deutschland und Österreich in Auslese, Beerenauslese, Trockenbeerenauslese und Eiswein untergliedert ist und im Elsass als Sélection des grains nobles produziert wird. Dazu kommen die Eisweinvariationen, die in den USA und Kanada als Ice Wine deklariert werden. Innerhalb dieses Spektrums von Auslese bis Eiswein wird klar unterschieden. Nach dem Deutschen Weingesetz von 1971 besitzt die Auslese in Deutschland leider kein einheitliches Geschmacksprofil mehr, sie wird heute von den Winzern sowohl trocken als auch edelsüß ausgebaut. Traditionell wurden als Auslese natürlich süße Rieslinge aus überreifen oder botrytisbefallenen Trauben bezeichnet, die selektiv ausgelesen wurden. Die Elsässer Sélection des grains nobles entspricht in etwa diesem Prädikat und liegt mit einem Mostgewicht von mindestens 110° Oechsle deutlich über der Vendange tardive (Spätlese).

Bei einer Beerenauslese sind – je nach Anbaugebiet – 110 bis 128° Oechsle erforderlich. Auch hier werden, wie der Name schon sagt, überreife, von Edelfäule befallene Traubenteile einzeln ausgelesen. Eine Riesling-Beerenauslese ist ein überaus intensiver süßer Wein und duftet nach Rosinen und Trockenobst. Die enorm hohe Aromakonzentration bildet die Essenz und bringt komprimierte Rieslinge mit eleganter Säure, feiner Honigsüße und großem Entwicklungspotenzial hervor.

Die rare Trockenbeerenauslese wird aus rosinenartig geschrumpften Beeren gewonnen und ist ein extrem dichter, intensiver und komplexer Wein mit delikater Säurestruktur und einem Alterungspotenzial von vielen Jahrzehnten. Auch hier ist der Vorgang des Auslesens unumgänglich. Diese Rieslinge zählen zweifellos zu den teuersten Weißweinen der Welt.

HEISSGELIEBTER EISWEIN

Besondere Raritäten stellen die bei strengem Frost gewonnenen Eisweine dar. Im Unterschied zu den anderen edelsüßen Weinen wie Auslesen, Beerenauslesen und Trockenbeerenauslesen liegt das Geheimnis der Eisweine im Ernten gefrorener Beeren. Erst bei mindestens –7 °C dürfen die Eisweintrauben gelesen werden, idealerweise sind es –10 bis –12 °C. Die natürlich gefrorenen Trauben werden in diesem »eisigen« Zustand sofort gekeltert. Das in den Beeren enthaltene Wasser bleibt so als Eis auf der Kelter zurück, während nur der süßeste Saft, dessen Gefrierpunkt tiefer liegt als der von Wasser, als hochkonzentrierter Most gewonnen wird. Viel ist aus den gefrorenen Trauben nicht mehr herauszupressen, Qualität geht vor Quantität. Passionierte Eisweinwinzer achten peinlich genau auf ein gesundes Lesegut ohne Botrytisbefall. Denn ein großer Eiswein braucht vor allem gesunde Trauben als Ausgangsmaterial. Und genau hier liegt auch der Unterschied zu den edelsüßen Gewächsen wie Beerenauslese und Trockenbeerenauslese. Ein hochwertiger Eiswein weist nicht die geschmacklichen Charakteristika der Edelfäule auf. Das gesunde Traubengut garantiert vielmehr einen unvergleichlich konzentrierten, frischfruchtigen Geschmack und bringt in Verbindung mit der relativ hohen Säure eine explosionsartige geschmackliche Spannung zustande.

Egon Müller

WEINGUT EGON MÜLLER-SCHARZHOF

Legenden haben etwas Faszinierendes, da macht der Scharzhof an der Saar keine Ausnahme. Seit Generationen bestimmen die Müllers die Geschicke des Rieslings im berühmten Scharzhofberg, dessen prädestinierte Lage schon die Römer erkannten. Und seit Generationen wird der Name Egon an die Söhne weitergegeben, eine Tradition, die so sicher ist wie die außergewöhnliche Qualität der Rieslinge. Wer jemals einen edelsüßen Riesling von Egon Müller getrunken hat, der konnte der Rebsorte »tief in die Augen blicken« und ihre wahre Größe und erst recht ihr Potenzial erkennen.

»1989 gab es die letzte trockene Spätlese im Weingut. Weder mein Vater noch unser Kellermeister noch ich hatten Spaß an trockenen Weinen aus dem Scharzhofberg. Unsere Leidenschaft sind die edelsüßen Rieslinge, diese einzigartige Kombination aus Eleganz und Süße, die der Natur abgerungen werden muss. Eine Auslese muss aus Botrytistrauben herausgelesen werden, das ergibt eine zusätzliche Komponente, ein höheres Niveau der Weine und außergewöhnliche Komplexität. Doch nicht die Eisweine, sondern die Beerenauslesen und Trockenbeerenauslesen sind für mich die größte Herausforderung. Da braucht man einen wirklich großen Weinberg, einen großen Jahrgang und langjährige Erfahrung. Der Winzer muss sich gegen die Natur durchsetzen, solche Qualitäten werden nicht einfach verschenkt. Das gibt die Natur nicht von allein, da wird einem klar, dass man etwas geschaffen hat. Natürlich steht hinter allen außergewöhnlichen Qualitäten harte Arbeit, auch wenn der relativ kühle Scharzhofberg mit seinem tiefen Schieferboden erstklassige Vorlagen liefert. Und immer auch ein bisschen Bangen, ob der Wein auch nach dem Berg schmeckt.«

Egon Müller spricht vom Scharzhofberg wie von einer Persönlichkeit, die man schätzt und liebt, immer begleitet von einer gesunden Distanz und ohne übermütig den Respekt zu verlieren. »Kräuter und Schiefer. Wenn wir bei den Proben der Jungweine beides finden, ist alles im grünen Bereich. Dann wird es ein Scharzhofberger, der auch nach Jahrzehnten seinen heimatlichen Charakter behält«, sagt Egon Müller, der neben den gängigen Fremdsprachen fließend Japanisch spricht und von der 1976er Scharzhofberger Riesling Auslese in einer Weise schwärmt, die Lust auf mehr macht.

Ernst Loosen

WEINGUT DR. LOOSEN

Wenn Ernst Loosen mit großen Gesten über seine ersten Erfahrungen im Weinverkauf in England erzählt, dann muss er selbst schmunzeln: »Feine süße Rieslinge von der Mosel? Kein Interesse!«, war die ständige Antwort. Loosen, damals noch Student an der Fachhochschule in Geisenheim, ließ sich von solchen Verkaufsrückschlägen nicht entmutigen. »Viele Händler hatten von einem Mosel-Riesling gar keine genaue Vorstellung. Die muss unbedingt wieder in die Köpfe! Das ist mir damals bewusst geworden.« Denn für den Winzer Loosen gehört Riesling zu den großen Rebsorten dieser Welt. Zu den ganz großen. Und das sagt er nicht einfach nur, weil seine Rieslinge ohnehin zum Topsegment gehören. Loosen blickt über den heimischen Tellerrand hinaus, er interessiert sich für alle Weine dieser Welt. Kaum ein Land, eine Rebsorte, die er nicht kennt, bei der er nicht mitreden kann.

in die Rieslinge. Ein einmaliger Boden, der in Terroir-Diskussionen nicht erst neu entdeckt werden muss. Er ist einfach da, und darin liegt das Typische.«

Das Potenzial seiner Weinberge, die in weltberühmten Lagen wie Wehlener Sonnenuhr, Ürziger Würzgarten und Erdener Prälat stehen, setzt Loosen in all seinen Riesling-Weinen konsequent in bemerkenswerte Qualität um. Aber seine edelsüßen Spezialitäten, allen voran die Auslese Goldkapsel, bringen die Geschmacksnerven ganz besonders zum Schwingen. »Die Goldkapsel hat immer einen kleinen Anteil Botrytis. Das schärft die Aromatik, und im Alter wirken die Weine durch die Honignoten etwas opulenter«, erklärt Loosen. Der Wein spricht für sich. »Schön, dass der Boden spürbar ist«, sagt Loosen nach dem ersten Schluck, »die Finesse des Schiefers ist unverwechselbar.« Jede Lage ist typisch und vor allem individuell schmeckbar, das haben schon die Alten gesagt. Typisch aber auch für Ernst Loosen, dessen Weine in der ganzen Welt gefragt sind. Heute mehr denn je.

Die Rieslinge von Ernst Loosen erfreuen sich weltweiter Reputation

Gerade deshalb ist er vom terroirbezogenen Naturweingedanken überzeugt und hat von seinen Rieslingen eine ganz bestimmte Vision, die man nachvollziehbar schmecken kann.

»Elegante Weine, die nur wenig Alkohol benötigen und eine wohlproportionierte Säurestruktur besitzen: vom zarten, feingliedrigen Kabinett über eine saftige Spätlese bis zum komplexen edelsüßen Riesling. Welche Region kann das in diesem Umfang bieten? Ganz klar die Mosel!«.

Und Loosen fügt entschlossen hinzu:

»Riesling muss am Tag brennen, aber nachts abkühlen, um eine optimale Vegetation und damit die rückgratbildende delikate Säure zu erhalten. Der dunkle Schieferboden bietet diese Voraussetzungen und bringt gleichzeitig Mineralität

Wilhelm Weil
WEINGUT ROBERT WEIL

»Ich bin mit Leib und Seele – und mit Verstand – Winzer, und ich bin Winzer im Rheingau. Und wenn man Winzer im Rheingau ist, dann ist man Riesling-Winzer, beides gehört untrennbar zusammen. Dafür bin ich dankbar, denn der Riesling ist die vielseitigste Rebsorte in ihrer Verwendung und kann einen herrlichen Strauß unterschiedlichster Weine auf höchstem Niveau hervorbringen. Wir können heute dank umfangreicher Erfahrungen und strengem Qualitätsmanagement in unseren Weinbergen große trockene Rieslinge erzeugen. Das ist unbestritten. Und

doch: Wenn das grandiose Spiel von natürlicher, hoher Konzentration in der Beere mit der selbstbewussten rieslingtypischen Säure beginnt, wenn wir noch zu Beginn des Dezembers nach den Auslesen die Botrytisweine ernten, dann zeigt der Riesling im nördlichen Klima seine unangefochtene Spitzenstellung unter den Weinen der Welt. Zusammen mit dem Sauternes und dem Tokajer stellt er seit alters das klassische Trio der Süßweine. In diesem Trio ist er bei all seiner Konzentration und Nachhaltigkeit der elegante Typ, der mit niedrigem Alkohol und der unbeschreiblichen Balance aus hoher Restsüße und prägender Säure besticht. Vor allem sind es aber die großen edelsüßen Rieslinge aus den besonderen Jahrgängen, die uns in den Schatzkammern der Weingüter überleben und die, wenn sie von zukünftigen Generationen entkorkt werden, von unseren Weintagen und unseren Weinideen erzählen.«

räumten alle Auszeichnungen ab, die in Wettbewerben ausgeschrieben waren. Noch heute stehen die edelsüßen Rieslinge der Kellers in Rankings ganz vorn neben den traditionellen Klassikern aus dem Rheingau und von der Mosel. Sohn Klaus-Peter Keller, der mittlerweile das Weingut führt, hat dagegen eher die großen trockenen Rieslinge im Visier, die mengenmäßig den Löwenanteil im Betrieb ausmachen. »Wir haben uns geschmacklich weiterentwickelt, damit hat sich auch unsere Kundschaft verändert«, sagt Klaus-Peter, der das Profil des Weinguts eher im trockenen Bereich sieht. Vergangenheitsbewältigung? Klaus-Peter Keller hat den persönlichen Ehrgeiz zu beweisen, dass er auch bei den großen trockenen Rieslingen mithalten kann. Mit edelsüßen Rieslingen hat das rheinhessische Weingut den Beweis längst erbracht.

Klaus-Peter Keller
Weingut Keller

Den Familienbetrieb in Dalsheim hatte niemand im Blick. Jedenfalls nicht vor rund 20 Jahren. Im rheinhessischen Hinterland, wo sonst nur Kraut und Rüben wachsen, konnten unmöglich Spitzenweine produziert werden. Das jedenfalls war damals gängige Meinung. Klaus und Hedwig Keller straften die Kritiker Lügen. Und zwar mit außergewöhnlichen Rieslingen. Die blitzblanken, klaren und fruchtigen Weine sorgten in der Szene für Aufsehen. Vor allem die edelsüßen Spitzen

Klaus-Peter Keller gehört unbestritten zur deutschen Riesling-Elite

»Ich schätze edelsüße Rieslinge und trinke sie auch gerne. Schade, dass es in Deutschland so wenig Interesse für gute edelsüße Weine gibt. Sicher, man muss sie erklären, was im Ausland interessanterweise nicht nötig ist. Im Gegenteil, auf Weinpräsentationen schauen mich die Kunden mit glänzenden Augen an und freuen sich unglaublich über einen edelsüßen Riesling.«

Vielleicht auch deswegen, weil er in dieser vielschichtigen, finessenreichen Keller-Qualität so selten, so unvergleichlich ist und damit ein Stück himmlische Riesling-Exotik bietet, die schwerlich zu kopieren ist.

Helmut Dönnhoff

WEINGUT HERMANN DÖNNHOFF

Wo soll man im Weingut Dönnhoff anfangen? Welchen Wein als ersten probieren, und wo liegt die Steigerung? Man spricht schon von Legende, und es scheint, als könne Helmut Dönnhoff die Distanz, die diesen Begriff umgibt, sprengen. Dönnhoff ist zugänglich, offen, ein Winzer ohne Allüren. Seine Weine sind aber nicht einfach nur gut. Was der Winzer seit Jahren auf die Flaschen bringt, ist immer besonders, das weiß er. Es sind Weine von einer besonderen Brillanz.

»Ich freue mich einfach, wenn einer meiner Rieslinge gut schmeckt, dann reden wir darüber, warum er gut schmeckt. Riesling ist mein Leben, er bedeutet Licht, Lust, Lebensfreude. Dieses Gefühl versuche ich in meinen Weinen umzusetzen. Es gibt keinen Wein, der in so vielen Facetten erzählen kann, wie Riesling. Gleichzeitig wehrt er sich gegen Vereinheitlichung, gegen zu starken Alkoholeinfluss und zu massiven Körperbau. Er lässt das einfach nicht zu, weil er sich dann nicht elegant entwickeln kann. Deswegen hat es keinen Sinn festzulegen, welcher Typ der richtige ist, restsüß oder trocken. Es geht beides, man muss nur die jeweiligen Lagen für sich sprechen lassen. Die Oberhausener Brücke zeigt sich zum Beispiel in der filigranen, restsüßen Ausbauweise von ihrer besten Seite. Die Niederhäuser Hermannshöhle eignet sich eher für den trockenen großen, komplexen Wein.«

Dönnhoff beherrscht beide Stile perfekt. Legendär sind schon jetzt seine edelsüßen Rieslinge, die er mit der ihm eigenen Bescheidenheit betrachtet.

»Ich brauche nicht jedes Jahr eine Trockenbeerenauslese, um glücklich zu werden. Das macht die Natur, darauf habe ich wenig Einfluss. Der Winzer muss nur wissen, wo er hin will, er muss den Wein im Kopf haben. Gegen die Natur zu arbeiten ist ohnehin viel zu teuer. Faszinierend fin-

**Seine Rieslinge sind weltweit gefragt:
Helmut Dönnhoff**

Die nach Süden ausgerichteten Rebhänge des Escherndorfer Lumps garantieren optimale Sonneneinstrahlung

de ich allerdings, dass Trauben, die im kühlen Klima gewachsen sind, so schmecken wie Früchte, die vom Äquator kommen.«

In seinen edelsüßen Rieslingen schmeckt man die Fruchtaromen glasklar wie frisches Quellwasser heraus.

Horst Sauer
WEINGUT HORST SAUER

Fränkisch trocken ist ein fester Begriff in der deutschen Weinwelt. Dass ausgerechnet ein fränkischer Winzer, noch dazu mit dem Namen Sauer, faszinierende edelsüße Weine produziert, ist bemerkenswert. Horst Sauer hat sich mit seinen exorbitanten Beerenauslesen,

Trockenbeerenauslesen und Eisweinen einen Platz unter den wenigen großen Edelsüßspezialisten erkämpft. Eine Auszeichnung, die nicht vom Himmel fällt.

»Ich habe normalerweise kaum Geduld. Aber wenn es um edelsüße Weine geht, dann muss ich unendlich viel Geduld aufbringen. Es darf keine Hektik entstehen. Man hat einen Stil vom Wein im Kopf, es ist wie ein Puzzle, das man zusammensetzen muss. Erst alle Teile zusammen ergeben dann ein schönes Bild. Die Herstellung von großen edelsüßen Weinen bedingt auch mal Verzicht. Wenn ich eine Beerenauslese oder Trockenbeerenauslese geerntet habe und sie meinen Kriterien nicht entspricht, kommt sie nicht in die Flasche!«

Horst Sauer ist konsequent und selbstkritisch. »Gerade große Rieslinge verzeihen keine Kompromisse.« Die edelfaulen Trauben sind fragil.

»Durch die hohe Luftfeuchtigkeit entsteht enorme Botrytis im Escherndorfer Lump. Im Herbst zieht der Dunst langsam den Berg hinauf, und die Trauben werden feucht. Entscheidend ist der richtige Zeitpunkt. Bei edelsüßen Weinen muss man sehr schnell arbeiten. Abpressen und so schnell wie möglich in die Gärung, erst danach kann man sich wieder etwas Zeit nehmen. Alle Rieslinge werden im Edelstahl ausgebaut. Schwierig ist, genau den Punkt zu finden, an dem die Gärung stoppen soll. Am schönsten ist es, wenn die Rieslinge von allein stehen bleiben, ihre Charakterausprägung quasi selbst bestimmen. Wichtig ist, dass die Balance zwischen Süße, Säure und Alkohol stimmt.«

Ulrich Mell beherrscht das gesamte Riesling-Repertoire von trocken bis edelsüß

Ulrich Mell
WEINGUT GEHEIMER RAT
DR. VON BASSERMANN-JORDAN

Geheimer Rat Dr. von Bassermann-Jordan. Das hört sich nicht nur nach Tradition an, das 1718 gegründete Pfälzer Weingut ist auch eines der großen Denkmäler deutscher Weinkultur. Uli Mell klingt dagegen kurz und bündig, eher erfrischend und dynamisch. Beides zusammen – Bassermann und Mell – ist ein Erfolg versprechendes Konzept. Denn Mell hat, gemeinsam mit dem Geschäftsführer Gunther Hauck, dieses Monument deutscher Weingeschichte wieder auf flotten Weinkurs gebracht. Kellermeister Ulrich Mell geht behutsam vor, auch bei seinen Rieslingen. Immerhin hat die Sorte im Weingut Bassermann-Jordan einen Anteil von rund 90 %. Die Lagen, in denen die Rieslinge wachsen, gehören zu den besten der Pfalz: Forster Ungeheuer, Forster Pechstein, Forster Jesuitengarten und Forster Kirchenstück. Dazu Deidesheimer Hohenmorgen und Deidesheimer Kieselberg. Eine ideale Ausgangssituation. Und Ulrich Mell nutzt diese Chance, denn er steht in einer großen Tradition. Zwar werden die meisten Rieslinge im Kabinett- und Spätlesebereich trocken ausgebaut, aber das Weingut ist gleichzeitig seit fast 200 Jahren das edelsüße Aushängeschild der Pfalz.

Im Jahre 1811 wurde im Deidesheimer Weingut der erste edelsüße Riesling produziert, einer der ganz großen Jahrgänge. Mit diesem Weinmonument reihte sich Bassermann-Jordan in die edelsüße Spitze ein, die bis dahin vornehmlich im Rheingau und an der Mosel saß. Die edelsüßen Rieslinge von Mell sind kleine Kunstwerke, eine harmonische Aneinanderreihung komplexer Fruchtaromen, die sich zusammenfügen, als ob sie füreinander bestimmt wären. Die herzerfrischende Säure tanzt mit den süßen Aromen und hält sie gleichzeitig im Zaum, damit die geschmackliche Harmonie stimmt. Es ist das Talent des Ulrich Mell, diese widersprüchlichen Komponenten in einem Wein zu verpacken und dabei die Balance zu halten. Elegant gemacht. Edelsüßer Riesling aus einem Guss.

Olivier Humbrecht
ZIND-HUMBRECHT

Seiner wechselvollen Geschichte zwischen Deutschland und Frankreich verdankt das Elsass eine Weinkultur mit Stilen, die zwischen beiden Ländern angesiedelt sind. Vendange tardive und Sélection des grains nobles entsprechen den deutschen Bezeichnungen Auslese und Beeren-/Trockenbeerenauslese und werden zwischen Straßburg und Colmar von einigen Winzern in Perfektion produziert. Olivier Humbrecht ist einer dieser großen Perfektionisten. Nicht nur, dass der stattliche Winzer fast zwei Meter misst, das renommierte Weingut Zind-Humbrecht im mittelalterlichen Städtchen Turckheim ist einer der Betriebe im Elsass, die neben großen trockenen Weinqualitäten auch edelsüße Spezialitäten von besonderer Güte produzieren. Olivier Humbrecht, der außerdem den Titel »Master of Wine« führen darf, leitet den Betrieb mit Weitsicht und Geschick, hat längst auf biodynamische Bewirtschaftung umgestellt und lässt seine Kellerwirtschaft sehr zurückhaltend mit den Weinen umgehen. Riesling bietet Humbrecht gleich in mehreren Variationen an: »Er ist der eleganteste Weißwein der Welt«, sagt Humbrecht, »wenn das Lesegut

von tadelloser Qualität und Reife ist.« Seine Sélections des grains nobles jedenfalls beeindrucken mit einer delikaten Komplexität und Finesse, die in dieser Eleganz nur wenige Winzer weltweit hinbekommen.

Karl Kaiser
INNISKILLIN

Der etwas kurios anmutende Name des Weinguts entstammt keinem österreichischen Dialekt, sondern geht auf ein irisches Füsilierregiment zurück, das 1812 in Nordamerika eingesetzt war. Dagegen ist Karl Kaiser ein echter Österreicher, der seit mehr als 30 Jahren in Kanada lebt und sich dort einen Traum erfüllt hat. Gemeinsam mit Donald Ziraldo gründete Kaiser 1975 Inniskillin Wines in Niagara-on-the-Lake. Es war die erste Weingutlizenz in Ontario seit 1929. Kaisers Vision, außergewöhnliche Weine aus selektierten Trauben zu erzeugen, ließen ihn dann natürlich auch mit Eiswein experimentieren.

»Ich liebe diese kraftvolle Intensität der tropischen Fruchtaromen, die aus den gefrorenen Trauben gewonnen werden kann, das intensive Gefühl am Gaumen, diese sensationelle Begegnung von klarer Frucht, feiner Süße und frischer Säure, die lange in Erinnerung bleiben wird. Das sind Weine, die aus unserem Boden und unserem Klima kommen und die man ohne weiteres der Weinwelt präsentieren kann.«

1991 wurde ein 1989er Inniskillin Ice Wine in Bordeaux mit dem »Grand Prix d'Honneur« ausgezeichnet. Damit hat sich Kanada dank österreichischer Hilfe in die Annalen dieser Spezialität eingeschrieben. Ein paar Jahre nach diesem Triumph wurde Inniskillin von dcm amerikanischen Weingiganten Vincor International geschluckt.

KAPITEL 5

WO BITTE
GEHT'S ZUM
RIESLING?

VOM RICHTIGEN UMGANG BIS ZU
DEN BESTEN ADRESSEN

DER RICHTIGE DURCHBLICK

Die Glaswelt des Rieslings

Das Glas ist ein wichtiges Instrument, um Wein in all seinen Facetten genießen zu können. Doch bevor man in die Glaswelt einsteigt, sollte man wissen, wie Geschmack funktioniert. Obwohl generell beim Essen und Trinken vom »Geschmack« gesprochen wird, hat der Geruchssinn einen großen Anteil an den vermittelten Empfindungen. Da die Mundhöhle über den Rachen mit den Geruchsnerven verbunden ist, finden Schmecken und Riechen gleichzeitig statt. Die Zunge allein kann nur vier Geschmacksrichtungen unterscheiden. An der Zungenspitze wird Süße wahrgenommen, auf der hinteren Zunge sitzen die Geschmacksrezeptoren, die bitter erkennen, und die Zungenränder empfinden salzig und sauer.

Bevor der eigentliche Geschmack entsteht, wird die Temperatur und die Viskosität – ob ölig oder dünnflüssig – von der Zunge ertastet. Jetzt nicht schwach werden! Sofort den Wein zu schlucken würde das Vergnügen verkürzen. Darum bewegt man den Wein im Mund, um alle Geschmacksrezeptoren anzusprechen. Manche Verkoster spitzen den Mund, um einen zusätzlichen Luftstrom anzusaugen und mit dem Wein zu mischen und damit den Geschmack noch intensiver zu erleben.

GLÄSERNE REGELN

Das passende Glas zum Riesling ist kein Muss, aber empfehlenswert. Der Markt hält heute ein riesiges Angebot an Gläsern bereit. Damit die Wahl leichter fällt, sollten einige Regeln beachtet werden:

Bunte Gläser gehören in die Vitrine. Ein Weinglas sollte grundsätzlich farblos-klar sein. Selbst ein Kristallschliff kann die Beurteilung der Farbbrillanz beeinträchtigen. Auf den Geschmack des Weins hat die Farbe des Glases allerdings keinerlei Auswirkung. Dagegen entscheiden Glasform, Glasstärke und Glasrand, wie der Wein auf die Zunge und deren Geschmackszonen trifft. Das Glas als Degustationsinstrument kann dennoch keine Wunder vollbringen. Voraussetzung für eine differenzierte Wahrnehmung ist letztendlich immer die Qualität des Weins.

LANGSTIELIG

Gläser mit langem Stiel lassen sich schon deswegen besser handhaben, weil sie unschöne Fingerabdrücke am Kelch und damit eine Erhöhung der Weintemperatur durch die Handwärme vermeiden. Der Kelch sollte sich nach oben verjüngen und ausreichend Platz für den Wein bieten, damit er nicht beim ersten Schwenken herausschwappt. Aus diesem Grund sollten Weingläser auch nur zu einem Drittel bis maximal zur Hälfte gefüllt werden. Durch vorsichtiges Schwenken erhöht sich die Verdunstungsoberfläche, die Vielfalt der Aromen entwickelt sich schneller, und die Aromenmoleküle können besser aufsteigen und intensiver wahrgenommen werden.

GLÄSERTYPEN UND RIESLING-KATEGORIEN

Frucht, Säure, Tannin und Alkohol sind die variablen Komponenten eines Weins, deren Wahrnehmung über das Glas vermittelt und beeinflusst werden kann. Deshalb ist die Wahl des richtigen Glases entscheidend, um die Ausgewogenheit und das harmonische Verhältnis der einzelnen Weinbestandteile zueinander wahrzunehmen. So kann etwa das Geschmacksbild einer Bitternote je nach Glastyp unterschiedlich empfunden werden: von angenehm rund, mit Frucht unterlegt, bis grasig, grün oder sogar unangenehm medizinisch.

Ein einziges Glas, das alle Ansprüche vereint, gibt es nicht. Deswegen sind Kompromisse gefragt. Praktisch ist ein vielseitig einsetzbarer Allrounder, der den bereits genannten Eigenschaften insgesamt am nächsten kommt. Das ist nicht nur die finanziell günstige Variante, sondern auch eine Platz sparende Alternative. Aber es bleibt nun einmal Fakt, dass gerade Rieslinge die ausgeprägte Individualität ihrer unterschiedlichen Stile in entsprechend geeigneten Gläsern besser und vor allem deutlicher zeigen.

Gehört zur unverzichtbaren Grundausstattung: das richtige Glas

Solide Basis

Für Rieslinge der Kategorie »Solide Basis« ist der oben beschriebene Allrounder bestens geeignet. Die süffigen Brot-und-Butter-Rieslinge für jeden Tag fühlen sich im Allrounder wohl, denn das Glas fördert den sortentypischen intensiven Duft des Rieslings. Ausgewogenheit von Frucht und Säure kommen gut zur Geltung.

Zarte Finesse

Auch die zarten, finessenreichen Kabinettweine lassen sich aus dem Allrounder gut trinken. Allerdings entwickeln sie sich in einem mundgeblasenen Glas in ähnlicher Form delikater und feiner. Bei einem Glas, dessen Rand tulpenförmig leicht nach außen gewölbt ist, tritt dagegen die Säure dieser leichten Weine zu stark hervor.

Fruchtige Vielfalt

Das gilt auch für die vielfältige Frucht eines facettenreichen, fruchtsüßen Spätlesetyps. Je nach Volumen und Reife tut dem Wein durchaus ein etwas bauchigeres Glas gut, um die wunderbaren Aromen einzufangen und komprimiert an die Nase weiterzuleiten.

Komplexe Eleganz

Komplexe, elegante Rieslinge besitzen in der Regel einen sortentypischen, intensiven Duft nach Pfirsich und Aprikose, dazu ein hohes Maß an Mineralität, und sie verfügen über entsprechende Extrakte, über Alkoholwerte zwischen 12 und 13 % Vol. und eine meist kräftige Säure. Das bedingt ein feines Glas mit relativ hohem Kamin – das ist der Raum über dem Wein im Glas – und keiner zu großen Oberfläche, damit der Wein nicht zu alkoholisch wirkt. So gewinnt der Riesling an Eleganz, und seine komplexe Vielschichtigkeit wird harmonisch am Gaumen wahrgenommen.

Barocke Monumente

Diese kräftigen, oftmals üppigen Rieslinge lieben in der Regel große, bauchige Gläser, in denen sie sich voll entfalten und ihr gesamtes Aromenspektrum zum Ausdruck bringen können. Hier darf es auch ruhig einmal ein Spätburgunderglas sein, das man im täglichen Gebrauch sowohl für würzige, cremige Smaragd-Veltliner als auch für kräftige, im Barrique ausgebaute Chardonnays nutzen kann. In einem Glas mit großem Durchmesser kommt ein opulenter Riesling am besten zur Geltung, weil die Weinoberfläche ausreichenden Kontakt mit der Luft bekommt.

Edle Süße

Edelsüße, facettenreiche Rieslinge begnügen sich durch ihre extreme Dichte und hohe Konzentration an Aromastoffen mit kleineren Kelchen. Wichtig ist, dass sich sowohl der Duft als auch der spätere Geschmackseindruck optimal entwickeln können. Deswegen macht es Sinn, mundgeblasene Gläser zu verwenden, weil sie die feinen Aromen besonders gut zur Geltung bringen. Am Gaumen darf die Fruchtsäure des süßen Rieslings ein wenig verstärkt werden. So entsteht eine geschmackliche Harmonie, und die delikate Kombination aus intensiver Frucht, anregender Säure und herrlicher Süße kann in den Vordergrund treten.

Mineralwasser ist ein idealer Begleiter für Rieslinge aller Geschmacksstile

GRUND-AUSSTATTUNG

Riesling-Basics fürs Genießen

Weingenuss muss nicht teuer sein. Zur minimalen Grundausstattung gehören ordentliche Weingläser, denn sie sind das wichtigste Instrument, um Farbe, Geruch und Geschmack richtig beurteilen zu können. Den Korken bekommt man auch mit einem einfachen Korkenzieher aus dem Flaschenhals, empfehlenswert ist allerdings ein richtiges Kellnermesser. Daneben gibt es ein fast unerschöpfliches Angebot an sinnvollen und sinnlosen Accessoires für jeden Geldbeutel.

LUFT SCHNAPPEN

Das Dekantieren von Wein ist keine Zauberei zur Qualitätsverbesserung, sondern ein gängiges Verfahren, um feste Bestandteile von der Flüssigkeit zu trennen. Dabei handelt es sich in den meisten Fällen um den so genannten Bodensatz, der unangenehm zwischen den Zähnen knirscht und deswegen aus dem Wein entfernt werden sollte. Dazu wird die Flasche vorsichtig geöffnet und langsam vor einer Kerze oder Taschenlampe in eine Karaffe gegossen. Im Licht werden die Trub- und Schwebeteilchen sichtbar, die möglichst nicht in den Flaschenhals und damit in die Karaffe gelangen sollen. Der Wein in der Karaffe ist nun klar, und der – möglichst – kleine Rest in der Flasche enthält das gesamte Depot. Auch die gezielte Belüftung eines Weins kann Grund für das Dekantieren sein. Harte, strenge und vor allem junge Weine – weiße wie rote – entwickeln sich durch den Sauerstoff-

einfluss während des Umfüllens aus der Flasche in die Karaffe geschmacklich runder und ausdrucksvoller. Je länger man den Wein vor dem Servieren dekantiert, umso stärker ist die Wirkung. Übrigens: Bei fast allen Weinen führt das Dekantieren zu einer Geschmacksverbesserung, vielleicht mit Ausnahme von reifen Pinots noirs bzw. Spätburgundern.

RATSAM

Guter Rat muss nicht teuer sein. Aber bei der unüberschaubaren Vielzahl der angebotenen Weine lohnt es, sich im Fachhandel beraten zu lassen. Hier stimmen in der Regel Auswahl, Service, Weinkenntnis und Preis. Auch wenn man eventuell ein bis zwei Euro mehr investieren muss als im Supermarkt, bekommt man im Fachhandel eine solide Beratung und kann sich in Gesprächen mit erfahrenen Verkäufern in Sachen Wein weiterentwickeln. Ganz wichtig: Der beste Wein ist immer der, der einem am besten schmeckt. Ein guter Wein, der Ihnen gefällt, kann daher nicht zu teuer sein. Ein Wein, der Ihnen nicht schmeckt, ist allerdings immer zu teuer!

LIEGEN BLEIBEN

Weine verändern sich mit der Zeit – mal in eine positive Richtung, mal ins Gegenteil. Es kann passieren, dass man sich voller Euphorie von einem Wein gleich mehrere Kisten in den Keller gelegt hat, aber nach zwei, drei Jahren leider feststellen muss, dass der Wein plötzlich matt und schal oder sogar unangenehm schmeckt. Dafür kann es zwei Gründe geben: Entweder war der Wein ein »Blender«, der keine Alterungssubstanz hatte, oder die Lagerung war nicht optimal. Den einfachen, preiswerten Alltags-Riesling trinkt man am besten bald nach dem Einkauf. Hochwertigen Rieslingen darf man etwas Zeit geben, sie können sich positiv entwickeln. Das gilt sowohl für komplexe, trockene Rieslinge als auch für sämtliche edelsüßen Spezialitäten, die meist Potenzial für Jahrzehnte mitbringen. Ob ein Wein lagerfähig ist und vor allem wie lange, darüber sollte Ihnen der Winzer oder der Fachhändler kompetente Auskunft erteilen können.

Folgende Grundregeln können Sie aber immer berücksichtigen: Ein Riesling, der in seiner Jugend bitter ist, wird diese Noten auch nach Jahrzehnten nicht verlieren. Bitterstoffe weisen auf grüne, unreife Phenole hin, die mit zunehmendem Alter eher aggressiver werden. Ein trockener Riesling mit viel Säure entwickelt sich nur dann optimal, wenn die Säure über Extrakte, Alkohol oder Restsüße gepuffert ist. Ansonsten besteht die Gefahr, dass der Wein »austrocknet« und später zwar weniger Säure, aber auch einen hohlen Geschmack präsentiert.

TEMPERATUR

Wie warm oder kalt ein Wein sein sollte, dafür lassen sich keine allgemein gültigen Regeln aufstellen. Letztendlich hat jeder Mensch ein eigenes Temperaturempfinden, es bleibt eine individuelle Gefühlssache. Wie bei der Empfindung von Gerüchen und Geschmack handelt es sich auch bei der Temperatur um einen Sinneseindruck, der sich bei unterschiedlichen Witterungsverhältnissen, Außen- und Innentemperaturen und vor allem stimmungsbedingt ändern kann. Im Winter be-

vorzugt man höhere Trinktemperaturen, während man im Sommer generell nach kühleren Getränken sucht. Es gilt das, was schmeckt!

Servieren oder Trinken?

Wenn von einer idealen Weintemperatur die Rede ist, muss zwischen der Servier- und der Trinktemperatur unterschieden werden. So nimmt zum Beispiel die Wärme eines Raumes bereits deutlich spürbaren Einfluss auf die Serviertemperatur. Und in einem gut gefüllten Restaurant mit einer durchschnittlichen Raumtemperatur kann sich ein gekühlter Riesling innerhalb nur weniger Minuten um zwei bis drei Grad erwärmen. Dickwandige Gläser können diesen Prozess zusätzlich beschleunigen, vor allem dann, wenn sie noch warm aus der Spülmaschine kommen oder an einem relativ warmen Platz aufbewahrt werden. Auch das Umfüllen in eine Dekantierkaraffe erwärmt den Wein um mindestens 1 bis 2 °C.

Riesling aus der Kälte

Mehr als je zuvor werden heute Weine angeboten, die zum baldigen oder sofortigen Konsum bestimmt sind. Vom Supermarktregal in den Kühlschrank und einige Stunden später auf den Tisch – das ist kein Problem. Man muss keinen aufwendigen Gewölbekeller nachbauen lassen, einfache Alltagsweine überstehen ohne Probleme einige Tage und Wochen im Kühlschrank. Wird der Wein im relativ warmen Reihenhauskeller gelagert und es muss mal schnell gehen, spricht nichts dagegen, den Riesling kurz ins Tiefkühlfach zu legen oder mit einer Rapid-Ice-Manschette schnell herunterzukühlen. Diese Methode ist in jedem Fall besser, als den Wein zu warm zu trinken und sich damit um den Genuss zu bringen.

Behutsam im Alter

Reife, hochwertige Rieslinge sind allerdings in ihrer Struktur wesentlich fragiler. Sie sollten behutsam auf die richtige Temperatur gebracht werden. Kälte bremst die Entfaltung der Aromen, und das bedeutet Geschmacksverlust. Tipp: Für solche Rieslinge sind Sektkühler mit Eiswürfeln tabu, denn sie bringen den Wein an den Rand der Gefrierzone und rauben ihm damit jegliches Aromenspiel.

Welche Temperatur zu welchem Riesling-Typ?

Rieslinge der Kategorie »Solide Basis« kommen dagegen wunderbar mit kühlen Temperaturen klar. Sie dürfen schon mal aus dem Kühlschrank direkt ins Glas eingeschenkt werden. Das schadet weder dem sortentypischen Duft noch der knackigen Säure. Eher sollten diese unkomplizierten Rieslinge nicht zu warm getrunken werden, sonst verlieren sie an Spannung.

Kabinettweine des Typs »Zarte Finesse« lieben ebenfalls kühle Temperaturen, vertragen aber aufgrund ihres relativ niedrigen Alkoholgehalts auch etwas höhere Temperaturen. Da sie in sich über eine harmonische Verbindung zwischen Frucht, Säure, Süße und Alkohol verfügen, kann man sie ganz nach Belieben zwischen 7 °C und 10 °C servieren. Die exakte Temperatur ist nur mit einem Thermometer zu bestimmen, man sollte sich aber lieber auf die gefühlte Temperatur verlassen. Deshalb gilt die alte Faustregel, im Zweifelsfall einen Wein eher zu kalt als zu warm zu servieren. Denn warm wird er von selbst.

Facettenreiche, fruchtsüße Spätlesen reagieren in jungen Jahren – wenn die Fruchtaromen noch deutlich überwiegen – ähnlich wie Kabinettweine. In reiferem Zustand sollte man ihnen allerdings eine moderatere Temperatur von 10 °C bis 12 °C gönnen. Sie danken

es und zeigen entschieden mehr von ihrem Geschmacksspektrum.

Große Gewächse in trockener Geschmacksrichtung, aber auch opulente, reife Rieslinge dürfen nicht zu warm getrunken werden. Ihre oftmals hohen Alkoholwerte, die durchaus zwischen 12 und 14 % Vol. liegen können, entwickeln sonst breite, unangenehme Noten und nehmen den Weinen die stützende Eleganz. Damit sie neben der Kraft auch ihre immense Vielschichtigkeit zeigen können, sollten sie zwischen 10 °C und 13 °C getrunken werden.

Auslesen, Beerenauslesen, Trockenbeerenauslesen und Eisweine zeichnen sich durch die delikate Kombination von anregender Säure und Fruchtsüße aus. Sie sollten keinesfalls zu warm getrunken werden, weil dann die Säure wegbricht und die entsprechende Süße pappig und schwerfällig wirken kann.

WAHLVERWANDT-SCHAFTEN

Riesling und Essen

Zu einem genussreichen Leben gehört Wein, zum Essen sowieso. Und das nicht nur bei festlichen Anlässen. Riesling ermöglicht viele genussvolle Kombinationen, die sich harmonisch miteinander verbinden können – wenn man gewisse Spielregeln beachtet. Dabei geht es nicht darum, ob Weißwein zu Fisch und Rotwein zu Wild passt. Um geschmackliche Harmonie zwischen Wein und Speise zu erreichen, kommt es auf die geschmacksprägenden Elemente wie Gewürze, Saucen oder Gar- und Zubereitungsmethoden an. Ist ein Fisch gebraten, pochiert oder mariniert, wurde das Fleisch gekocht, gegrillt, gebraten oder im Ofen geschmort? Welche Kräuter und Gewürze aromatisieren zusätzlich, und was für eine Sauce nimmt in welcher Intensität Einfluss auf das Gericht? Aufgrund der vielfältigen Verbindungsmöglichkeiten ist es wichtig, die Wechselwirkungen der Inhaltsstoffe von Weinen und Speisen zu kennen, um mit optimaler Geschmackswirkung kombinieren zu können. Dies kann man sowohl durch harmonische, aber auch durch gegensätzliche Verbindungen erreichen.

Diese Geschmacksrichtungen reagieren aufeinander und verstärken sich gegenseitig: süß und süß, salzig und salzig, salzig und sauer, sauer und sauer, sauer und bitter, bitter und bitter.

Diese Geschmacksrichtungen verdecken oder ergänzen sich gegenseitig: süß und salzig, süß und bitter, süß und sauer, salzig und bitter.

RIESLING IST WÄHLERISCH

Säure und Säure verstärken sich gegenseitig. Darauf reagiert Riesling im wahrsten Sinne des Wortes einfach sauer und zieht sich geschmacklich zurück. Salz verträgt sich ebenfalls nicht besonders mit der Riesling-Säure. Bringt der Wein allerdings etwas Restsüße mit, können Salz und Fruchtsüße ideale Partner werden. Röstaromen, wie sie bei angebratenem Fleisch oder Fisch entstehen, machen es vor allem jungen, frischen Rieslingen mit ausgeprägter Säure schwer. Reife Rieslinge, durchaus mit einem Touch Restsüße, schmiegen sich solchen Gerichten besser an.

Folgende Lebensmittel kann man nur in sehr moderater Form in ein Gericht einbauen. Sie müssen mit Hilfe von so genannten Brückenelementen eingebunden werden und dürfen keinesfalls dominant sein oder den Mittelpunkt des Gerichts bilden, sonst hat der Riesling keine Chance. Bestimmte Kombinationen lässt er nicht zu, reagiert abweisend, schmeckt bitter oder sogar sauer.

Artischocken weisen einen zu hohen Gehalt an Bitterstoffen auf und schmecken in Verbindung mit Riesling metallisch.

Eis ist schlichtweg zu kalt, um es gemeinsam mit Riesling zu genießen. Desgleichen harmonieren weder der Fettanteil der Sahne noch die begleitende Süße mit Riesling.

Erdbeeren besitzen viel Fruchtsäure, die mit der Säure des Rieslings kollidiert.

Kaffee lähmt den Geschmack für gut 20 Minuten. Deshalb ist von gleichzeitigem Genuss von Wein und Kaffee abzuraten.

Matjes lassen nicht nur Riesling, sondern jeden Wein metallisch und sauer schmecken.

Obst hat im rohen Zustand viel Fruchtsüße und Säure, die sich mit der Säure des Rieslings nicht verträgt. Riesling ist allerdings sehr gut einsetzbar zu gekochten Kompotten und Chutneys.

Rettich und Radieschen sind ebenso wie rohe Zwiebeln und Meerrettich aufgrund der Verbindung von Bitterstoffen, Säure und ätherischen Ölen für Riesling sehr problematisch.

Sardellen haben einen zu hohen Salzanteil, um mit Riesling zu harmonieren.

Schokolade zerstört durch den hohen Fett- und Zuckeranteil den originären Riesling-Geschmack.

Spinat besitzt Bitterstoffe, die im Mund fast adstringierend wirken. Sie verändern die Frucht- und Säurestruktur des Rieslings.

Tomaten besitzen viel Säure. Besonders leichte, zarte Rieslinge haben zu wenig Substanz, um gegen sie anzutreten.

HARMONIE ODER GEGENSATZ

Manchmal ist es sinnvoll, dem Riesling eine Brücke zu bauen, um der relativ dominanten Säure und Süße entsprechend entgegenzuwirken oder beides so zu vereinen, dass das Gericht gemeinsam mit dem Riesling ein Geschmackserlebnis wird. Harmonie zwischen Wein und Speisen kann zum Beispiel durch übereinstimmende Aromen entstehen. Probieren Sie eine reife Riesling-Spätlese zu Apfelkuchen, und Sie werden im Wein und im Kuchen ähnliche Apfel- und Honigaromen finden. Oder lassen Sie sich einen kräftigen Elsässer Riesling zu einem leicht würzigen,

süßlichen Choucroute munden. Eine klassische Kombination, die sehr gut funktioniert. Auch aromatische Gegensätze haben ihren Reiz. Ein geschmorter Ochsenschwanz mit einer leicht sämigen Sauce verträgt durchaus einen reifen Riesling mit knackiger Säurestruktur. Sowohl das geschmorte Fleisch als auch die sämige Sauce besitzen Süße, zarte Karamellaromen und puffern damit die Säure. Ein restsüßer Riesling hätte hier keine Chance, und auch ein kräftiger, trockener Riesling würde sich in dieser Kombination regelrecht stumpf entwickeln.

DIE SAUCE MACHT DEN WAHREN GESCHMACK

Jedes Fleisch, jeder Fisch, aber auch Gemüse und Beilagen können mit Saucen verfeinert und damit geschmacklich beeinflusst werden. Erst die Sauce bringt die eigentliche Spannung in ein Gericht. Sie ist die Seele des Gerichts und damit ein sehr wichtiger und bestimmender Part in der Kombination. Deshalb sollte auch die Wahl des Rieslings auf die Sauce abgestimmt werden.

Der Sternekoch Harald Rüssel vom Landhaus St. Urban in Naurath in der Eifel setzt konsequent auf feinste regionale Küche mit mediterranen Einflüssen. Der Vordenker der neuen deutschen Küche hat nicht nur familiäre Beziehungen zum Riesling, er nutzt den Wein auch zur Verfeinerung seiner Speisen und zeigt, wie alle Bestandteile harmonisch verbunden werden können. Man nennt ihn in der Szene auch liebevoll den Saucenkoch. Deshalb erklären wir anhand seiner Saucen, warum sie gerade in der Kombination mit Riesling besonders gut schmecken.

Beurre blanc

Sie ist eine der wichtigsten Saucen in der guten Küche und besitzt einen feinen, buttrigen, säurebetonten Geschmack. Dazu passt ein gereifter, ehemals restsüßer Kabinettwein genauso wie ein leicht gereifter, kräftiger, komplexer Riesling.

Currysauce

Diese Variante der Beurre blanc ist mit Mango- und Apfelstückchen, Currypaste und Madrascurry aromatisiert. Die leichte Schärfe und extreme Würzigkeit vertragen sich optimal mit frischen restsüßen Spätlesen und Auslesen.

Pimento-Ingwer-Sauce

Das ist die scharfe Variante der Beurre blanc mit Ingwer, Chilischoten und rotem Paprika. Den perfekten Ausgleich schaffen Thymian und Rosmarin sowie der Krustentierfond, mit

Harald Rüssel

dem die Sauce abgelöscht wird. Aufgrund der leichten Schärfe und der Kräuternoten sind restsüße Rieslinge aller Kategorien ideale Partner.

Morchelrahm

Eine cremige Sauce, die zu großen trockenen Rieslingen passt. Hier punkten sowohl die eleganten, komplexen Gewächse als auch die opulenten Wachauer und Elsässer Rieslinge. Restsüße Rieslinge lassen die Sauce eher ungelenk und fettig erscheinen, da die Süße durch den Pilzgeschmack und die Sahne verstärkt wird.

Sauce bourride

Eine mediterrane Sauce ohne Sahne, die aus Fisch und Hummerkarkassen gekocht, mit Tomaten und frischer Paprikaschote aromatisiert und mit frischen Kräutern, Orangensaft und Orangenschale verfeinert wird. Aufgrund des hohen Tomaten- und Paprikaanteils schmeckt ein trockener Riesling dazu fast sauer und verliert seinen Schmelz, während restsüße Kabinettweine und Spätlesen als ideale Partner ihren ganzen Charme entfalten können.

Vinaigrette

Salat mit Vinaigrette – Essig und Riesling? Ein fast unlösbares kulinarisches Vorspeisenproblem, das sich beinahe täglich stellt. Stimmt jedoch die Vinaigrette, dann passt auch der Riesling. Grundsätzlich sollte man nur milde Essige verwenden und den Säuregehalt des Essigs mit Öl und einem Anteil geschmackvoller Brühe abpuffern. Die Vinaigrette sollte sich aus einem Teil Essig, einem Teil Öl und

Spitzenkoch und Chef der Jeunes Restaurateurs
Deutschland: Harald Rüssel

Passt wunderbar zu Riesling: Kabeljau mit Graupen und gepökeltem Kalbskopf von Harald Rüssel

zwei Teilen frisch gekochter Brühe zusammensetzen. Die Basis ist ein Ansatz mit Schalotten und verschiedenen Aromaten, frisch geröstetem Gemüse, Koriander, Pfeffer und Piment, der einige Stunden ziehen muss. Der Geschmack kann mit Senf verfeinert werden. Auf diesen Ansatz wird die warme Brühe gegeben und mit etwas Maisstärke gebunden.

Da die meisten Salate mit gebratenem Fisch, Fleisch, Terrinen, Schinken oder Pasteten serviert werden, unterliegen sie den gleichen Bedingungen in Bezug auf den Wein wie das Fleisch oder der Fisch des Hauptgangs. Die Sauce, in diesem Fall die Vinaigrette, ist letztlich entscheidend. Gibt es zum Beispiel einen Salat mit Geflügel, wird die gebratene Ge-

flügelleber fein püriert und die Vinaigrette damit sozusagen parfümiert. Die Geflügelleber sorgt für eine cremige, leicht süßlich schmeckende Konsistenz, die hervorragend zu Rieslingen mit leichter Restsüße passt. Eine neutrale Gemüsevinaigrette verträgt sich besonders gut mit Riesling. Zunächst werden kleine Würfel von Zucchini, Auberginen und Möhren in einer Pfanne angeschwitzt, anschließend ganz kurz mit dem Pürierstab zerkleinert. Dadurch entsteht eine natürliche Bindung, und der neutrale, puffernde Geschmack der Gemüse garantiert Verträglichkeit mit fast jedem Riesling-Typ. Auch eine sämige Kartoffelvinaigrette mit kleinen gebratenen Speckwürfelchen kann die Säure im Riesling angenehm zurücknehmen und so zu einem idealen Partner für trockene Rieslinge werden.

DIE RICHTIGEN BEGLEITER FÜR DEN RIESLING

Fleisch (geschmort)

Geschmortes Fleisch wird meist mit der eigenen, sämigen Sauce serviert und entwickelt aufgrund des langen Garprozesses leicht süßliche, karamellartige Aromen. Dazu passen wunderbar reife Rieslinge, die durchaus Säure besitzen dürfen.

Fleisch und Fisch (kurz gebraten)

Man kann ohne weiteres ein gebratenes Kalbsrückensteak mit einem Riesling kombinieren. Allerdings sollte man in diesem Fall auf eine kräftige Rotweinsauce verzichten und eher Steinpilze mit entsprechender Rahmsauce servieren. Wenn jedoch Fisch gebraten und mit einer herzhaften provenzalischen Rosmarinjus serviert wird, kann sich kein Riesling der Welt dagegen behaupten.

Gewürze und Kräuter

Frische Gartenkräuter vertragen sich fast ausnahmslos mit allen Riesling-Varianten, da sie den Geschmack eines Gerichts nur unterstützen und verfeinern. Dagegen schmecken Kräuter oder Gewürze mit ätherischen Ölen wie zum Beispiel Rosmarin oder Salbei in der Regel so intensiv, dass ein feiner Riesling-Geschmack deutlich in den Hintergrund tritt.

Gemüse

Gemüse, das eine gewisse Süße besitzt – beispielsweise Möhren, Zuckerschoten, Fenchel, Zwiebeln –, kann als »Brückenmodul« benutzt werden, um die Säure im Riesling etwas abzupuffern. Zucchini, Auberginen, Gurken, Kohlrabi passen als so genannte neutrale Ge-

müse zu allen Riesling-Typen. Dagegen sollte man bittere Gemüse wie Radicchio und Chicorée nicht unbedingt mit Riesling kombinieren, weil sie seine Säure zu stark in den Vordergrund treten lassen.

Hülsenfrüchte

Bohnen, Linsen, Erbsen, aber auch Kartoffeln sind perfekte Begleiter und »Brückenmodule«, weil sie Stärke enthalten und damit Säure oder Röstaromen binden können.

Riesling und Käse

Riesling ist kein wirklich optimaler Käsewein, aber es gibt Kombinationen, die passen und schmecken, zum Beispiel Ziegenfrischkäse mit einem frischen, jungen Riesling mit moderater Säure. Rotschmierige, mit Salz gewaschene, kräftige Käse aus Kuhmilch – wie Munster, Ami Chambertin und Epoisses – bevorzugen dagegen reife Spätlesen oder Auslesen. Zum Blauschimmelkäse passt wiederum alles, was edel und süß ist. Allerdings sollte der Riesling Volumen haben. Eine zarte Moselspätlese wird durch den hohen Salzgehalt förmlich erdrückt, während Beerenauslesen und Trockenbeerenauslesen eine fabelhafte Kombination darstellen.

Riesling und »Asiatische Küche«

»Eine asiatische Küche im eigentlichen Sinn gibt es genauso wenig, wie es eine einheitliche europäische Küche gibt.« Das ist die klare Aussage von Kazuya Fukuhira, der seit vielen Jahren in Deutschland lebt und arbeitet. Seine Liebe gilt dem Rheingauer Riesling. Fukuhira weiß deshalb mit den klassischen Kombinations-Tücken dieser eigenwilligen Rebsorte umzugehen, beherrscht aber auch die geschmacklich brillanten Highlights, die Riesling in Verbindung mit asiatischen exotischen Aromen bieten kann. Unter dem Begriff

»Asia« versteht man vor allem exotische Gewürze, Kräuter, Obst und Gemüse aus den verschiedenen Ländern Asiens sowie deren spannungsreiche Kombination und unterschiedliche Gartechniken aus den jeweiligen Küchen Japans, Chinas, Vietnams, Thailands oder Indonesiens. Anders als die meisten europäischen Kochstile setzen fast alle asiatischen Küchen auf die geschmackliche Dominanz von Gewürzen und speziellen Aromen. Salz wird selten verwendet, den salzigen Geschmack erreicht man mit speziellen Marinaden sowie salzigen Fisch- und Sojasaucen. Aber auch höllisch scharfe Currypasten, Tandoori, scharfer Wasabe (japanischer Meerrettich) und extrem süße Saucen finden Verwendung, zum Beispiel eine Teriyaki-Marinade mit Zucker und Reiswein.

Die Spannung vieler asiatischer Gerichte liegt in den aromatischen Gegensätzen von Schärfe und Süße. Bei einem Curryhuhn mit Chili, Koriander, Ingwer, Zitronengras und Kokos dominiert zunächst die Kombination von Würze und Schärfe. Die Kokosmilch puffert diese Schärfe elegant ab und stellt aufgrund ihres Fettgehalts die würzigen und kräutrigen Aromen in den Vordergrund.

Der ebenfalls aromatische Riesling korrespondiert deshalb ideal mit den pikanten Gewürzen vieler asiatischer Kochstile: Rieslinge mit einer ausgeprägten Frucht, feiner Restsüße, delikater Säure und niedrigem Alkohol sind gerade für dominant würzige, ein wenig scharfe und manchmal salzige Aromen die idealen Begleiter, weil sie mit ihrer Vielschichtigkeit diese expressiven Geschmacksrichtungen perfekt balancieren und dem Gericht als frisches, belebendes Element zur Seite stehen. Ein Riesling mit hoher Restsüße verliert den dominanten süßen Geschmack, präsentiert sich eher erfrischend, fruchtig, mit Schmelz, und entsprechend wird die Schärfe

Ein Meister der asiatischen und europäischen Kochkunst: Kazuya Fukuhira

des Gerichts wesentlich abgemildert. Die Schärfe tropft sozusagen an der Süße des Rieslings ab. Ein trockener, komplexer Riesling hätte hier keine Chance, der Wein würde noch trockener schmecken und es würde ihm jegliche Finesse, die Frucht und vor allem der Schmelz genommen. Gleiches gilt für salzige Geschmackseinflüsse. Riesling mit Restsüße balanciert diese Komponenten dagegen ausgezeichnet.

RIESLING-SEKT

Prickelnde Aromen unter Druck

Riesling-Sekte bietet heute fast jeder Winzer an, der die Rebsorte im Anbau hat. Aber längst nicht alles ist prickelnd, was aus der Riesling-Traube versektet wird. Dagegen produzieren Winzer, die ihren Sekt nicht einfach als Zweitverwertung für mittelmäßiges Traubenmaterial sehen, ein eigenständiges, hochwertiges Qualitätsprodukt mit erkennbarer Riesling-Typizität. Bernhard Kirsten aus

Klüsserath ist einer der Spezialisten für Riesling-Sekt. Er weiß, dass man an Sekt mit den gleichen Qualitätsmaßstäben herangehen muss wie an einen anspruchsvollen Wein.

Der Trend geht also eindeutig in Richtung hochwertiger Sekte mit klassischer, traditioneller Flaschengärung, die Finesse und feine, gut eingebundene Kohlensäure besitzen und den Rebsortencharakter erkennen lassen. Eine ideale Vorlage für den Riesling, der sich auch während der Versektung treu bleibt und sein typisches Geschmacksbild deutlich weniger als andere Rebsorten verändert.

Riesling-Sekt präsentiert im prickelnden Zustand sehr konstant die Aromen, die schon in den Grundweinen vorhanden waren. »Voraussetzung sind vor allem reife und gesunde Trauben in Spätlesequalität, denn selbst kleine Anteile an edelfaulem Lesegut (Botrytis) können sich im Alterungsprozess negativ auf die Frische durchschlagen und leichte Bitter- und Petroleumtöne in den Sekt bringen«, sagt Bernhard Kirsten, dessen Riesling-Sekte zu den besten gehören. »Die Qualität des Grundweins ist das entscheidende Kriterium für gute Riesling-Sekte.«

Riesling-Sekt wird bei Bernhard Kirsten in der traditionellen Flaschengärung angeboten

ALLES AUS EINEM JAHRGANG

Im Gegensatz zu vielen Champagnern oder bekannten Markensekten liegt den meisten Winzer-Riesling-Sekten keine Cuvée zugrunde, bei der mehrere Weine aus verschiedenen Jahrgängen miteinander verschnitten werden. Vielmehr besteht die Kunst darin, einen geschmacklich harmonischen und ausgeglichenen, aber nicht zu alkoholreichen Grundwein zu erzeugen, was bereits im Weinberg beginnen muss. Bevor dieser Wein in die Flasche kommt, wird ihm ein Gemisch aus Wein, Zucker und eigens entwickelten Hefen zugesetzt, damit er ein zweites Mal vergären kann. Zwischen neun Monaten und fünf Jahren bleibt der Wein auf der Hefe, die ihn frisch hält und ihm den typischen, cremigen Hefegeschmack verleiht. Wenn die Reifung beendet ist, werden die Flaschen kopfüber in ein so genanntes Rüttelpult gesteckt und jeden Tag ein wenig gedreht und gerüttelt, damit die Hefe sich lockert und langsam in den Flaschenhals sinkt. Um den so gebildeten Hefepfropfen zu entfernen (degorgieren), wird der Flaschenhals in einem Eisbad schockgekühlt. Beim Öffnen schießt der gefrorene Hefepfropfen unter dem Druck der Kohlensäure aus der Flasche. Bevor die Flasche wieder verschlossen wird, wird der Flüssigkeitsverlust mit der so genannten Dosage (ein hochwertiger Wein, in dem je nach Geschmacksrichtung etwas Zuckersirup und Schwefeldioxid gelöst sein können) wieder ausgeglichen.

Die meisten Riesling-Sekte werden in der Geschmacksrichtung »brut«, also trocken, produziert. Es gibt aber auch Sekte, die sich nach dem Hefelager so perfekt und cremig präsentieren, dass sie keine Dosage benötigen. Sie werden mit dem gleichen Sekt aus einer anderen Flasche aufgefüllt und kommen als »Dosage Zero« in den Handel.

ADRESSEN

Wege zum Riesling

Icons
ⒷⒺⒻⓂⓈⓋ

In den vorhergehenden Kapiteln haben wir anhand von sechs verschiedenen Kategorien eine Einteilung nach Geschmackstypen vorgenommen und zu jeder dieser Kategorien exemplarisch besonders charaktervolle Rieslinge und deren Winzer vorgestellt. Es gibt aber auf der ganzen Welt eine Vielzahl weiterer hervorragender Rieslinge, die sich jedoch nicht ohne weiteres in unser Geschmackstypen-Korsett zwängen lassen. Deshalb haben wir in der anschließenden Auflistung von Adressen die entsprechenden Icons nur sparsam verteilt.

DEUTSCHLAND

AHR

Winzergenossenschaft Mayschoß-Altenahr e.G.
ⒷⓈ
Ahrrotweinstraße 42
D-53508 Mayschoß
Tel. +49 2643 93600
wmayschoss@t-online.de
www.winzergenossenschaft-mayschoss.de
(siehe Seite 101)

Weingut Deutzerhof Cossmann-Hehle
D-53508 Mayschoß
Tel. +49 2643 7264
info@weingut-deutzerhof.de
www.weingut-deutzerhof.de

BADEN

Andreas Laible
Ⓔ
Am Bühl 6
D-77770 Durbach
Tel. +49 781 41238
info@weingut-laible.de
www.weingut-laible.de
(siehe Seite 126)

Schloss Neuweier
Mauerbergstraße 21
D-76534 Baden-Baden
Tel. +49 7223 96670
kontakt@weingut-schloss-neuweier.de
www.weingut-schloss-neuweier.de

Stigler
Bachenstraße 29
D-79241 Ihringen
Tel. +49 7668 297
info@weingut-stigler.de
www.weingut-stigler.de

Achim Jähnisch
Hofmattenweg 19
D-79238 Kirchhofen
Tel. +49 7633 801161
a.jaehnisch@t-online.de
www.weingut-jaehnisch.de

Gut Nägelsförst
Ⓑ
Nägelsförst 1
D-76534 Baden-Baden
Tel. +49 7221 35550
info@naegelsfoerst.de
www.naegelsfoerst.de

Weingut Dr. Heger
Bachenstraße 19/21
D-79241 Ihringen
Tel. +49 7668 205
info@heger-weine.de
www.heger-weine.de

FRANKEN

Weingut am Stein Ludwig Knoll
Mittlerer Steinbergweg 5
D-97080 Würzburg
Tel. +49 931 25808
mail@weingut-am-stein.de
www.weingut-am-stein.de

Bickel-Stumpf
Ⓑ
Kirchgasse 5
D-97252 Frickenhausen am Main
Tel. +49 9331 2847
info@bickel-stumpf.de
www.bickel-stumpf.de

Bürgerspital zum Hl. Geist
Theaterstraße 19
D-97070 Würzburg
Tel. +49 931 35030
info@buergerspital.de
www.buergerspital.de

Rudolf Fürst
Hohenlindenweg 46
D-63927 Bürgstadt am Main
Tel. +49 9371 8642
info@weingut-rudolf-fuerst.de
www.weingut-rudolf-fuerst.de

Ⓑ Solide Basis   Ⓔ Komplexe Eleganz   Ⓕ Zarte Finesse   Ⓜ Barocke Monumente   Ⓢ Edle Süße   Ⓥ Fruchtige Vielfalt

Weingut Hofmann
Strüther Straße 7
D-97285 Röttingen
Tel. +49 9338 1577
weingut.a.hofmann@t-online.de

Fürst Löwenstein
Ⓜ
Rathausgasse 5
D-97892 Kreuzwertheim
Tel. +49 9342 92350
kreuzwertheim@loewenstein.de
www.loewenstein.de
(siehe Seite 135)

Horst Sauer
Ⓑ Ⓢ
Bocksbeutelstraße 14
D-97332 Escherndorf
Tel. +49 9381 4364
info@weingut-horst-sauer.de
www.weingut-horst-sauer.de
(siehe Seite 147)

Staatlicher Hofkeller Würzburg
Rosenbachpalais
Residenzplatz 3
D-97070 Würzburg
Tel. +49 931 3050923
hofkeller@lwg.bayern.de
www.hofkeller.de

Hans Wirsching
Ludwigstraße 16
D-97346 Iphofen
Tel. +49 9323 87330
wirsching@t-online.de
www.wirsching.de

Schmitt's Kinder
Am Sonnenstuhl
D-97236 Randersacker
Tel. +49 931 7059197
info@schmitts-kinder.de
www.schmitts-kinder.de

HESSISCHE BERGSTRASSE

**Hessische Staatsweingüter
Domaine Bergstraße**
Ⓢ
Grieselstraße 34–36
D-64625 Bensheim
Tel. +49 6251 3107
bergstrasse@
staatsweingueterhessen.de
www.staatsweingueterhessen.de

MITTELRHEIN

Didinger
Ⓑ Ⓢ Ⓥ
Rheinuferstraße 13
D-56340 Osterspai
Tel. +49 2627 512
weingutdidinger@web.de
www.weingut-didinger.de

Toni Jost – Hahnenhof
Ⓑ Ⓕ Ⓢ Ⓥ
Oberstraße 14
D-55422 Bacharach
Tel. +49 6743 1216
tonijost@debitel.net

Matthias Müller
Ⓑ Ⓕ Ⓢ Ⓥ
Mainzer Straße 45
D-56322 Spay am Rhein
Tel. +49 2628 8741
weingut.matthias.mueller
@t-online.de
(siehe Seite 104)

Ratzenberger
Ⓑ Ⓕ Ⓢ Ⓥ
Blücherstraße 167
D-55422 Bacharach
Tel. +49 6743 1337
weingut-ratzenberger@t-online.de
www.weingut-ratzenberger.de

Florian Weingart
Ⓑ Ⓢ Ⓥ
Mainzer Straße 32
D-56322 Spay am Rhein
Tel. +49 2628 8735
info@weingut-weingart.de
www.weingart-wein.de
(siehe Seite 114)

MOSEL-SAAR-RUWER

Clemens Busch
Ⓕ Ⓜ Ⓢ Ⓥ
Kirchstraße 37
D-56862 Pünderich
Tel. +49 6542 22180
weingut@clemens-busch.de
www.clemens-busch.de
(siehe Seite 106)

Ansgar Clüsserath
Ⓑ Ⓕ Ⓢ Ⓥ
Spielestraße 4
D-54349 Trittenheim
Tel. +49 6507 2290
weingut@ansgar-cluesserath.de
www.ansgar-cluesserath.de
(siehe Seite 113)

Clüsserath-Weiler
Ⓑ Ⓢ
Haus an der Brücke
D-54349 Trittenheim
Tel. +49 6507 5011
helmut@cluesserath-weiler.de
www.cluesserath-weiler.de

Grans-Fassian
Ⓕ Ⓢ Ⓥ
Römerstraße 28
D-54340 Leiwen
Tel. +49 6507 3170
weingut@grans-fassian.de
www.grans-fassian.de

Ⓑ Solide Basis   Ⓔ Komplexe Eleganz   Ⓕ Zarte Finesse   Ⓜ Barocke Monumente   Ⓢ Edle Süße   Ⓥ Fruchtige Vielfalt

Fritz Haag
🅑 🅢 🅥
Dusemonder Hof
D-54472 Brauneberg
Tel. +49 6534 410
weingut-fritz-haag@t-online.de
www.weingut-fritz-haag.de
(siehe Seite 116)

Reinhold Haart
🅕 🅢 🅥
Ausoniusufer 18
D-54498 Piesport
Tel. +49 6507 2015
info@haart.de
www.haart.de
(siehe Seite 105)

Heymann-Löwenstein
🅜 🅢
Bahnhofstraße 10
D-56333 Winningen
Tel. +49 2606 1919
reinhard@heymann-
loewenstein.com
www.heymann-loewenstein.com

Von Hövel
🅕 🅢 🅥
Agritiusstraße 5–6
D-54329 Konz-Oberemmel
Tel. +49 6501 15384
weingutvonhoevel@t-online.de

Karlsmühle
🅑 🅕 🅢
Im Ruwertal
D-54318 Mertesdorf-Lorenzhof
Tel. +49 651 5124
anfrage@weingut-karlsmuehle.de
www.weingut-karlsmuehle.de

Karthäuserhof
🅕 🅢 🅥
D-54292 Trier-Eitelsbach
Tel. +49 651 5121
mail@karthaeuserhof.com
www.karthaeuserhof.com

Reichsgraf von Kesselstatt
🅕 🅢 🅥
Schlossgut Marienlay
D-54317 Morscheid
Tel. +49 6500 916 90
weingut@kesselstatt.com
www.kesselstatt.com
(siehe Seite 106)

Kirsten
🅑 🅢 🅥
Krainstraße 5
D-54340 Klüsserath
Tel. +49 6507 99115
mail@weingut-kirsten.de
www.weingut-kirsten.de

Reinhard und Beate Knebel
🅢 🅥
August-Horch-Straße 24
D-56333 Winningen
Tel. +49 2606 2631
info@weingut-knebel.de

Schloss Lieser
🅕 🅢 🅥
Am Markt 1–5
D-54470 Lieser
Tel. +49 6531 6431
info@weingut-schloss-lieser.de
www.weingut-schloss-lieser.de
(siehe Seite 116)

Dr. Loosen
🅕 🅢 🅥
St. Johannishof
D-54470 Bernkastel-Kues
Tel. +49 6531 3426
vertrieb@drloosen.de
www.drloosen.de
(siehe Seite 143)

Lubentiushof – Andreas Barth
Kehrstraße 16
D-56332 Niederfell
Tel. +49 2607 8135
weingut@lubentiushof.de
www.lubentiushof.de

Melsheimer
Dorfstraße 21
D-56861 Reil
Tel. +49 6542 2422
Thorsten.Melsheimer@t-online.de
www.melsheimer-riesling.de

Markus Molitor
🅢 🅥
Haus Klosterberg
D-54470 Bernkastel-Wehlen
Tel. +49 6532 3939
info@markusmolitor.com
www.markusmolitor.com

Egon Müller – Scharzhof
🅢 🅥
Scharzhof
D-54459 Wiltingen
Tel. +49 6501 17232
egon@scharzhof.de
www.scharzhof.de
(siehe Seite 143)

Von Othegraven
🅢 🅥
Weinstraße 1
D-54441 Kanzem
Tel. +49 6501 150042
von-othegraven@t-online.de
www.von-othegraven.de

Joh. Jos. Prüm
🅕 🅢 🅥
Uferallee 19
D-54470 Bernkastel-Wehlen
Tel. +49 6531 3091
(siehe Seite 112)

S. A. Prüm
🅢 🅥
Uferallee 25–26
D-54470 Bernkastel-Wehlen
Tel. +49 6531 3110
info@sapruem.com
www.sapruem.com

🅑 Solide Basis   🅔 Komplexe Eleganz   🅕 Zarte Finesse   🅜 Barocke Monumente   🅢 Edle Süße   🅥 Fruchtige Vielfalt

St. Urbans-Hof
F S V
Urbanusstraße 16
D-54340 Leiwen
Tel. +49 6507 93770
st.urbans-hof@t-online.de
www.urbans-hof.de
(siehe Seite 114)

Willi Schaefer
S V
Hauptstraße 130
D-54470 Bernkastel-Graach
Tel. +49 6531 8041

Schloss Saarstein
F S V
Schloss Saarstein
D-54455 Serrig an der Saar
Tel. +49 6581 2324
info@saarstein.de
www.saarstein.de

C. von Schubert'sche Schlosskellerei
S V
Grünhaus bei Trier
D-54318 Mertesdorf
Tel. +49 651 5111
info@vonSchubert.com
www.vonSchubert.com

Heinz Schmitt
B S
Stephanusstraße 4
D-54340 Leiwen
Tel. +49 6507 4276
info@weingut-heinz-schmitt.de
www.weingut-heinz-schmitt.de

Selbach-Oster
F S V
Uferallee 23
D-54492 Zeltingen-Rachtig
Tel. +49 6532 2081
info@selbach-oster.de
www.selbach-oster.de

Van Volxem
M
Dehenstraße 2
D-54459 Wiltingen
Tel. +49 6501 16510
vanvolxem@t-online.de
www.vanvolxem.de

Vollenweider
F S V
Wolfer Weg 53
D-56841 Traben-Trarbach
Tel. +49 6541 814433
mail@weingut-vollenweider.de
www.weingut-vollenweider.de

Zimmermann-Graeff & Müller
B
Marientaler Au 23
D-56856 Zell / Mosel
Tel. +49 6542 4190
info@zgm.de
www.zgm.de

NAHE

Dr. Crusius
B F S V
Hauptstraße 2
D-55595 Traisen
Tel. +49 671 33953
weingut-crusius@t-online.de
www.weingut-crusius.de

Schlossgut Diel
E F S V
D-55452 Burg Layen
Tel. +49 6721 96950
info@schlossgut-diel.com
www.schlossgut-diel.com

Hermann Dönnhoff
E F S V
Bahnhofstraße 11
D-55585 Oberhausen
Tel. +49 6755 263
weingut@doennhoff.com
www.doennhoff.de
(siehe Seite 146)

Emrich-Schönleber
E F S V
Naheweinstraße 10 a
D-55569 Monzingen
Tel. +49 6751 2733
weingut@emrich-schoenleber.com
www.emrich-schoenleber.com
(siehe Seite 124)

Hexamer
B S V
Sobernheimer Straße 3
D-55566 Meddersheim
Tel. +49 6751 2269
Weingut-hexamer@t-online.de
www.weingut-hexamer.de

Korrell – Johanneshof
B V
Parkstraße 4
D-55545 Bad Kreuznach
Tel. +49 671 63630
Weingut-korrell@t-online.de
www.weingut-korrell.de

Reh-Kendermann GmbH Weinkellerei
B
Am Ockenheimer Graben 35
D- 55411 Bingen-Rhein
Tel. +49 6721 9010
info@reh-kendermann.de
www.reh-kendermann.de
(siehe Seite 100)
Der Direktbezug ist nicht möglich.

Kruger-Rumpf
B F V
Rheinstraße 47
D-55424 Münster-Sarmsheim
Tel. +49 6721 43859
info@kruger-rumpf.com
www.kruger-rumpf.com

Gutsverwaltung Niederhausen-Schlossböckelheim
Ehemalige Weinbaudomäne
D-55585 Niederhausen
Tel. +49 6758 92500
info@riesling-domaene.de
www.riesling-domaene.de

B Solide Basis   **E** Komplexe Eleganz   **F** Zarte Finesse   **M** Barocke Monumente   **S** Edle Süße   **V** Fruchtige Vielfalt

Prinz zu Salm-Dalberg'sches Weingut
Schloss Wallhausen
Schlossstraße 3
D-55595 Wallhausen
Tel. +49 6706 94440
Salm.dalberg@salm-salm.de
www.salm-salm.de

Joh. Babt. Schäfer
ⓑ ⓢ ⓥ
Burg Layen 8
D-55452 Burg Layen
Tel. +49 6721 43552
schaefer@jbs-wein.de
www.jbs-wein.de
(siehe Seite 98)

Schäfer-Fröhlich
ⓑ ⓢ ⓥ
Schulstraße 6
D-55595 Bockenau
Tel. +49 6758 6521
info@weingut-schaefer-froehlich.de
www.weingut-schaefer-froehlich.de

Bürgermeister Schweinhardt
ⓑ ⓢ
Heddesheimer Straße 1
D-55450 Langenlonsheim
Tel. +49 6704 93100
info@schweinhardt.de
www.schweinhardt.de

Tesch
Naheweinstraße 99
D-55450 Langenlonsheim
Tel. +49 6704 93040
info@weingut-tesch.de
www.weingut-tesch.de

WIV Wein International AG
ⓑ
Hauptstraße 1
D-55452 Burg Layen
+49 6721 9650
info@wiv-ag.com
www.wiv-ag.com

Acham-Magin
Weinstraße 67
D-67147 Forst an der Weinstraße
Tel. +49 6326 315
info@acham-magin.de
www.acham-magin.de

Geheimer Rat
Dr. von Bassermann-Jordan
ⓔ ⓢ ⓥ
Kirchgasse 10
D-67142 Deidesheim
Tel. +49 6326 6006
hauck@bassermann-jordan.de
www.bassermann-jordan.de
(siehe Seite 148)

Bergdolt – Sankt Lamprecht
ⓑ ⓢ
Dudostraße 17
D-67435 Neustadt-Duttweiler
Tel. +49 6327 5027
weingut-bergdolt-st.lamprecht
@t-online.de
www.weingut-bergdolt.de

Dr. Bürklin-Wolf'sche
Gutsverwaltung GmbH
ⓜ ⓢ
Weinstraße 65
D-67157 Wachenheim
Tel. +49 6322 95330
bb@buerklin-wolf.de
www.buerklin-wolf.de

A. Christmann
ⓑ ⓜ ⓢ
Peter-Koch-Straße 43
D-67435 Gimmeldingen
Tel. +49 6321 66039
weingut.christmann@t-online.de
www.weingut-christmann.de
(siehe Seite 132)

Gies-Düppel
Am Rosenberg 5
D-76831 Birkweiler
Tel. +49 6345 919156
weingutgies@aol.com

Thomas Hensel
ⓑ
In den Almen 13
D-67098 Bad Dürkheim
Tel. +49 6322 2460
henselwein@aol.com
www.weingut-hensel.de

Knipser Johannishof
ⓜ
Hauptstraße 47
D-67229 Laumersheim
Tel. +49 6238 742
mail@weingut-knipser.de
www.weingut-knipser.de

Koehler-Ruprecht
ⓜ
Weinstraße 84
D-67169 Kallstadt
Tel. +49 6322 1829
berndphilippi@t-online.de
(siehe Seite 134)

Kranz
ⓑ
Mörzheimer Straße 2
D-76831 Ilbesheim
Tel. +49 6341 939206
weingut-kranz@t-online.de
www.weingut-kranz.de
(siehe Seite 97)

Philipp Kuhn
Großkarlbacher Straße 20
D-67229 Laumersheim
Tel. +49 6238 656
weingut-philipp-kuhn@gmx.de

Georg Mosbacher
ⓑ ⓔ ⓢ
Weinstraße 27
D-67147 Forst
Tel. +49 6326 329
mosbacher@t-online.de
www.georg-mosbacher.de

ⓑ Solide Basis   ⓔ Komplexe Eleganz   ⓕ Zarte Finesse   ⓜ Barocke Monumente   ⓢ Edle Süße   ⓥ Fruchtige Vielfalt

Müller-Catoir
Ⓢ Ⓥ
Haardt an der Weinstraße
Mandelring 25
D-67433 Neustadt an der
Weinstraße
Tel. +49 6321 2815
weingut@mueller-catoir.de
www.mueller-catoir.de

Ludi Neiss
Ⓑ
Hauptstraße 91
D-67271 Kindenheim
Tel. +49 6359 4327
weingut-neiss@t-online.de

Karl Pfaffmann
Ⓑ Ⓢ
Allmendstraße 1
D-76833 Walsheim
Tel. +49 6341 61856
info@weingut-karl-pfaffmann.de
www.weingut-karl-pfaffmann.de

Rolf Pfaffmann
Am Stahlbühl
D-76833 Frankweiler
Tel. +49 6345 1364
R-T-Pfaffmann@t-online.de
www.wein-pfaffmann.de

Pfeffingen
Fuhrmann-Eymael
Deutsche Weinstraße
D-67098 Bad Dürkheim
Tel. +49 6322 8607
pfeffingen@t-online.de
www.pfeffingen.de

Ökonomierat Rebholz
Ⓔ Ⓕ Ⓢ
Weinstraße 54
D-76833 Siebeldingen
Tel. +49 6345 3439
wein@oekonomierat-rebholz.de
www.oekonomierat-rebholz.de
(siehe Seite 123)

Egon Schmitt
Am Neuberg 6
D-67098 Bad Dürkheim
Tel. +49 6322 5830
info@weingut-egon-schmitt.de
www.weingut-egon-schmitt.de

Klaus Schneider
Georg-Fitz-Straße 12
D-67158 Ellerstadt
Tel. +49 6237 7288
weingut-schneider@t-online.de

Ullrichshof
Familie Faubel
Marktstraße 86
D-67487 Maikammer
Tel. +49 6321 5048
info@ullrichshof-faubel.de
www.ullrichshof-faubel.de

Weegmüller
Mandelring 23
D-67433 Neustadt-Haardt
Tel. +49 6321 83772
info@weegmueller.de
www.weegmueller-weine.de

Dr. Wehrheim
Ⓜ Ⓢ
Weinstraße 8
D-76831 Birkweiler
Tel. +49 6345 3542
dr.wehrheim@t-online.de
www.weingut-wehrheim.de

RHEINGAU

Fritz Allendorf
Ⓑ Ⓥ
Kirchstraße 69
D-65375 Oestrich-Winkel
Tel. +49 6723 91850
allendorf@allendorf.de
www.allendorf.de

Friedrich Altenkirch
Ⓑ Ⓕ
Binger Weg 2
D-65391 Lorch
Tel. +49 6726 830012
info@weingut-altenkirch.de
www.weingut-altenkirch.de
(siehe Seite 104)

J. B. Becker
Ⓜ Ⓢ
Rheinstraße 6
D-65396 Walluf
Tel. +49 6123 72523
h.j.becker@justmail.de
(siehe Seite 134)

Georg Breuer
Ⓔ Ⓢ
Grabenstraße 8
D-65385 Rüdesheim am Rhein
Tel. +49 6722 1027
info@georg-breuer.com
www.georg-breuer.com
(siehe Seite 125)

Joachim Flick
Weingut in der Straßenmühle
Ⓑ Ⓕ Ⓢ
Straßenmühle
D-65439 Flörsheim-Wicker
Tel. +49 6145 7686
info@flick-wein.de
www.flick-wein.de
(siehe Seite 109)

Johannishof
Familie Eser
Grund 63
D-65366 Johannisberg
Tel. +49 6722 8216
info@weingut-johannishof.de
www.weingut-johannishof.de

Schloss Johannisberg
Ⓢ
Schloss Johannisberger
Weingüterverwaltung
D-65366 Geisenheim-Johannisberg
Tel. +49 6722 70090
info@schloss-johannisberg.de
www.schloss-johannisberg.de

Ⓑ Solide Basis   Ⓔ Komplexe Eleganz   Ⓕ Zarte Finesse   Ⓜ Barocke Monumente   Ⓢ Edle Süße   Ⓥ Fruchtige Vielfalt

Jakob Jung
Eberbacher Straße 22
D-65346 Erbach
Tel. +49 6123 900620
info@weingut-jakob-jung.de
www.weingut-jakob-jung.de

August Kesseler
🄢
Lorcher Straße 16
D-65385 Assmannshausen
Tel. +49 6722 2513
info@august-kesseler.de
www.august-kesseler.de

Klosterweingut
Abtei St. Hildegard
🄱
Klosterweg 1
D-65385 Rüdesheim am Rhein
Tel. +49 6722 499130
weingut@abtei-st-hildegard.de
www.abtei-st-hildegard.de
(siehe Seite 101)

Peter Jakob Kühn
🄱🄢
Mühlstraße 70
D-65375 Oestrich
Tel. +49 6723 2299
info@weingutpjkuehn.de
www.weingutpjkuehn.de

Franz Künstler
Ⓜ🄢
Kirchstraße 38
D-65239 Hochheim am Main
Tel. +49 6146 83860
info@weingut-kuenstler.de
www.weingut-kuenstler.de,
(siehe Seite 133)

Hans Lang
Rheinallee 6
D-65347 Eltville-Hattenheim
Tel. +49 6723 2475
langwein@t-online.de
www.weingut-hans-lang.de

Langwerth von Simmern
🄢Ⓥ
Kirchgasse 6
D-65343 Eltville
Tel. +49 6123 92110
weingut@langwerth-von-
simmern.de
www.langwerth-von-simmern.de

Josef Leitz
Ⓜ🄢Ⓥ
Theodor-Heuss-Straße 5
D-65385 Rüdesheim am Rhein
Tel. +49 6722 48711
info@leitz-wein.de
www.leitz-wein.de

Fürst Löwenstein
🄱🄢
Niederwaldstraße 8
D-65375 Oestrich-Winkel /
Hallgarten
Tel. +49 6723 999770
hallgarten@loewenstein.de
www.loewenstein.de

Prinz
🄱🄢
Im Flachsgarten 5
D-65375 Hallgarten
Tel. +49 6723 999847
prinzfred@gmx.de

Schloss Reinhartshausen
🄢
Hauptstraße 41
D-65346 Eltville-Erbach
Tel. +49 6123 676333
service@schloss-reinhartshausen.de
www.schloss-reinhartshausen.de

Domänenweingut
Schloss Schönborn
Hauptstraße 53
D-65347 Eltville-Hattenheim
Tel. +49 6723 91810
schloss-schoenborn
@schoenborn.de
www.schoenborn.de

Schloss Vollrads
🄕🄢Ⓥ
D-65375 Oestrich-Winkel
Tel. +49 6723 660
info@schlossvollrads.com
www.schlossvollrads.com
(siehe Seite 107)

Josef Spreitzer
Ⓜ🄢Ⓥ
Rheingaustraße 86
D-65375 Oestrich
Tel. +49 6723 2625
weingut-spreitzer@t-online.de
www.weingut-spreitzer.de
(siehe Seite 117)

Hessische Staatsweingüter GmbH
Kloster Eberbach
Schwalbacher Straße 56–62
D-65343 Eltville am Rhein
Tel. +49 6123 92300
info@weingut-kloster-eberbach.de
www.weingut-kloster-eberbach.de

Geheimrat J. Wegeler Erben
Friedensplatz 9–11
D-65375 Oestrich-Winkel
Tel. +49 6723 99090
info@wegeler.com
www.wegeler.com

Robert Weil
🄴🄕🄢Ⓥ
Mühlberg 5
D-65399 Kiedrich
Tel. +49 6123 2308
info@weingut-robert-weil.com
www.weingut-robert-weil.com
(siehe Seite 144)

RHEINHESSEN

Battenfeld Spanier
🄱🄢
Bahnhofstraße 33
D-67591 Hohen-Sülzen
Tel. +49 6243 906515
kontakt@battenfeld-spanier.de
www.battenfeld-spanier.de

🄱 Solide Basis   🄴 Komplexe Eleganz   🄕 Zarte Finesse   Ⓜ Barocke Monumente   🄢 Edle Süße   Ⓥ Fruchtige Vielfalt

Brüder Dr. Becker
Familie Pfeffer-Müller
Mainzer Straße 3–7
D-55278 Ludwigshöhe
Tel. +49 6249 8430
lotte.pfeffer@brueder-dr-becker.de
www.brueder-dr-becker.de

Frieder Dreissigacker
ⓑ
Untere Klinggasse 4
D-67595 Bechtheim
Tel. +49 6242 2425
info@dreissigacker-wein.de
www.dreissigacker-wein.de
(siehe Seite 99)

Fogt
ⓑ
Schönborner Hof
D-55576 Badenheim
Tel. +49 6701 7434
WeingutFogt@t-online.de
www.weingut-fogt.de

Gehring
ⓑ ⓥ
Außerhalb 17
D-55283 Nierstein
Tel. +49 6133 5470
info@weingut-gehring.com
www.weingut-gehring.com

Ökonomierat Joh. Geil I. Erben
ⓑ ⓢ
Kuhpfortenstraße 11
D-67595 Bechtheim
Tel. +49 6242 1546
kontakt@weingut-geil.de
www.weingut-geil.de

K. F. Groebe
ⓢ ⓥ
Bahnhofstraße 68–70
D-64584 Biebesheim
Tel. +49 6258 6721
weingut.k.f.groebe@t-online.de
www.weingut-k-f-groebe.de

Gunderloch
ⓑ ⓢ ⓥ
Carl-Gunderloch-Platz 1
D-55299 Nackenheim
Tel. +49 6135 2341
info@gunderloch.de
www.gunderloch.de

Gutzler
ⓑ ⓢ
Rossgasse 19
D-67599 Gundheim
Tel. +49 6244 905221
info@gutzler.de
www.gutzler.de

Freiherr Heyl zu Herrnsheim
Langgasse 3
D-55283 Nierstein
Tel. +49 6133 57080
info@heyl-zu-herrnsheim.de
www.heyl-zu-herrnsheim.de

Keller
ⓔ ⓢ
Bahnhofstraße 1
D-67592 Flörsheim-Dalsheim
Tel. +49 6243 456
info@keller-wein.de
www.weingut-keller.de
(siehe Seite 145)

Kühling-Gillot
Ölmühlstraße 25
D-55294 Bodenheim
Tel. +49 6135 2333
info@kuehling-gillot.de
www.kuehling-gillot.de

Manz
ⓑ
Lettengasse 6
D-55278 Weinolsheim
Tel. +49 6249 7981
weingut@manz-weinolsheim.de
www.manz-weinolsheim.de

Michel-Pfannebecker
ⓑ
Langgasse 18/19
D-55234 Flomborn
Tel. 49 6735 1363
wgtmi.pfa@t-online.de
www.michel-pfannebecker.de

St. Antony
Wörrstädter Straße 22
D-55283 Nierstein
Tel. +49 6133 5482
st.antony@t-online.de
www.st-antony.com

Scherner-Kleinhanß
ⓑ
Alzeyer Straße 10
D-67592 Flörsheim-Dalsheim
Tel. +49 6243 435
info@scherner-kleinhanss.de
www.scherner-kleinhanss.de
(siehe Seite 97)

Georg Albrecht Schneider
ⓑ
Wilhelmstraße 6
D-55283 Nierstein
Tel. +49 6133 5655
info@schneider-nierstein.de
www.schneider-nierstein.de

P. J. Valckenberg
ⓑ
Postfach 2345
D-67513 Worms
Tel. +49 6274 91110
info@valckenberg.com
www.valckenberg.com

Wagner-Stempel
ⓑ ⓔ
Wöllsteinerstraße 10
D-55599 Siefersheim
Tel. +49 6703 960330
info@wagner-stempel.de
www.wagner-stempel.de

ⓑ Solide Basis   ⓔ Komplexe Eleganz   ⓕ Zarte Finesse   ⓜ Barocke Monumente   ⓢ Edle Süße   ⓥ Fruchtige Vielfalt

Winter
Ⓑ
Hauptstraße 17
D-67596 Dittelsheim-Hessloch
Tel. +49 6244 7446
info@weingut-winter.de
www.weingut-winter.de

Wittmann
Ⓔ Ⓢ
Mainzer Straße 19
D-67593 Westhofen bei Worms
Tel. +49 6244 905036
info@wittmannweingut.com
www.wittmannweingut.com
(siehe Seite 122)

SAALE-UNSTRUT

Bernard Pawis
Lauchaer Straße 31c
D-06632 Freyburg
Tel. +49 34464 28315
info@weingut-pawis.de
www.weingut-pawis.de

SACHSEN

Schloss Proschwitz
Prinz zur Lippe
Dorfanger 19
D-01665 Zadel über Meißen
Tel. +49 3521 76760
schloss-proschwitz@t-online.de
www.schloss-proschwitz.de

Zimmerling
Bergweg 27
D-01326 Dresden-Pillnitz
Tel. +49 351 2618752

WÜRTTEMBERG

Graf Adelmann
Auf Burg Schaubeck
D-71711 Steinheim-Kleinbottwar
Tel. +49 7148 921220
weingut@graf-adelmann.com
www.graf-adelmann.com

Gerhard Aldinger
Ⓑ Ⓢ
Schmerstraße 25
D-70734 Fellbach
Tel. +49 711 581417
info@weingut-aldinger.de
www.weingut-aldinger.de

Beurer
Lange Straße 67
D-71394 Kernen-Stetten i. R.
Tel. +49 7151 42190
info@weingut-beurer.de
www.weingut-beurer.de

Ernst Dautel
Ⓑ Ⓢ
Lauerweg 55
D-74357 Bönnigheim
Tel. +49 7143 870326
info@weingut-dautel.de
www.weingut-dautel.de

Karl Haidle
Hindenburgstraße 21
D-71394 Kernen-Stetten
Tel. +49 7151 949110
info@weingut-karl-haidle.de
www.weingut-karl-haidle.de

Fürst zu Hohenlohe-Oehringen
Im Schloss
D-74613 Öhringen
Tel. +49 7941 94910
info@verrenberg.de
www.verrenberg.de

Rainer Schnaitmann
Untertürkheimer Straße 4
D-70734 Fellbach
Tel. +49 711 574616
weingut.schnaitmann@t-online.de
www.weingut-schnaitmann.de

Hans-Peter Wöhrwag
Grunbacherstraße 5
D-70327 Stuttgart-Untertürkheim
Tel. +49 711 331662
info@woehrwag.de
www.woehrwag.de

ELSASS

Domaine Bernhard-Reibel
20, rue de Lorraine
F-67730 Châtenois
Tel. +33 388 820421
bernhard-reibel@wanadoo.fr

Léon Beyer
2, rue de la première armée
F-68420 Eguisheim
Tel. +33 389 216230
contact@leonbeyer.fr
www.leonbeyer.fr

Domaine Paul Blanck
Ⓔ
32, Grande-Rue / BP 55
F-68240 Kientzheim
Tel. +33 389 782356
info@blanck.com
www.blanck-alsace.com

Domaine Marcel Deiss
Ⓜ
15, Route du Vin
F-68750 Bergheim
Tel. +33 389 736337
marceldeiss@marceldeiss.com
www.marceldeiss.com

Paul Ginglinger
8, place Charles-de-Gaulle
F-68420 Eguisheim
Tel. +33 389 414425
info@paul-ginglinger.fr
www.paul-ginglinger.fr

Domaine André & Rémy Gresser
Ⓜ Ⓢ
2, rue de l'école
F-67140 Andlau
Tel. +33 388 089588
remy.gresser@wanadoo.fr

Ⓑ Solide Basis   Ⓔ Komplexe Eleganz   Ⓕ Zarte Finesse   Ⓜ Barocke Monumente   Ⓢ Edle Süße   Ⓥ Fruchtige Vielfalt

Domaine Pierre Hering

Ⓢ

6, rue Sultzer
F-67140 Barr
Tel. +33 388 089007
jdh@infonie.fr
www.vins-hering.com

Hugel et Fils

Ⓜ Ⓢ

3, rue de la première armée
F-68640 Riquewihr
Tel. +33 389 479215
info@hugel.com
www.hugel.com

Josmeyer & Fils S.A.

76, rue Clémenceau
F-68920 Wintzenheim
Tel. +33 389 279190
contact@josmeyer.com
www.josmeyer.com

Domaine André Kientzler

Ⓔ Ⓢ

50, route de Bergheim
F-68150 Ribeauvillé
Tel. +33 389 736710

Domaine Marc Kreydenweiss

Ⓜ

12, rue Deharbe
F-67140 Andlau
Tel. +33 388 089583
marc@kreydenweiss.com
www.kreydenweiss.com

Domaine Albert Mann

13, rue du Château
F-68920 Wettolsheim
Tel. +33 389 806200
vins@mann-albert.com

Frédéric Mochel

Ⓑ

56, rue Principale
F-67310 Traenheim
Tel. +33 388 503867
infos@mochel.net
www.mochel.net

Domaine Ostertag

87, rue Finkwiller
F-67680 Epfig
Tel. +33 388 855134
domaine.ostertag@wanadoo.fr

Cave Vinicole de Ribeauvillé

Ⓑ

2, route de Colmar
F-68150 Ribeauvillé
Tel. +33 389 736180
cave@cave-ribeauville.com
www.cave-ribeauville.com
(siehe Seite 99)

Domaine du Clos Saint Landelin

Ⓜ Ⓢ

Route du Vin
F-68250 Rouffach
Tel. +33 389 785800
rene@mure.com
www.mure.com

Domaine Martin Schaetzel

3, rue de la 5e-Division-Blindée
F-68770 Ammerschwihr
Tel. +33 389 471139

Domaine Sylvie Spielmann

Ⓢ

2, route de Thannenkirch
F-68750 Bergheim
Tel. +33 389 733595
sylvie@sylviespielmann.com
www.sylviespielmann.com

Trimbach

Ⓔ Ⓢ

15, route de Bergheim
F-68150 Ribeauvillé
Tel. +33 389 736030
contact@maison-trimbach.fr
www.maison-trimbach.fr
(siehe Seite 129)

Domaine Weinbach

Ⓜ Ⓢ

25, Route du Vin
F-68240 Kaysersberg
Tel. +33 389 471321
contact@domaineweinbach.com
www.domaineweinbach.com
(siehe Seite 138)

Domaine Zind-Humbrecht

Ⓜ Ⓢ

4, Route de Colmar
F-68230 Turckheim
Tel. +33 389 270205
o.humbrecht@wanadoo.fr
(siehe Seite 149)

ITALIEN

SÜDTIROL

Eisacktaler Kellerei

Leitach 50
I-39043 Klausen
Tel. +39 0472 847553
info@eisacktalerkellerei.it
www.eisacktalerkellerei.it

Köferhof

Günther Kerschbaumer
Via Pusteria 3
I-39040 Novacella / Varna
Tel. +39 0472 836649

Kellerei St. Michael Eppan

Umfahrungsstraße 17–19
I-39057 Eppan
Tel. +39 0471 664466
kellerei@stmichael.it
www.stmichael.it

Ⓑ Solide Basis   Ⓔ Komplexe Eleganz   Ⓕ Zarte Finesse   Ⓜ Barocke Monumente   Ⓢ Edle Süße   Ⓥ Fruchtige Vielfalt

Domaine Viticole Decker Charles
7, route de Mondorf
L-5441 Remerschen
Tel. +352 23 609510
deckerch@pt.lu

Madame Aly Duhr et Fils
9, rue Aly Duhr
L-5401 Ahn
Tel. +352 76 0043
aduhr@pt.lu

Domaine Viticole Alice Hartman
72-74, rue Principale
L-5480 Wormeldange
Tel. +352 76 0002
domainealicehartmann@email.lu

Domaine Viticole Bastian Mathis
29, route de Luxembourg
L-5551 Remich
Tel. +352 23 698295

Château Pauqué
Ⓜ
73, route de Trèves
L-6793 Grevenmacher
Tel. +352 021 196037
abiduhr@internet.lu

Clos de Rocher
Ⓑ Ⓢ
Caves Bernard-Massard
8, rue du Pont
L-6773 Grevenmacher
Tel. +352 75 05451
info@bernard-massard.lu
www.bernard-massard.lu

Caves Sunnen-Hoffmann
Ⓑ
6, rue des Prés
L-5441 Remerschen
Tel. +352 23 664007
info@caves-sunnen.lu
www.caves-sunnen.lu

Bründlmayer
Ⓜ
Zwettlerstraße 23
A-3550 Langenlois
Tel. +43 2734 21720
weingut@bruendlmayer.at
www.bruendlmayer.at
(siehe Seite 137)

Birgit Eichinger
Langenloiserstraße 365
A-3491 Strass im Strassertal
Tel. +43 2735 56480
office@weingut-eichinger.at
www.weingut-eichinger.at

Schloss Gobelsburg
Ⓜ
Schlossstraße 16
A-3550 Langenlois
Tel. +43 2734 2422
schloss@gobelsburg.at
www.gobelsburg.at

Jurtschitsch Sonnhof
Ⓑ Ⓔ
Rudolfstraße 39
A-3550 Langenlois
Tel. +43 2734 2116
office@jurtschitsch.com
www.jurtschitsch.com

Fred Loimer
Ⓔ
Kamptalstraße
A-3550 Langenlois
Tel. +43 2734 2239
weingut@loimer.at
www.loimer.at

Martin Nigl
Ⓔ
Kirchenberg 1
A-3541 Senftenberg
Tel. +43 2719 2609
reservierung@weingutnigl.at
www.weingutnigl.at
(siehe Seite 128)

**Bertold und Erich
Salomon – Undhof**
Undstraße 10
A-3504 Krems-Stein an der Donau
Tel. +43 2732 83226
salomon@undhof.at
www.undhof.at

Johann Donabaum
Laaben 15
A-3620 Spitz an der Donau
Tel. +43 2713 2488
info@weingut-donabaum.at
www.weingut-donabaum.at

Freie Weingärtner Wachau
Ⓑ
A-3601 Dürnstein
Tel. +43 2711 371
office@fww.at
www.fww.at

Franz Hirtzberger
Ⓜ
Kremser Straße 8
A-3620 Spitz an der Donau
Tel. +43 2713 2209
weingut@hirtzberger.com
www.hirtzberger.com
(siehe Seite 136)

Josef Jamek
Ⓜ
Joching 45
A-3610 Weißenkirchen
Tel. +43 2715 2235
info@weingut-jamek.at
www.jamek.cc

Ⓑ Solide Basis   Ⓔ Komplexe Eleganz   Ⓕ Zarte Finesse   Ⓜ Barocke Monumente   Ⓢ Edle Süße   Ⓥ Fruchtige Vielfalt

Emmerich Knoll

Unterloiben 10
A-3601 Loiben
Tel. +43 2732 79355
weingut@knoll.at
www.knoll.at
(siehe Seite 138)

Franz Xaver Pichler

Ⓜ

Oberloiben 27
A-3601 Loiben
Tel. +43 2732 85375
winery@fx-pichler.at
www.fx-pichler.at
(siehe Seite 136)

Rudolf Pichler

Ⓑ Ⓔ

Wösendorf 38
A-3610 Weißenkirchen
Tel. +43 2715 22674
weingut@rudipichler.at

Prager

Ⓔ

Wachaustraße 48
A-3610 Weißenkirchen
Tel. +43 2715 2248
prager@weissenkirchen.at
www.weingutprager.at
(siehe Seite 126)

Schmelz

Ⓕ

Weinbergstraße 14
A-3610 Joching-Weißenkirchen
Tel. +43 2715 2435
info@schmelzweine.at
www.schmelzweine.at
(siehe Seite 108)

SPANIEN

Miguel Torres, SA
M. Torres, 6
E-08720 Vilafranca del Penedès
Tel. +34 93 8177400
webmaster@torres.es
www.torres.es

PORTUGAL

Niepoort Vinhos S.A.
Rua Infante Dom Henriquez 16-2
P-4050-296 Porto
Keine Telefonnummerangabe auf
Wunsch von D. Niepoort
dirk@niepoort-sa.pt

SCHWEIZ

Daniel und Martha Gantenbein

Platz 34
CH-7306 Fläsch
Tel. +41 81 3024788
(siehe Seite 118)

Domaine du Mont d'Or
Pont-de-la-Morge / Sion
Case Postale 240
CH-1964 Conthey 1
Tel. +41 27 3462032
montor@montdor-wine.ch
www.montdor-wine.ch

AUSTRALIEN

SOUTH AUSTRALIA

Grosset
Ⓔ
Stanley Street Auburn
AUS-Auburn, SA 5451
(Clare Valley)
Tel. +61 08 88492175
info@grosset.com.au
www.grosset.com.au
(siehe Seite 128)

C. A. Henschke & Co
PO Box 100
AUS-Keyneton, SA 5353
(Eden Valley)
Tel. +61 08 85648223
info@henschke.com.au
www.henschke.com.au

Knappstein Wines
2 Pioneer Avenue
AUS-Clare, SA 5453
(Clare Valley)
Tel. +61 08 88422600
cellardoor@knappsteinwines.
com.au
www.knappsteinwines.com.au

Leasingham
Corporate Headquarters
Hardys Reynella Winery
Reynell Road
AUS-Reynella, SA 5161
(Clare Valley)
Tel. +61 08 83292222
customers@hardys.com.au
www.leasingham-wines.com.au

Ⓑ Solide Basis   Ⓔ Komplexe Eleganz   Ⓕ Zarte Finesse   Ⓜ Barocke Monumente   Ⓢ Edle Süße   Ⓥ Fruchtige Vielfalt

Mount Horrocks
Ⓜ

The Old Railway Station
Curling Street
AUS-Auburn, SA 5451
(Clare Valley)
Tel. +61 08 88492243
sales@mounthorrocks.com
www.mounthorrocks.com

Orlando Wyndham
Ⓑ

Orlando Wyndham Group Pty Ltd
33 Exeter Terrace
AUS-Devon Park, SA 5008
Tel. +61 08 82082444
contact_us@orlando.com.au
www.orlandowyndhamgroup.com

Petaluma
Distinguished Vineyards
Level 11, 20 Hunter Street
AUS-Sydney, NSW 2000
Tel. +61 1300 780785
Riesling-Produktion:
Petaluma Clare Estate
Spring Gully Road
AUS-Piccadilly, SA 5151
(Clare Valley)
Tel. +61 08 83394122
Petaluma@petaluma.com.au
www.petaluma.com.au

WESTERN AUSTRALIA

Alkoomi
Ⓑ Ⓢ

RMB 234
AUS-Frankland, WA 6396
Tel. +61 08 98552229
info@alkoomiwines.com.au
www.alkoomiwines.com.au

Frankland Estate
Ⓜ

Frankland Road
AUS-Frankland, WA 6396
Tel. +61 08 98551544
info@franklandestate.com.au
www.franklandestate.com.au

Leeuwin Estate Winery
Stevens Road
AUS-Margaret River, WA 6285
Tel. +61 08 97590000
winery@leeuwinestate.com.au
www.leeuwinestate.com.au

TASMANIEN

Tamar Ridge Winery
Ⓑ

Auburn Road
Kayena, Tasmania 7270
Tel. +61 03 63941114
cellardoor@tamarridgewines.com.au
www.tamarridgewines.com.au

NEUSEELAND

NORTH ISLAND

Dry River Wines Limited
PO Box 72
Martinborough
NZ-South Wairarapa
Tel. +64 06 3069388
info@dryriver.co.nz
www.dryriver.co.nz

The Millton Vineyard Ltd
Ⓜ

PO Box 66
NZ-Manutuke, Gisborne
Tel. +64 06 8628680
info@millton.co.nz
www.millton.co.nz

SOUTH ISLAND

CANTERBURY

Giesen Estate
Ⓑ

Burnham School Road
NZ-Burnham, Christchurch
Tel. +64 03 3476729
info@giesen.co.nz
www.giesen.co.nz

Pegasus Bay
Stockgrove Road RD2
NZ-Waipara, North Canterbury
Tel. +64 03 3146869
info@pegasusbay.com
www.pegasusbay.com

CENTRAL OTAGO

Felton Road Wines
Ⓔ Ⓢ

Felton Road
NZ-Bannockburn, Central Otago
Tel. +64 03 4450885
wines@feltonroad.com
www.feltonroad.com

Ⓑ Solide Basis   Ⓔ Komplexe Eleganz   Ⓕ Zarte Finesse   Ⓜ Barocke Monumente   Ⓢ Edle Süße   Ⓥ Fruchtige Vielfalt

MARLBOROUGH

Allan Scott Wines
Jacksons Road, RD3
NZ-Blenheim, Marlborough
Tel. +64 03 5729054
info@allanscott.com
www.allanscott.com

Framingham Wine Company Ltd
Ⓢ
Conders Bend Road, Marlborough
NZ-Renwich
Tel. +64 03 5728884
info@framingham.co.nz
www.framingham.co.nz

Fromm Winery La Strada
Ⓢ
Godfrey Road, RD2
NZ-Blenheim, Marlborough
Tel. +64 03 5729355
lastrada@frommwineries.com
www.frommwineries.com

Seresin Estate
Bedford Road, PO Box 859
NZ-Blenheim, Marlborough
Tel. +64 03 5729408
info@seresin.co.nz
www.seresin.co.nz

USA

KALIFORNIEN

Bonny Doon Vineyard
Ⓑ
2125 Delaware Street Suite E
USA-Santa Cruz, CA 95060
Tel. +1 831 4253625
www.bonnydoonvineyard.com

Freemark Abbey
3022 St. Helena Highway North
USA-St. Helena, CA 94574
Tel. +1 800 9639698
wineinfo@freemarkabbey.com
www.freemarkabbey.com

Château St. Jean
8555 Sonoma Highway
(Highway 12)
PO Box 293
USA-Kenwood, CA 95452
Tel. +1 707 8334134
www.chateaustjean.com

Smith-Madrone
Vineyards & Winery
4022 Spring Mountain Road
USA-St. Helena, CA 94574
Tel. +1 707 9632283
info@smithmadrone.com
www.smithmadrone.com

Trefethen
1160 Oak Knoll Avenue
USA-Napa, CA 94558
Tel. +1 707 2557700
winery@trefethen.com
www.trefethen.com

OREGON

Amity Vineyards
18150 Amity Vineyards Road
USA-Amity, OR 97101
Tel. +1 503 8352362
amity@amityvineyards.com
www.amityvineyards.com

Argyle Winery
691 Highway 99W
USA-Dundee, OR 97115
Tel. +1 503 5388520
tastingroom@argylewinery.com
www.argylewinery.com

Elk Cove Vineyards
27751 NW Olson Road
USA-Gaston, OR 97119
Tel. +1 503 9857760
info@elkcove.com
www.elkcove.com

Scott Henry Estate
PO Box 26
USA-Umpqua, OR 97486
Tel. +1 541 4595120
henryest@wizzards.net
www.henryestate.com

NEW YORK STATE

Dr. Konstantin Frank
Vinifera Wine Cellars
9749 Middle Road
USA-Hammondsport, NY 14840
Tel. +1 800 3200735
info@drfrankwines.com
www.drfrankwines.com

Hosmer Winery
6999 State Route 89
USA-Ovid, NY 14521
Tel. +1 607 8693393
info@hosmerwinery.com
www.hosmerwinery.com

Lamoreaux Landing Wine Cellars
Ⓑ Ⓢ
9224 Route 414
USA-Lodi, NY 14860-9641
Tel. +1 607 5826011
llwc@capital.net
www.lamoreauxwine.com

Ⓑ Solide Basis   Ⓔ Komplexe Eleganz   Ⓕ Zarte Finesse   Ⓜ Barocke Monumente   Ⓢ Edle Süße   Ⓥ Fruchtige Vielfalt

Hermann J. Wiemer Vineyard
F S V
PO Box 38
USA-Dundee, NY 14837
Tel. +1 800 3717971
wines@wiemer.com
www.wiemer.com
(siehe Seite 119)

WASHINGTON

Badger Mountain Vineyard
B
1106 S Jurupa Street
USA-Kennewick, WA 99338-1001
Tel. +1 509 6274986
sales@badgermtnvineyard.com
www.badgermtnvineyard.com

Columbia Winery
B
14030 NE 145th Street
PO Box 1248
USA-Woodinville, WA 98072-1248
Tel. +1 425 4882776
contact@columbiawinery.com
www.columbiawinery.com

Longshadows
Wineries & Vineyards
P.O. Box 33670
USA-Seattle, WA 98133-0670
Tel. +1 206 3969628
info@longshadows.com
www.longshadows.com

Château Ste Michelle
B
14111 NE 145th
USA-Woodinville, WA 98072
Tel. +1 425 4881133
info@ste-michelle.com
www.ste-michelle.com

Woodward Canyon Winery
11920 West Highway 12
USA-Lowden, WA 99360
Tel. +1 509 5254129
info@woodwardcanyon.com
www.woodwardcanyon.com

KANADA

BRITISH COLUMBIA

Domaine Combret Estate
32057 #13 Road
CAN-Oliver, BC V0H 1T0
Tel. +1 250 4986966
info@combretwine.com
www.combretwine.com

Gehringer Brothers
Estate Winery
S
Highway 97, Road 8
CAN-Oliver, BC V0H 1TD
Tel. +1 250 4983537
info@sunnyosoyoos.com
www.sunnyosoyoos.com/webs/
wine/gehringer.htm

Mission Hill
B S
1730 Mission Hill Road
CAN-Westbank, Okanagan Valley,
BC V4T 2E4
Tel. +1 250 7687611
info@missionhillwinery.com
www.missionhillwinery.com

Quails Gate Estate
3303 Boucherie Road
CAN-Kelowna, BC V1Z 2H3
Tel. +1 250 7694451
info@quailsgate.com
www.quailsgate.com

ONTARIO

Cave Spring Cellars
3836 Main Street
CAN-Jordan, Ontario
Tel. +1 905 5623581
info@cavespring.ca
www.cavespringcellars.com

Inniskillin Wines Inc.
S
S.R. #66, RR#1
Niagara Parkway
CAN-Niagara-on-the-Lake,
Ontario L0S 1J0
Tel. +1 905 4682187
inniskil@inniskillin.com
www.inniskillin.com
(siehe Seite 149)

Jackson-Triggs Niagara
Estate Winery
S
2145 Regional Road 55
CAN-Niagara-on-the-Lake,
Ontario L0S 1J0
Tel. +1 905 4684637
niagaraestate
@jacksontriggswinery.com
www.jacksontriggswinery.com

Konzelmann Estate Winery
1096 Lakeshore Road, RR#3
CAN-Niagara-on-the-Lake,
Ontario L0S 1J0
Tel. +1 905 9352866
wine@konzelmannwines.com
www.konzelmannwines.com

Daniel Lenko Estate Winery
5246 Regional Road 81
CAN-Beamsville Ontario L0R 1B3
Tel. +1 905 5637756
oldvines@daniellenko.com
www.daniellenko.com

Thirty Bench Vineyard & Winery
4281 Mountainview Road
CAN-Beamsville, Ontario L0R 1B0
Tel. +1 905 5631698
wine@thirtybench.com
www.thirtybench.com

Vineland Estates Winery
F S
3620 Moyer Road
CAN-Vineland, Ontario L0R 2C0
Tel. +1 905 5627088
wine@vineland.com
www.vineland.com

 B Solide Basis   **E** Komplexe Eleganz   **F** Zarte Finesse   **M** Barocke Monumente   **S** Edle Süße   **V** Fruchtige Vielfalt

SÜDAFRIKA

CONSTANTIA

Buitenverwachting
Klein Constantia Road
P.O. Box 281
RSA-Constantia 7848
Tel. +27 21 7945190
info@buitenverwachting.com
www.buitenverwachting.com

Klein Constantia Estate
P.O. Box 375
RSA-Constantia 7848
Tel. +27 21 7945188
info@kleinconstantia.com
www.kleinconstantia.com

ELGIN

Paul Cluver Wines
P.O. Box 48
RSA-Grabouw 7160
Tel. +27 21 8440605
info@cluver.co.za
www.cluver.co.za

ROBERTSON

De Wetshof Estate
Ⓑ
P.O. Box 31
RSA-Robertson 6705
Tel. +27 23 6151853
info@dewetshof.com
www.dewetshof.com

STELLENBOSCH

Hartenberg Estate
P.O. Box 69
RSA-Koelenhof 7605
Tel. +27 21 8652541
info@hartenbergestate.com
www.hartenbergestate.com

Kathy & Gary Jordan
Ⓑ Ⓢ
Stellenbosch Kloof Rd
RSA-Vlottenburg 7604
Tel. +27 21 8813441
info@jordanwines.com
www.jordanwines.com

Thelema Mountain Vineyards
Helshoogte Pass
P.O. Box 2234
RSA-Stellenbosch 7601
Tel. +27 21 8851924
wines@thelema.co.za
www.thelema.co.za

Ⓑ Solide Basis　　Ⓔ Komplexe Eleganz　　Ⓕ Zarte Finesse　　Ⓜ Barocke Monumente　　Ⓢ Edle Süße　　Ⓥ Fruchtige Vielfalt

GLOSSAR

Die Sprache des Weins

Adstringierend
Extrem trockenes, zusammenziehendes oder pelziges Gefühl am Gaumen, das von einer zu hohen Säure oder von Tanninen hervorgerufen wird.

Anreicherung
In Deutschland seit der Einführung des Weingesetzes von 1971 streng geregelt: Die Zugabe von Zucker ist grundsätzlich verboten. Einzige Ausnahme ist das Aufzuckern (Chaptalisieren) von Q.b.A.-Weinen vor der Gärung, um deren Alkoholgehalt zu erhöhen.

Aroma
Gesamtheit der Stoffe, die jedem Wein sein typisches Duft- und Geschmacksbild verleihen.

Aufgespritete Weine
Zugabe von Alkohol in den Most, um die Gärung zu stoppen und den Alkoholgehalt des Weins zu erhöhen.

Vor allem bei Portwein, Sherry und Madeira gebräuchlich.

Begrünung
Dauerhafte oder saisonale Bedeckung des Bodens zwischen den Rebzeilen durch ausgesäten oder natürlichen Bewuchs, zum Beispiel Gras. Im biologischen Weinbau werden vor allem artenreiche Mischungen mit Klee und Kräutern bevorzugt.

Biologischer Säureabbau (BSA)
Beim Biologischen Säureabbau wandeln Milchsäurebakterien die von Natur aus im Wein vorhandene Apfelsäure unter Freisetzung von Kohlensäure in die mildere Milchsäure um. Die Verminderung der Säure führt auch zu einer Veränderung der Aromatik und Fruchtintensität. Wird der Biologische Säureabbau unterbrochen, bevor die Umwandlung der Apfelsäure abgeschlossen ist,

können unangenehme Aromen im Wein entstehen, die an Joghurt, Molke, Käse und im Extremfall auch an Sauerkraut erinnern.

Böckser
Sammelbegriff für Weinfehler, die sich meist durch Geruch nach faulen Eiern und/oder Schwefel bemerkbar machen. Leichte Böckser können nach der Belüftung des Weins verschwinden.

Botrytis (Edelfäule)
Form der Traubenfäule, die entsteht, wenn der Schimmelpilz *Botrytis cinerea* mit seinen Enzymen reife und unbeschädigte Trauben befällt und die Beerenschale durchlöchert. Bei günstiger warmer und trockener Witterung verdunstet über die Hälfte des in den Beeren gespeicherten Wassers. Gleichzeitig steigt die Zucker- und Aromenkonzentration. Der Botrytis-Pilz produziert eine Reihe chemischer Verbin-

dungen, unter anderem Glyzerin, Gluconsäure und Aromastoffe wie das Sotolon.

Einzelstockerziehung

Regionale Form der Reberziehung, die vor allem in extremen Steillagen wie an der Mosel praktiziert wird. Dabei wird an jedem Pfahl nur ein Rebstock erzogen. Sowohl das Fruchtholz als auch die Rebtriebe werden festgebunden. Mittels Einzelstockerziehung kann der steile Weinberg quer zur Hangneigung begangen werden.

Erziehungssystem

Gestaltung von Rebstöcken und deren Wuchsform, zum Beispiel durch Stützsysteme. Die Wahl der Erziehungsform hängt vor allem von den geologischen und klimatischen Verhältnissen im Weinberg, aber auch von der Wuchskraft der Reben ab. Aufgrund des Kostendrucks im Weinbau werden heute oftmals Erziehungssysteme bevorzugt, die eine maschinelle Bearbeitung des Weinbergs zulassen.

Ganztraubenpressung

Keltertechnik, bei der die Trauben ohne vorherige mechanische Bearbeitung oder Maischestandzeit nach der Ernte zügig gepresst werden. Sie wird vor allem angewandt, um fruchtig-elegante und reintönige Weißweine zu produzieren. Allerdings kann diese Keltermethode zu Lasten der Substanz und der Alterungsfähigkeit des Weins gehen, da die meisten Aromastoffe in der Beerenhaut sitzen und sich bei der Ganztraubenpressung nicht lösen können.

Gärung

Die alkoholische Gärung ist die Umwandlung von Zucker in Alkohol und Kohlendioxid. Sie wird durch Hefen ausgelöst, die in natürlicher Form in der Traube vorhanden sind oder als Reinzuchthefen dem Most zugesetzt werden.

Gebinde

Behälter zum Ausbau und zur Lagerung von Wein, z. B. Holzfässer, GFK- und Stahltanks, Glasballons etc. Hinsichtlich des Volumens von Lagerbehältern spricht man von der Gebindegröße.

Grundwein

Vergorener Wein, aus dem während der zweiten Gärung Schaumwein/Sekt entsteht.

Grüne Lese

Zielgerichtetes Herausschneiden noch unreifer grüner Beeren – in der Regel Mitte August –, um die Konzentration der Geschmacksstoffe in den am Stock verbliebenen Beeren zu erhöhen. Anders als bei Rotweinsorten hat sich die Grüne Lese beim Riesling nicht besonders bewährt.

Hefearten

Spontanhefen oder Wildhefen sind im Most natürlich vorkommende Hefen. 90 Prozent der spontanen Hefen sind so genannte *Apiculatus*-Hefen, die nicht zur vollständigen Vergärung geeignet sind und unerwünschte geschmacksbildende Eigenschaften wie Ethylacetat, Essigsäure und nach faulen Eiern riechende Böckser in den Wein bringen können. Nur ein kleiner Teil gehört zur Gattung der alkoholtoleranten *Saccharomyces cerevisiae*, die nach der Angärphase die Oberhand gewinnen.

INAO

Institut National des Appellations d'Origine. Diese Organisation ist für die Verwaltung, Regulierung und Zuerkennung der Appellations Contrôlées in Frankreich zuständig. Neben Wein umfasst der Zuständigkeitsbereich auch Spirituosen, Käse und andere Lebensmittel. Gegründet wurde das INAO bereits 1935.

Kühle Vergärung

Temperaturgesteuerte Vergärung, um die beim Gärprozess entstehende Wärme zu reduzieren und dadurch die filigranen primärfruchtigen Aromen im entstehenden Wein zu erhalten.

Laubmanagement

Gezielte Steuerung und Gestaltung des Laubwuchses, um Beschattung, Belichtung, Luftdurchlässigkeit sowie ein schnelles Abtrocknen von Blättern und Trauben zu erreichen.

Mineralität, mineralisch

Begriff der Weinansprache, der leicht salzige, vor allem an Schiefer erinnernde Duft- und Geschmacksnoten beschreibt. Gilt zudem als Kriterium für terroirbezogene Weine und als Synonym für geschmackliche Eleganz.

MW (Master of Wine)

Der Titel Master of Wine ist die berühmteste und anspruchsvollste Qualifikation im Weinhandel. Dafür ist das Bestehen einer vom Institute of Masters of Wine in London jährlich abgehaltenen Prüfung Voraussetzung. Heute gibt es weltweit 248 Masters of Wine, davon 58 Frauen. Die MW-Prüfung erfordert Kenntnisse in Önologie und Weinbau auf weltweiter Grundlage. Zusätzlich werden spezielle Sachkenntnisse über Themen wie Marketing, Handel, Qualitätskontrolle oder kommerzielle Aspekte des Weinhandels sowie allgemeines Weinwissen und exzellente Verkostungskenntnisse verlangt.

Oxidativer Ausbau

Ausbaumethode, bei der der Most schon während der Gärung mit Sauerstoff in Berührung kommt. Erwünscht ist die Oxidation einzelner Bestandteile des Weins beim Reifen und Altern, die durch eine Lagerung im Holzfass bewusst herbeigeführt wird.

Reduktiver Ausbau

Ausbaumethode, bei der die chemischen Reaktionen der Gärung unter luftdichten Bedingungen – etwa im Stahltank – erfolgen, um besonders frische, fruchtbetonte und reintönige Weine zu erhalten.

Restzuckergehalt

Nicht zu Alkohol vergorener Zucker aus den Trauben, der im fertigen Wein verbleibt und aus einem gezielt herbeigeführten oder spontanen Gärstopp resultiert. Der Restzuckergehalt wird in Gramm pro Liter angegeben.

Reinzuchthefen

Aus erfolgreichen Spontanvergärungen selektierte Hefestämme, die als so genannte Reinzuchthefen zu 100 Prozent aus *Saccharomyces cerevisiae* bestehen und in Form von getrockneten Hefekulturen dem Most zugegeben werden können.

Rieden/Riedel

In Österreich gängiger Begriff für eine Weinlage.

Sauerfäule

Pilzerkrankung, die durch Befall unreifer Beeren entsteht.

Terroir

Französisches Wort für Erde/Boden, das in der Weinwelt als Begriff für das Zusammenspiel natürlicher und kultureller Parameter zur Entstehung eines Weins verwendet wird.

Weingrün

Begriff für einen Weinbehälter, der vor der Erstbefüllung mit Wasser oder Dampf präpariert wird, damit eventuell störende Geschmackskomponenten aus dem Holz ausgelaugt werden.

Wingert

Gebräuchliches Wort für Weinberg.

REGISTER

Die schnelle Orientierung

Der Verlag dankt folgenden Unternehmen und Institutionen für die Unterstützung bei der Realisierung dieses Buchs:

 Deutsches Weininstitut GmbH
www.deutscheweine.de

 Gerolsteiner Brunnen GmbH & Co. KG
www.gerolsteiner.com

 Kristallglasfabrik Spiegelau GmbH
www.spiegelau.com

 Österreichische
Weinmarketingserviceges.m.b.H.
www.weinausoesterreich.at

 VDP. Die Prädikatsweingüter
www.vdp.de

Wir bringen Sie in die interessantesten Lagen.

Hugh Johnson, Jancis Robinson
Der Weinatlas

Wein

Hallwag

Das umfassende und konkurrenzlose Standard-werk beschreibt alle Weinanbaugebiete der Welt.

Exzellente Lagen- und Detailkarten, brillante Fotografie.

**Hugh Johnson,
Jancis Robinson
Der Weinatlas**
€ [D] 69,90
€ [A] 71,90
ISBN 3-7742-0775-5

www.hallwag.de

Z wie Zusammenarbeit …

… an dieser Stelle das wichtigste Stichwort und deshalb
ein großer Dank an Prof. U. Fischer, Marc Strittmatter,
Eva Meyer, alle Winzer und vor allem die lieben Menschen, die uns in den letzten Monaten zur Seite gestan-
den und geduldig Frage um Frage beantwortet haben.

Ingo Swoboda und Christina Fischer

Fotos: Robert Dieth S. 2, 6, 8, 11, 12/13, 15, 18, 20, 21,
22, 24, 25, 26, 28, 30, 32, 33, 34/35, 46, 49, 55, 79, 88, 89,
96, 97, 98, 104, 105, 106, 107, 108, 112, 113, 114, 115,
116, 117, 122, 123, 124, 125, 129, 132, 133, 135, 144, 145,
146, 147, 148, 164, 166; Stefan Braun S. 76/77, 80, 81,
82, 83, 84, 85, 86, 87, 92/93, 94, 102, 110, 120, 130, 140,
150/151, 153, 154; Sabine Jellasitz S. 57, 61, 118, 127,
136, 137, 139; Cephas/Kevin Argue S. 67; Cephas/Juan
Espi S. 75; Cephas/Mick Rock S. 51, 71; Corbis/Charles
O'Rear S. 40; Alfred Ernst S. 163; Harald Rüssel S. 160;
Teubner Foodfoto GmbH S. 161.

Quelle Länderdaten, S. 39-75: Auszug aus dem Bericht
über die weltweite Weinwirtschaft 2003, vorgelegt von
Frederico Castellucci, Generaldirektor der O.I.V. 2004,
anlässlich des XXVIII. Weltweinkongresses in Wien.
Zahlen von 2002
www.oiv.int

© 2005 GRÄFE UND UNZER VERLAG GmbH,
Grillparzerstr. 12, 81675 München

Programmleitung: Dorothee Seeliger
Projektleitung und Redaktion: Marc Strittmatter
Bildredaktion und Redaktionsassistenz:
Dagmar Reichel
Gestaltung Umschlag und Innenlayout: Büro für
KommunikationsDesign Jorge Schmidt, München
Herstellung: Markus Plötz
Satz: Bernd Walser Buchproduktion, München
Repro: Fotolito Longo, Bozen
Druck: Appl, Wemding
Bindung: Oldenbourg Buchmanufaktur, Monheim

Karten: © MERIAN-Kartographie, iPUBLISH GmbH,
München

HALLWAG ist ein Unternehmen der
GRÄFE UND UNZER VERLAG GmbH, München,
GANSKE VERLAGSGRUPPE

leser-service@hallwag.de
www.hallwag.de

ISBN (10):   3-7742-6994-7
ISBN (13): 978-3-7742-6994-1

Ein Unternehmen der
GANSKE VERLAGSGRUPPE